내 인생 최고의 열정

내 인생 최고의 열정
ⓒ 이옥희 외 67인, 2025

1판 1쇄 인쇄 _ 2025년 12월 05일
1판 1쇄 발행 _ 2025년 12월 10일

지은이 _ 이옥희 외 67인
펴낸이 _ 홍정표
펴낸곳 _ 작가와비평
　　　　　등록 _ 제2018-000059호

공급처 _ (주)글로벌콘텐츠출판그룹
　　　　대표 _ 홍정표 이사 _ 김미미 편집 _ 백찬미 강민욱 남혜인 홍명지 권군오
　　　　디자인 _ 가보경 기획·마케팅 _ 홍민지
　　　　주소 _ 서울특별시 강동구 풍성로 87-6 전화 _ 02-488-3280 팩스 _ 02-488-3281
　　　　홈페이지 _ www.gcbook.co.kr 메일 _ edit@gcbook.co.kr

값 15,000원
ISBN 979-11-5592-381-8 03810

* 이 책은 본사와 저자의 허락 없이는 내용의 일부 또는 전체를 무단 전재나 복제, 광전자 매체 수록 등을 금합니다.
* 잘못된 책은 구입처에서 바꾸어 드립니다.

내 인생 최고의
열정

이옥희 외 67인

작가와비평

책을 내며

우리 삶의 소중하고 귀한 혁명들

김종회(한국디지털문인협회 회장)

　올해 우리 협회의 제8차 공동문집의 주제이자 표제는 '열정'입니다. 그동안 매해 2권씩 '내 인생' 시리즈의 문집을 내면서, 회원 여러분의 그야말로 열정적인 참여와 좋은 글들 덕분으로 이 시리즈가 확고하게 제자리를 잡았습니다. 어느 단체나 협회이거나 간에 이처럼 계획적이고 순조로우며 값있는 성과를 내놓는 사례는 찾아보기 힘듭니다. 모두 임원 및 회원 여러분의 솔선수범과 주인의식에서 비롯된 것으로 여겨집니다. 더불어 이러한 응집력과 추진력이 우리 협회의 밝은 미래를 표상하는 것으로 보여 기껍고 흔연한 마음입니다.

　열정은 말 그대로 뜨거운 감정, 곧 마음속 깊은 곳에서 타오르는 강렬한 의지와 감동을 뜻합니다. 이는 자기 존재의 에너지를 가장 순수하게 발현시키는 힘이며, 어느 한 개인이 어떤 꿈이나 이상을 향해 추동하는 내면의 불꽃을 말합니다. 이와 같은 열정이 불타고 있었기에 고난의 환경 속에서 빈센트 반 고흐가 남긴 '별이 된 예술가'의 화폭이 있었고, 마담 퀴리의 방사능 연구가 라듐의 발견에 이를 수 있었으며, 우리의 성웅 이순신 장군이 작은 전함 열세 척으로 왜군의 함대를 격침 시킬 수 있었던 것입니다. 이 열정의 숨은 가치는 결국 자신의 한계를 넘어 의미 있는 목표를 향해 나아가게 하는 놀라운 힘이었습니다.

이번에 우리 회원 한 분 한 분이 그려낸 열정의 이야기는, 비록 그와 같은 역사적 사건에 이르지 못한다고 하더라도 우리 삶의 신박한 혁명을 가져오는 데 있어서 귀하고 소중한 재료가 되어 왔고 또 될 것이 분명합니다. 이 한 권의 책이 상재되기까지 애쓰고 수고한 손길들과 글을 보내주신 분들께, 이 자리를 빌려 마음으로부터 감사의 말씀을 드립니다. 참 좋은 가을날입니다.

축사

'열정'은 우리를 성공한 사람으로 만든다

이상우(한국디지털문인협회 이사장)

　한국디지털문인협회에서 여덟 번째로 내놓는 산문집 《내 인생 최고의 열정》에 68명이 참여했다. 열정이라는 단어가 이렇게 많은 사연들을 가지고 있다는 것이 놀랍다.
　'열정(熱情)' 두 글자를 거꾸로 놓으면 '정열(情熱)'이 된다. 같은 표의(表意) 문자인 '뜨거울 열'과 '뜻 정' 두 글자의 앞뒤를 바꾸면 조금씩, 아니 아주 다른 의미를 내포하고 있다.
　사전적 의미로는 '어떤 일에 열렬한 애정을 가지고 열중하는 마음'이 열정이고 '가슴속에 맹렬하게 일어나는 극적 감정' 이 정열이다. 알 듯 모를 듯한 해석이다. 얼핏 생각하면 열정은 있는 마음을 모두 쏟아 넣고 무슨 일을 꾸준히 진행하는 것이고, 정열은 순간적으로 끓어오른 극적 감정을 쏟아내는 것 같다.
　그렇게 보면 정열은 '사랑'을 추구하고, 열정은 성공을 추구하는 단어 같기도 하다. 사랑은 일시적일 수 있고, 열정은 일생을 바칠 수도 있다. 그래서 정열은 예술가를 만들고 열정은 명사를 만든다는 말도 있다.
　정열을 영어로는 패션(passion)이라고 하는데, 고대 라틴어 'passus'에서 왔으며 '아픔'이라는 뜻이 있다고 한다. '아픔'은 곧 정열과 열정의 근원이 될 수도 있다. 그리스어에서도 패션과 비슷한 'pathos'라고 고통을 뜻하는 단어가 있다. 이는 현대 영어에서 '비애(悲哀)'라는 뜻으로 쓰인다.

사랑의 아픔을 노래한 시인은 고대로부터 현대까지 수도 없이 많다. 예술가들은 열정보다는 정열 쪽인 것 같다.

화가 고흐는 "나는 지루함으로 죽기보다 정열(passion)을 쏟고 죽고 싶다"고 했다. 베토벤은 "틀린 음은 사소하지만, 정열 없이 연주하는 것은 용서할 수 없다"라고 했다.

예술가의 정열은 《젊은 베르테르의 슬픔》(괴테)에서 격렬하게 삶까지 버린다.

세계적인 인물들은 한결같이 '열정(Passion)'을 인류의 역사에서 위대한 업적과 예술, 혁명을 이끌어온 핵심적인 힘으로 여겨져 왔다.

《내 인생 최고의 열정》은 우리 협회 작가들의 다양하고 감동적인 스토리로 독자들의 심금을 울릴 것이다. 이 책을 장식한 68인의 문인들은 각자의 인생 도정에서 이미 열정을 '성공'으로 장식한 사람도 있을 것이고, 진행 중인 사람도 있을 것이다. 아니면 앞으로 성공하는 '열정'이 되도록 새로운 준비를 하는 사람도 있을 것이다.

우리 협회의 여덟 번째 작품집 이전에 벌써 일곱 번의 시리즈를 통해 400여 명이 저마다 다른 인생관을 담은 작품을 세상에 내 놓았다. 나름대로 모두 최선을 다한 '나만의 명작'들이다.

앞으로도 수천 수만 명의 회원이 수천 수만 개의 '인생 최고' 작품을 이어나가기 바라며, 이 작품집에 이름을 올린 68분의 문운을 빈다.

목차

책을 내며	우리 삶의 소중하고 귀한 혁명들		4
	김종회(한국디지털문인협회 회장)		
축　　사	'열정'은 우리를 성공한 사람으로 만든다		6
	이상우(한국디지털문인협회 이사장)		

제4회 한국디지털문학상 수상작
대　　상	다시 모노 패스(Mono Pass)에	김영화	14
최우수상	벌통에서 피어난 열정	정태효	18

제1회 숏폼에세이 수상작
최우수상	까치의 이주(移住)	김미형	24
최우수상	얘야, 무슨 동에서 왔니?	김혁동	26

1부

가금현 • 2층1효, 전국에 알리다		31
가재산 • 무모했던 젊은 열정		36
강세창 • 열정과 희생의 간극		40
고동록 • 평화를 걷다		44
고문수 • 인생 3막, 열정을 불다		47
권민정 • 열정은 나이를 모르고		51
권태일 • 보이는 길은 가지 않는다		56
김경화 • 구순에 피는 순이의 열정		60
김명애 • 그 여름 우리의 노래		63
김보경 • 다시 빛나는 시간		66
김상성 • 히말라야에서 들려온 질문		68
김연빈 • 그날이 오면		71
김영희 • 이민화 교수, 열정의 불씨		76
김영희(2) • 금빛합창단과 함께한 빛나는 시간들		80
김용일 • 낡은 책 한 권의 불씨		85

2부

김주남 • 95년, 남포동의 불꽃		91
김천규 • 구걸이라 불린 열정		96
김태윤 • 긍정을 향한 열정		101
김효곤 • 절뚝거리고 싶지 않아		104
노연미 • 삶 속에서 만난 뜨거운 선물		108
노영래 • 가을 조계사에서 피어난 모정		111
노운하 • 불우한 청소년을 미래의 역군으로		114
문성미 • 아프리카에서 깨달은 열정		118
박영애 • 내 안의 불씨		121
박용호 • 질문 한 방에 날아간 꿈		125
박원구 • P형에게		129
박점식 • 의자 두 개를 부수고 얻은 선물		133
박태웅 • 포기하지 않는 몽골에서의 열정		137

3부

박현문 • 노년의 열정		145
백선미 • 괄호 밖으로		150
손치근 • 이쁜 치매		153
심만섭 • 손주 수학 가르치기		157
안만호 • 책과 함께 글과 더불어 살다		161
안주석 • 일곱 색깔 명함		164
양영심 • 책으로 짓는 내 인생의 둥지		169
오순옥 • 오늘도 꿈을 디자인하고 희망을 깁는다		173
우종희 • 길 위에서 다시 만난 교실		176
원동업 • 지옥이 예정되어 있을지라도		181
유영석 • 열정의 불씨		185
유용린 • 내 삶의 열정		189

4부

유희숙 •	승진 대신 열정을 택하다	197
윤석구 •	하늘나라에서 온 감사편지	201
윤채영 •	열정이라는 씨앗이 피운 나만의 정원	205
이규성 •	산, 나의 긴 여정	209
이옥희 •	열정, 삶을 지탱하는 불꽃	212
이일장 •	큰 바위에 올라 키운 호연지기	215
이창섭 •	열정이 낳은 결실	219
이현숙 •	8각 배지	223
이형하 •	잿빛 분노가 희망으로	227
장동익 •	두려움을 넘어선 '최초'의 도전 정신	231
전계숙 •	앙상한 훈장	235
전윤채 •	꽃 같은 삶의 길 위에서	239

5부

정선모 •	내 인생의 등불, 독서	247
조성찬 •	열등감이 만든 51년의 열정	251
조정빈 •	내 인생의 42고지	254
최덕기 •	가마감	258
최현아 •	붉은 장미처럼, 내 삶의 열정을 피워내며	261
최흥식 •	사막 위의 열정	265
허광호 •	지금도 3번 국도를 걷는다	271
허병탁 •	골리앗과의 콜라 전쟁	275
홍경석 •	우리는 열정이다	280
홍승섭 •	숨은 열정 찾기	284
황병대 •	지구는 나와 같은 생명, 인생 후반전의 불꽃을 지구에 바치다	288
황의윤 •	영원한 스승 '박 일송 선생님'을 기리며	291

2025년 디지털문인협회 조직 구성   296

1

제4회

한국디지털문학상 수상작

대 상

김영화
다시 모노 패스(Mono Pass)에

'도전'이라는 말은 언제나 마음을 흔들어 깨운다. 누군가에겐 그것이 새로운 일의 시작일 수 있고, 또 다른 이에게는 넘어짐에서 다시 일어서는 의미일 것이다. 우리에게 도전은 바로 삶을 다시 붙드는 용기였다.

남편은 다시 일어섰다. 뇌졸중과 심장병 후유증으로 4년이란 긴 투병 생활을 이겨낸 의지의 사나이다. 전에는 누구보다 산을 사랑하던 사람이었다. 주말이면 늘 산을 찾았다. 땀 흘리며 바람을 맞는 것이 가장 큰 기쁨이었지만 병 이후 그는 더 이상 산을 오를 수 없다. 그는 힘든 재활 기간을 묵묵히 견뎌냈지만, 산은 언제나 그의 마음속에 그리움으로 남았다. 동네 길을 산책하면서도 언젠가는 꼭 산을 오르리라고 속으로 다짐해 보곤 했다.

꺼지지 않았던 그 안의 불씨에 불꽃이 튀었다. 전에 등산팀에서 오랫동안 함께 등산했던 지인이 이스턴 시에라에 등산을 다녀왔다고 사진을 보냈다. "우리도 모노 패스에 한번 가 볼까?" 건강한 지인의 모습을 부러워하는 그가 안쓰러워 말해보았다. 만 피트를 훌쩍 넘는 고도, 왕복 8마일이 되는 쉽지 않은 길임을 알면서도 그는 상기된 얼굴로 고개를 끄덕인다. 두려움보다 강한 것은 다시 한번 걸어보고 싶다는 마음이다.

우선 의사에게 모노 패스 등산 계획을 알리며 허락을 받았다. 아주 천천히 심장에 무리가 되지 않는 정도에서 하라고 한다. 두 아들은 걱정이 이만저만이 아니다. 조금 더 고도가 낮은 산부터 연습하고 괜찮으면 저희랑 함께 가자고 한다. 산 가까운 호텔에 전날 도착하여 푹 자고 다음 날 등산하고 또 하루를 쉬고 돌아오기로 호텔 예약을 했다. 그리고 매주 한두 번씩 고도 7~8천 피트 되는 산으로 한 달 동안 등산 다녔다.

결전의 날이다. 호텔에서 해가 뜨기 전에 나왔다. 8월 중순, 날씨가 더워지기 전에 걸어야 심장에 무리가 되지 않을 것 같아서다. 고도 9,710피트의 등산로 입구다. 만 년 전에는 빙하로 덮인 곳이다. 6시쯤 되자 태양이 빨갛게 머리를 내밀며 올라와 맞은 편의 회색 바위산 꼭대기에 핑크빛을 뿌려 눈이 부시다. 해가 산 등허리까지 올라오니 하늘 닿을 듯 높이 자란 소나무 가지 잎새 사이로 별처럼 반짝이는 빛이 쏟아진다. 임신한 여인네 배처럼 볼록 나온 하현달이 소나무 가지 위에 앉아서 해를 마주 보며 우리를 응원한다. 까치만 한 작은 새들은 맑은 소리로 졸졸 흐르는 개울물 소리에 맞추어 노래하며 우리의 발걸음을 가볍게 한다. 아직도 높은 산 계곡 음지에는 흰 눈이 남아서 초원에 핀 흰색, 노란색, 보라색의 작은 들꽃을 키우고 나비들은 우리 마음을 즐겁게 한다. 큰 사슴 한 마리가 이 높은 산맥의 넓은 초원에서 아침을 먹으며 우리를 바라보는 모습이 한없이 평화롭다.

모노 패스까지 1.7마일 남았다는 표지판이 숨이 가쁘고 지쳐가는 우리에게 위로와 희망으로 서 있다. 입었던 따뜻한 재킷을 벗었어도 땀이 나고 발걸음이 무거워진다. 오랜만에 짊어진 배낭이 어깨를 짓누르고 아프게 한다. 에너지도 필요하고 짐을 가볍게 할 겸 마침 등산로 가까이 그늘에 있는 넓은 돌에 앉아서 사과와 땅콩버터 젤리 샌드위치로 점심을 먹으며 창조주의 섭리를 본다. 수백 년은 자랐을 만한 큰 나무들이 뿌리째 뽑혀 쓰러져 누워있다. 그 나무는 썩어서 기름진 토양이 되어주고 그 옆에서는 어린 소나무가 자라고 있다. 이 어린 소나무는 자라면서 뿌리를 가까이 있는 큰 소나무의 뿌리에 얹혀서 물을 먹으며 자란다고 공원관리원에서 들었다. 마치 어머니가 자식을 키우듯이 큰 나무가 어린나무를 키우는 이 놀라운 자연법칙은 어디서 왔을까?

생각했던 것보다 산행은 절대 쉽지 않았다. 고도가 오를수록 숨은 거칠어지고, 가슴은 뜨거워지며, 발걸음은 무거워졌다. 남편의 얼굴은 점점 하얘지며 피곤이 역력했다. 정상까지 0.3마일 남았다지만 쉽지 않을 것 같다. 몇 발짝 걷고 한참씩 쉬어가며 숨을 고르며 걸어 올랐다. "조금만 더 가자." 한 걸음을 내디딜 때마다 작은 승리가 쌓였다. 마치 4년 전 병원에서 집에 온 후 눈물을 삼키며 동네를 한 발짝씩 한 블록을 걷고 승리를 자축했던 것처럼.

드디어 정상에 올랐다. 가쁜 숨을 몰아쉬며 말없이 서 있다. 눈앞에 펼쳐진 장엄한 매머드산맥은 푸른 하늘에 안겨서 지칠 대로 지친 우리를 감싸주는 것 같다. 남편의 눈에는 뭉클한 가슴속 깊은 곳에서 나오는 눈물이 맺혀있다. 이것은 단순한 산행의 기쁨이 아니라 삶을 향한 도전의 승리다. 바로 뒤를 쫓아 올라온 60대 말의 세 남자가 자신들이 자랑스럽다며 축배를 들면서 곁에 말없이 서 있는 우리 나이를 묻는다. 그리고 자기들보다 한참 나이 많은 우리에게서 도전을 받는다며 함께 기념사진을 찍자고 한다.

도전은 결코 거창한 것이 아니다. 무너진 자리에서 다시 일어나 걷는 것, 불가능해 보이는 길 위에서 한 발 더 내디디는 것, 그것이 곧 용기고, 모험이고, 도전이다. 모노 패스에서의 오늘 하루는 어떤 험하고 높은 길이 닥쳐와도 마음을 함께하고 포기하지 않는다면 꿈을 이룰 수 있음을 알게 해 주었다.

이제 나는 안다. 도전이란 결국 삶을 사랑하는 또 다른 이름이라고.

최우수상

정태효

벌통에서 피어난 열정

　남편과 나는 꿀벌을 키우고 있다. 산천을 벗 삼아 유유자적하고 싶은 마음에 미련 없이 서울을 벗어나 괴산 산골로 들어온 지 12년. 삶의 이정표는 날마다 수정해야 했다.
　집을 짓고 두어 달 후, 이웃집에서 버리다시피 하는 벌 한 통을 마당에 갖다 놓았다. 벌통만 갖다 놓으면 꿀을 맘껏 따 먹는 줄 알았다. 얼마나 순진했던가. 달콤한 유혹에는 위험도 따르는 법이지만 우리는 그만 꿈에도 생각해 보지 않았던 양봉의 세계로 빠져들고야 말았다. 처음 벌통을 열었을 때의 그 아찔함은 잊을 수 없다. 윙윙거리며 날아오르는 수백 마리의 벌들, 그 검은 구름 같은 움직임 앞에서 우리는 그저 얼어붙을 수밖에 없었다. "여보, 이거 우리가 감당할 수 있을까요?" 겁먹은 목소리로 남편에게 물었다. 대답 대신 꿀꺽 침을 삼키는 소리가 들렸다. 손에 쥔 훈연기에서 하얀 연기만 하염없이 피어올랐다. 그날 우리는 벌에 쏘여 손등과 얼굴이 통통 부어올라 저녁엔 숟가락 들기가 힘들었다.
　꿀벌을 키우는 데 알아야 할 용어들은 국어사전에도 나오지 않는 것들 천지였다. 소초, 소비, 왕대, 격왕판 등은 처음 들어보는 단어였다. 다양한 도구 사용을 익히는 데에도 시간이 필요했다. 더구나 틈만 보이면 벌이 쏘아대는 통에 정신을 바짝 차려야 했다. 한번은 남편 바지 속으로 벌이 들어가는 바람에 기겁해 벌터에서 바지를 벗어 던진 적도 있었다. 그 광경이 웃기면서도 이걸 계속해야 하나 난감했다.

이웃 양봉장에 가서 일을 도와주며 일벌, 수벌, 여왕벌을 구별하는 것을 배웠다. 일벌의 부지런한 날갯짓, 수벌의 둔탁한 걸음걸이, 우아하고 위엄 있는 여왕벌의 움직임은 새로운 세계를 엿보는 희열로 차오르게 했다. 꿀벌 동아리에 가입해 밤늦도록 양봉인들의 경험담도 들었다. 꿀벌 이야기는 들을수록 신기해서 빠져들지 않을 수 없었다. 그들의 눈물겨운 고생도 우리에겐 웃음으로 들렸다.

한번은 집 뒤 창고에 꿀벌이 수없이 드나드는 게 보였다. 문을 열자 까맣게 쏟아져 나오는 벌떼와 그 소리는 벌통 안을 방불케 했다. 그대로 줄행랑을 쳤다. 어떻게 된 일인지 알 수 없어 벌을 키우는 사람에게 황급하게 연락해 보았다. 이유는 창고에 꿀을 담아둔 통 뚜껑이 덜 닫혔던 것이었다. 틈이 조금만 벌어져도 벌들은 꿀 냄새를 맡고 달려드는 것을 몰랐다. 우리는 방호복을 입고, 훈연기를 쉴 새 없이 뿜어대며 벌들을 몰아냈다. 그다음부터 꿀을 돈보다 더 철저히 단속하게 되었다.

그해 5월, 아까시나무꽃이 막 피기 시작할 무렵 영천으로 꿀을 따라가기 위한 이농을 준비하고 있었다. 벌통을 단단히 묶고, 밀원지 지노를 펴놓고, 채밀의 꿈에 부풀었다. 그때 이웃 마을에서 꿀벌 키우는 사람이 응원차 들렸다. 벌통을 세심히 살피더니 "이거, 부저병입니다." 우리는 처음 들어보는 소리에 어리둥절했다. 꿀벌 유충이 세균에 감염

되어 썩는 부저병! 해결 방법은 전염성이 있어 모두 불에 태워야 한다는 청천벽력 같은 말을 했다. "전부요? 30통 전부를요?" 목이 메었다. 우리가 10여 개월 밤낮으로 돌본 벌들이지 않은가. 벌통마다 번호를 붙여가며 애지중지하던 꿀벌들이다.

그날 저녁, 벌터에는 거대한 화염이 치솟았다. 타닥타닥 소리를 내며 벌통이 불에 타들어 갔다. 벌들은 윙윙거리며 불길 속으로 사라졌다. 연기 때문인지, 슬픔 때문인지 눈물이 흘렀다. 앞산만 바라보며 망연자실했다. "우리 그만할까요?" 조심스럽게 묻자 남편은 고개를 저으며 "이것을 발판으로 다시 일어서야지" 뚝심 있게 말했다.

다시 여왕벌을 분양받아 벌통 늘리기를 3년. 그 3년은 전쟁이었다. 새벽 다섯 시에 일어나 벌터로 올라갔다. 작업이 많은 날은 밤 아홉 시가 넘어서야 집으로 돌아왔다. 손바닥은 굳은살이 생겼고, 등과 허리는 늘 쑤시고 아팠다. 벌침을 맞아가며 견뎠다. 덕분에 벌통 수는 200여 개로 늘어났고, 우리의 손놀림은 숙련공처럼 능숙해졌다.

꿀벌 한 통에는 대략 3만여 마리가 군집을 이루어 살고 있다. 200여 통이면 600만 마리. 우리는 600만 대군을 이끄는 장군이 된 셈이다. 2~3일 간격으로 벌통을 열고 점검을 해야 한다. 벌통 뚜껑을 열 때마다 가슴이 두근거린다. 오늘은 어떤 모습일까. 여왕벌이 산란을 제대로 하는지, 먹이는 충분한지, 질병에 걸리지 않았는지, 유충이 건강하게 자라는지. 소비 위로 기어가는 벌들의 움직임을 세밀하게 살펴본다.

채밀 시기에 꿀벌은 제 몸무게만큼 꿀을 꿀주머니에 담아온다. 무게를 못 이겨 벌통 앞에 툭툭 떨어지기도 한다. 그 모습은 자식들이 과한 일을 하는 것만 같아 안쓰럽기도 하고 대견하기도 하다. 채밀하는 날,

벌통에서 묵직한 꿀장을 꺼낼 때는 그동안의 고생을 잊게 한다. 채밀기에 꿀장을 넣고 돌리면 원심력으로 꿀이 사방으로 튀어나온다. 찰랑찰랑 흐르는 호박빛 꿀. 달콤한 향기가 코를 찌른다. 약 300kg의 꿀 드럼통 10여 개를 채웠을 때는 만선의 배가 깃발을 휘날리며 항구로 돌아오는 기분이다. 우리는 꿀 드럼통 앞에 앉아 막걸릿잔을 부딪쳤다. "우리 해냈어요!" 생각지도 못한 꿀벌과의 인연은 퇴직 후의 인생 후반기를 열정적으로 살게 했다. 가 보지 않은 꿀벌 키우는 길을 걸어보겠다는 결정은 쉽지 않았다. 하지만 우리에게는 부지런한 꿀벌이 있었고, 청정지역의 자연환경이 우리를 감싸고 있었다. 벌터에는 계절마다 산수유, 헛개나무, 아까시나무꽃인 밀원수를 심었고 주변 산에는 벚나무, 밤나무꽃이 만발하다. 600여 평 되는 양봉장은 계절마다 다양한 야생화가 피고 지고 있다.

  어쩌자고 산골로 들어가 고생을 자초하냐는 어머니의 말씀을 귓전으로 들은 것은 꿀벌의 부름이 있어서인가. 돌이켜 보니 그건 고생이 아니었다. 열정이었다. 살아있다는 증거였다. 곧 겨울이 오면 우리도 꿀벌도 잠시 쉴 수 있다. 진정한 유유자적함이란 풍광을 즐기며 희희낙락하는 막연한 쉼이 아니라 삶에 온 열정을 쏟은 후에 만나는 달콤한 휴식의 경지가 아닐까. 벌터에서 돌아오는 길, 저녁노을이 하늘을 붉게 물들이고 있다. 벌통에서 들려오는 희미한 윙윙거림. 그 소리를 들으며 우리는 생각한다. 내년 봄에는 또 어떤 일들이 우리를 기다리고 있을까. 빌통을 몇 개니 더 늘려볼까. 새로운 밀원수를 심어볼까. 꿀벌이 있는 한 우리의 열정은 식지 않으리라. 그것을 알게 해준 꿀벌들아, 고맙다. 너희는 우리 삶의 반려들이야.

제1회
숏폼에세이 수상작

최우수상

김미형

까치의 이주(移住)

30년 지난 아파트에서 사는 것이 불편한 점은 없지 않지만, 아름드리나무들은 그 무엇과도 바꿀 수 없는 보배다. 은행나무, 벚나무, 메타세쿼이아, 가막살나무, 도토리나무, 목련, 불두화…. 아침이면 새들이 시끄러울 정도로 지저귀고, 봄이면 라일락, 아카시아 향기, 밤꽃 향기로 진동한다.

한 달 전쯤 아파트 8층 높이까지 올라온 은행나무에 집을 짓고 살던 까치가 사라졌다. 혜거스님은 까치가 북쪽으로 담을 높이 쌓으면 그해 북풍이 불고, 남쪽으로 높이 쌓으면 남풍이 많이 부는 것을 미리 아는데 어리석은 사람만 모른다고 하셨다.

까치는 지극한 자식 사랑으로 새끼를 기르면서도 참으로 냉정하다. 어미는 처음에 가까운 나뭇가지에서 좀 더 먼 가지로 신호를 보내며 거친 소리로 새끼를 불러낸다. 맨 마지막에 쳐져서 따라오지 못하는 새끼에게는 지나칠 정도로 무관심해도 결국 마지막 남은 까치 새끼는 혼자 힘으로 따라서 날아가는 것을 보았다.

아파트 단지가 재건축을 위해 사람들은 아직 이주가 시작되지 않았는데, 걸려 있는 현수막이라든지 낯선 사람들의 부산한 움직임에 매우 어수선했다. 그런데 거의 15년을 살던 까치집 아래에 나무 조각들이 떨어져 있고 까치의 몸놀림이 아주 바쁘더니 이사한 것이다. 낡은 잔가지 외는 거의 떨어뜨리지 않고 아주 알뜰하게 모두 챙겨갔다. 재활용도 뛰어나지만 그렇게 얼기설기 엉켜있는 나뭇가지를 부러뜨리지 않고 철거한 그 기술과 입놀림에 탄복하였다. 이주비 한 푼 안 받고 어디로 이사를 갔는지 알 길이 없다. 영특한 까치가 먼저 알아차리고 이사하다니….

최우수상

김혁동

얘야, 무슨 동에서 왔니?

어느 날 한 선배 PD가 이런 말을 했다. 자기는 KBS에 견학 온 유치원 어린이들을 보면 어디에서 왔는지 맞출 수 있다고 했다. 차림새나 얼굴 표정, 분위기를 보면 이들이 강남, 강북, 아니면 지방에서 왔는지 알 수 있다는 것이다. 그럼 한번 시험해 보자고 하니 좋다고 했다. 철쭉이 만발한 여의도 공원에는 견학을 마친 어린이들이 여기저기 모여 앉아 도시락을 먹고 있었다. 그때 선배가 한 어린이에게 "얘야, 무슨 동에서 왔니?"라고 물었다. 어린이가 대답했다. "105동에서 왔어요."

그보다 오래전에 있었던 일이다. 휴가를 내서 가족들과 함께 동해안을 따라 드라이브를 하며 장안읍 임랑리를 지나고 있었다. 국무총리를 역임했던 박태준의 고향이 임랑이란 말을 들었던 터라 그의 생가를 한번 들러 보고 싶었다. 마침 길옆에 초등학생으로 보이는 아이가 걸어왔다. 차를 멈추고 그 아이에게 박태준의 집이 어디냐고 물으니 이렇게 답했다. "글마, 오늘 학교 안 왔는데요." '글마'는 '그놈'의 경상도 방언이다.

불교의 유식학(唯識學)에 '일수사견(一水四見)'이란 말이 있다. 물을 두고 네 가지 견해가 있다. 인간은 마시는 물로 보고, 물고기는 자기 집으로 생각한다. 천신은 보석으로 보며, 아귀는 피고름으로 여긴다. 개인의 마음과 업(業)에 따라 같은 대상이라도 다르게 인식한다는 것이다. 우리가 보는 외부 세계는 실재하지 않으며 오직 마음이 변하여 나타난다. 여기에 인간의 근원적 모순이 있다는 가르침이다. 유치원 어린이는 무슨 동에서 왔느냐는 물음에 105동에서 왔다고 했다. 그러면 우리는 어디에서 왔는가? 부모가 태어나기 전에.

1부

가금현・2충1효, 전국에 알리다
가재산・무모했던 젊은 열정
강세창・열정과 희생의 간극
고동록・평화를 걷다
고문수・인생 3막, 열정을 불다
권민정・열정은 나이를 모르고
권태일・보이는 길은 가지 않는다
김경화・구순에 피는 순이의 열정
김명애・그 여름 우리의 노래:
           뮤지컬 〈맘마미아〉의 도나로 살아낸 6개월
김보겸・다시 빛나는 시간
김상성・히말라야에서 들려온 질문
김연빈・그날이 오면
김영희・이민화 교수, 열정의 불씨
김영희(2)・금빛합창단과 함께한 빛나는 시간들
김용일・낡은 책 한 권의 불씨

2충1효, 전국에 알리다

✶

가금현

　내가 태어난 곳은 마당 앞까지 바닷물이 들어오는 적돌에서도 안쪽에 있어 안적돌로 불리는 작은 마을이었다. 그곳은 초등학교에 진학하기 전까지 살면서, 평생의 감성이 다 담아졌다 할 정도로 추억의 보물단지다. 초등학교에 진학하면서 이사 나온 것은 내 인생 한 부분 특히 젊음을 불태울 도화선이 된 2충1효의 본당 숭의사 아랫집이었다. 중학교를 졸업할 때까지 숭의사는 우리 집처럼 매일 같이 보고, 느끼고 살아야 할 공간이었고, 가끔은 그곳 안뜰은 동네 친구들과 함께하는 놀이터가 되기도 했다. 성장하며 고향을 벗어나 학교도 다니고, 군대도 다녀오고, 직장도 다니면서도 고향을 생각하면 늘 고향 집과 숭의사가 아련하게 떠올랐다.
　내 나이 40대 초반 세상 두려울 것 하나 없고, 사회에 두각을 나타내고 싶어 안달할 시점이었다. 국제봉사단체도 창립해 키워가고, 당시 우리나라를 대표하는 청소년단체를 끌어와 지역에서 지회로 운영하는 등 내 먹고살기 위한 것보다는 봉사만이 미래가 있다는 논리를 앞세워 삶을 이끌어가던 때, 머릿속을 가득 채워오는 것이 있있다. 그것은 전국에 문학적 재능을 가진 청소년들을 모아놓고, 숭의사 뜰에서 백일장 대회를 여는 것이었다. 이것만이 어디를 가든 무엇을 하든 내 마음속에 떠나지 않고 남아, 늘 나를 보채던 그 알 수 없는 것을 달랠 수 있을 것 같았다. 더 이상 미룰 수 없다는 절박함은 나를 깨웠다. 내 안에서 '지금이 아니면 안 된다'는 목소리가 들려오는 것만 같아, 라인도 없는 맨바닥을 뛰기 시작했지만, 그 길은 결코 순탄하지 않았다. 꼭 도와줘야 할 사람도 단체도 도와줄 것만 같은 사람도 단체도, 막상 시작종을 울리니 교문으로 들어서는 것은 바람뿐이었다.

주위에서 무모하다는 말도 들려왔고, 외로운 싸움같이 보일 수 있었겠지만, 그 어려움을 겪고 있어야 할 나는 어려움인지 외로운 싸움인지 모르고 밤낮으로 뛰었다. 이 일은 나의 숙명처럼 여겨 시작한 일이었고, 무엇보다 반드시 성공시킬 수 있다는 자신감이 있었다. 가장 먼저 진행한 것은 내가 2006년 《문예사조》를 통해 시인으로 등단한 경력으로 주변에 문학에 관심 있는 지인들을 모아 적돌문학회를 창립시키고, 그 바탕 위에 숭의사 정신에 맞는 '제1회 2충1효 전국백일장'이란 포스터를 인쇄해 전국 각 학교에 뿌리기 시작했다. 기획과 홍보는 나의 직업과 몸으로 해낼 수 있었지만, 가장 어려움은 재원 마련으로 매일 같이 2충1효 전국백일장 사업계획서와 포스터를 들고 지인부터 기관, 기업, 독지가까지 보험사원이 보험 판매하듯 부지런히 쫓아다녔다. 어느 곳에서는 고생한다는 격려의 말 한마디에 힘을 얻기도 했고, 뭐하러 그런 일을 하냐며 타박받고 돌아설 땐 고개가 푹 꺾이기도 했지만, 이 일만은 결코 좌절할 수 없었다. 보란 듯이 성공시켜 숭의사에 모신 3대의 2충1효 정신을 전국에 알려야겠다는 생각만이 마음을 더욱 굳건히 다지게 했다. 이것이 사명감이라고 하는 것일까.

언론인이라는 직업상 갑에서 백일장의 재원을 마련하기 위해 뛰어다니는 B의 위치인 영업사원의 역할을 하면서도 숭의사 뜰에 가득 모여 주어진 시제를 풀어내는 문학도들을 꿈꾸었다. 대회를 앞두고 큰 도로에서 숭의사까지 가는 1.7km의 시골길에 안내표지판을 부착하던 다리가 많이 불편했던 L 사무국장의 한마디는 지금도 마음속에 생생히 남아 있다. "형님의 열정은 분명 숭의사 안이 부족할 것입니다" 드디어 2009년 10월 24일 첫 대회의 날이 밝았다. 과연 이 시골구석까지 백일장에 참여하기 위해 몇 명이나 오겠냐고 걱정한 사람은 나를 제외한 모든 사람이었을 것이다. 그만큼 나는 최선을 다해 뛰었다. 그 결과 숭의사 안은 발 디딜 틈조차 없을 정도로 차고 넘쳤다. 현재는 고인이 된 지요하 작가(심사위원장)의 시제발표가 펼쳐지자 '와' 하는 탄식과 함께 시작된 2충1효 전국백일장 대회는 숭의사 뜰에서 성공적으로 첫 막을 올리게 되었다.

해를 거듭하면서 참가자는 늘어나 숭의사 뜰에서는 도저히 감당할 수 없을 지경이 되어 공간이 넓은 태안 청소년수련관 앞과 군민체육관으로 자리를 옮겨야 했다. 더 많은 수상자에게 좋은 상을 주기 위해 당시 대전에 자리 잡고 있던 충남교육청 상 담당자를 만나 상을 받아내기 위해 문턱이 다를 정도로 다닌 결과 교육감상 6개를 이뤄냈다. 문제는 여전히 재원 부족으로 해마다 이를 채우기 위해 돈 빌리듯 후원금을 모집하는 것이 어려움이었지만 이 또한 당연한 것으로 받아들이며 누비었다. 내 먹고살기 위한 수단으로 이렇게 하라고 했으면 할 수 있었을까 싶다. 이러한 과정을 수년간 진행하던 중 견딜 수 없을 정도로 어려운 해가 있었다. 가는 곳마다 죽겠다는 소리만 듣고, 나 또한 힘든 한 해였기에 고개를 숙이었다.

17년의 세월을 견디며 한 해 쉰 2충1효 전국백일장

코로나 시국 대면 활동이 금지되면서 대회를 공모전으로 변경해 더 많은 학생과 일반인들에게 백일장에 참여할 수 있는 기회를 제공하게 되었다는 것에 자부심마저 느끼며 쉼 없이 달려오고 있다.

올해 제16회 2충1효 전국백일장 공모전 1,000편이 넘는 원고를 모집해 심사까지 마무리하고, 시상식 준비에 박차를 가하던 중 나는 갑작스럽게 찾아온 통증으로 병원응급실로 실려가 삶과 죽음의 문턱을 오가며 싸워야 했다. 그 과정에서도 마음속은 오직 백일장 시상식이었다. 시상식은 식장 무대 위에서 수상자에게 상만 주는 것이 아니다. 그 과정을 보면 처음 해보는 사람들은 엄두조차 낼 수 없다는 말을 한다. 심사까지의 과정은 생략하더라도 심사 후에는 긴장의 연속이다.

각 수상자에 맞는 상훈 신청 후 상장수령, 수상집에 수록될 기관단체장 격려사 모집 및 수상작 원고편집 후 발행, 대관 섭외, 수상자 및 내빈초대, 시상금 및 시상품 마련 등 행사 예산이 넉넉하면 대행업체에 맡기든 아니면 공공기관 또는 큰 단체에서 운영할 경우 참여하기만 하면 되지만, 예산 부족으로 이 모든 것을 나 혼자 결정하고, 신문사 직원의 손을 빌리다 보니, 나의 순간 멈춤은 모든 것이 멈춤이 되는 것이다.

입원해 있으면서도 전화통화는 오로지 백일장 시상식 준비를 위한 지시와 협의였다. 급기야 의사에게 시상식 행사에 참여할 수 있도록 조기 퇴원을 요구하니, 의사가 더 몸달아 내 건강을 살피는 상황이 되었다. 시상식 이틀 전까지 퇴원이 불투명한 상황에 나는 체념하고 시상식 대회사 인사말을 작성하고, 우리 신문사(CTN) 방송 카메라를 준비시키던 중 조기 퇴원이 결정되었다. 투병 중에서도 걱정했던 시상식이 열리던 날, 식장에 모여드는 수상자와 내외귀빈들을 보는 순간 눈물이 울컥했다.

생사를 오가는 투병에서도 여러분을 보기 위해 이를 이겨냈다고 했다. 그리고 이제는 여러분과 함께 뒤도 돌아보고, 옆도 둘러보면서 천천히 오래가고 싶다는 말로 대회사를 마쳤다. 16회를 이끌어오면서 나의 열정의 불이 식을 때마다 풍구의 바람으로 다시금 열정을 불태우게 해준 분들께 이 자리를 빌려 감사와 고마운 인사를 전한다.

✳ Profile
시인, 인터넷신문 CTN, 교육신문 CTN 발행인, 윤석중 문학나눔회 이사

무모했던 젊은 열정

✶

가재산

    열정에도 잘못된 방향으로 치달을 수 있는 무모한 열정이 있다. 40여 년 전 삼성물산 일본 주재원으로 부임한 지 겨우 3개월이 지났을 때였다. 30대 초반 혈기왕성한 나이에 물불 가리지 않고 일할 시기였다. 신입 주재원의 패기와 젊음의 열정으로 무장한 채 '못할 게 뭐 있어'라는 마음으로 덤벼들었다가 뼈아픈 경험을 했다.

    부임 3개월째 본사에서 긴급 연락이 왔다. 일본의 중요 바이어가 본사를 방문해 상담을 마쳤는데 그 규모가 어마어마했다. 무려 100만 톤의 철강을 포스코에서 발주해 중국으로 수출한다는 큰 규모의 거래였다. 워낙 큰 물량이라 사장까지 배석한 VIP 상담이었지만, 뭔가 석연치 않다며 철저한 신용조사를 해달라는 본사의 요청이었다. 일본어가 서투른 상태에서도 '이번 기회에 본사에 제대로 뭔가 보여주자'는 의욕만으로 가득했다. 지점장이나 선배들과 상의할 생각도 하지 않고 무작정 달려들었다.

    먼저 일본 최고의 신용조사 회사인 데이코쿠(帝國)데이터뱅크에 정식 의뢰했다. 며칠 후 돌아온 답변은 의외였다. '조사 불가.' 이유를 묻자 "그건 말해드릴 수 없습니다"라는 냉랭한 회신뿐이었다. 그때 이 회사의 신용조사를 더 하기에는 뭔가 심상치 않다는 낌새를 알아차렸어야 했다.

하지만 현지 사정에 어둡고 경험 없는 나는 '뭐 이런 무성의한 조사기관이 다 있어'라며 화가 났다. '좋아, 그럼 내가 직접 나서서 해보겠다.' 본사에서 자금·외환 업무를 담당했던 경험으로 은행을 활용하면 웬만한 거래처는 조사할 수 있다고 믿었다. 주요 거래은행인 산와은행(三和銀行)을 찾아가 급한 보고 건이니 신용조사를 부탁했다. 처음엔 열심히 해보겠다고 하더니 역시 며칠 후 이유를 얼버무리며 '조사 불가' 통보가 왔다. 담당자의 표정에서 뭔가 숨기고 있다는 인상과 함께 "더 이상 조사하시면 안 됩니다"라는 메시지를 넌지시 던지는 느낌을 받았다.

여기서 그만두었어야 했다. 하지만 구체적 설명이 없는 거부가 일에 대한 호기심과 함께 분노를 자극했다. '왜 안 되는지 내가 직접 확인해 보겠어!' 명함에 적힌 주소로 찾아갈까 하다가 전화부터 걸어보기로 했다. 여직원이 받았다. 지점장은 지방 출장 중이고 이틀 후에 돌아온다고 했다. 연락이 없어 다시 전화하니 이번에는 '해외 출장 중'이라고 했다. 일주일을 더 기다린 후 다시 전화하자, 왜 전화했느냐며 자초지종을 따져 물었다. 개요를 설명하자 '알았다'고 퉁명스럽게 전화를 끊었다. 다음날 이른 아침, 출근하자마자 전화벨이 요란하게 울렸다.

"야 임마! 그 자리에 그대로 서 있어! 너 죽여버릴 테야!"

천둥 같은 협박과 함께 전화가 뚝 끊어졌다. 온몸에 소름이 돋으며 어리둥절해하는 나를 본 일본 현지 직원이 사색이 되어 달려왔다.

"아뿔싸, 큰일 났습니다. 빨리 자리를 피하세요. 그 사람들은 일본에서 악명 높은 야쿠자 집단입니다. 그런 곳을 건드렸으니 정말 위험해요!"

머리털이 쭈뼛 서고 온몸이 얼어붙었다. 당장이라도 쫓아올 것 같은 공포에 마음이 좌불안석이었다. 그제서야 지점장에게 급히 상황을 보고했고, 일단 자리를 피하라는 지시를 받았다. 다행히 그날은 그들이 나타나지 않았다.

현지인들에 따르면 교토의 그들은 '이찌와카이(一和会)'라는 야쿠자 조직원들이었다. 당시 관서지방은 야마구치구미(山口組)와 함께 두 거대 세력이 판을 치고 있던 때였다. 일본 야쿠자들은 정치·경제계 깊숙이 개입해 있지만, 일반 서민은 직접 해치지 않는 게 불문율이라고 했다. 대신 간접적으로 공포를 조성한다. 한밤중 협박 전화, 아침마다 집 앞에서 아이들을 노려보기, 이런 식으로 정신적 압박을 가한다는 것이었다. 서울에서 온 지 한 달도 안 된 가족들은 일본어를 전혀 못하는 상황이라 공포감은 배가되었다.

언제 나타날지 모르는 불안 속에서 하루하루가 지옥 같았다. 3일이 지나고 4일째 오전, 마침내 그들이 나타났다. 회사 문을 거칠게 두드리는 소리와 함께 50대로 보이는 키 큰 사내가 들어섰다. 얼굴에 선명한 흉터, 우람한 체격에서 압도적인 위압감이 풍겼다.

"여기 가재산이 누구야?"

고함소리가 사무실을 진동시켰다. 미리 짜둔 각본대로 지점장이 나서서 그를 지점장실로 안내했다. 나는 창고에 숨어 벌벌 떨며 숨죽이고 있었다. 처음 20분간은 책상을 내리치며 고함을 질러댔다. 하지만 지점장의 차분한 설득에 점차 목소리가 누그러졌다. 30분 후 그가 지점장실에서 나왔다.

"가재산 어디 있어?"

"저입니다. 정말 죄송합니다. 용서해 주세요!"

이제 괜찮은 것 같아 바싹 엎드려 인사하며 말했다. 그는 한참을 노려보더니 "얼굴은 좀 순진하게 생겼네. 한국에서 온 지 얼마나 됐어?"라고 말했다.

"이제 2개월 됐습니다."

"그래."

그러고는 내 어깨를 툭 치며 한 마디 던졌다.

"똑바로 해."

그리고 유유히 사라졌다. 알고 보니 그는 일본 야쿠자의 '오야봉(親分)'이 아니라 밑에서 일하는 한국 교포 하수인 '꼬봉(子分)'이었다. 긴박했던 순간 등골에는 식은땀이 흥건히 젖어 있었다. 정말 무모한 열정으로 호랑이 굴에 뛰어든 꼴이었다. 조금만 신중했다면, 문제의 징조가 보일 때 상사나 현지인들에게 먼저 상의했다면 이런 아찔한 상황은 벌어지지 않았을 것이다.

열정을 가진다는 것은 분명 좋은 것이요 삶의 에너지다. 하지만 앞뒤 가리지 않는 맹목적 열정은 돌이킬 수 없는 결과를 가져온다. 열정은 무턱대고 발휘하기보다는 때로 기다림이나 멈춤이 필요하다. 상황을 냉정히 판단하고, 경험 많은 이들의 조언에 귀 기울이는 것이 진정한 멈춤이요, 지혜가 아닐까. 다시는 떠올리고 싶지 않은 경험이었지만 일본 주재 기간뿐만 아니라 일생 내내 큰 교훈이 되었다.

급할수록 돌아가라는 말이 있다. 열정도 마찬가지다. 올바른 방향으로 흘러야 비로소 빛을 발한다는 것을 그때의 아찔했던 경험이 뼈저리게 가르쳐 주었다.

✳ Profile
　디지털책쓰기코칭협회 회장, 한국디지털분인협회 부회장, 한류경영 연구원 원장

열정과 희생의 간극

✳

강세창

 한 세대의 희생은 나라의 미래를 밝히는 등불이었다. 그들은 숭고한 열정의 화신이었다. 돌이켜 보면 그것은 내 인생의 크나큰 행운이었다.
 조국의 불운 속에 청상과부가 되어 자식들의 앞길을 밝히신 어머니의 지고지순한 열정과 희생 속에서 자라났고, 사회에 나와서는 불굴의 의지로 국가의 초석을 다진 지도자를 가까이서 지켜보았으며, 직장에서는 사업보국의 정신으로 불타는 기업가들의 열정과 함께 숨을 쉴 수 있었던 세대에 태어난 일. 그것은 나의 자랑이자 영광이었다.
 그러나 마음 한편에는 늘 시리고 아픈 아쉬움이 남는다. 오늘의 영광과 이어지는 역사가 실은 그분들의 한결같은 희생 위에 놓여 있음을 잘 알기 때문이다.
 첫 직장의 강당에서 보았던 사진 몇 장이 아직도 눈에 선하다. 연이은 3년 동안 '수출의 날' 행사에서 수출 1등 공로기를 받던 순간, 국가 지도자와 강석진 회장이 활짝 웃으며 악수하는 장면이다. 늘 근엄하던 두 사람이 공식 석상에서 그렇게 환하게 파안대소 모습은 참으로 이례적이었다.
 자원이 없는 나라에서 세계 최대 합판공장을 세워 수출입국의 날개를 달았던 동명그룹 강석진 회장, 그리고 무역입국을 국가적 기치로 삼았던 지도자는 서로의 뜻이 통하는 동지였다. 그들이 이룬 신화 같은 기적은 뜨거운 열정의 결실이었으나, 결국 '80년의 봄'이라는 격랑 속에서 속절없이 무너지고 말았다. 남은 것은 한 인간의 희생과 때 이른 죽음, 그리고 그 시대를 함께 살아낸 우리들의 애끓는 기억뿐이다. 그나마 방위산업의 불씨만은 꺼지지 않아 훗날 K 방산의 뿌리로 자라났다.

'80년의 봄' 직전, 시해 사건으로 생을 마감한 지도자는 유신독재라는 독박 쓰는 일에도 주저함이 없었다. 그러면서도 그는 '자주국방'이라는 미완의 과업을 위해 끝내 스스로 독재자의 멍에를 짊어지며 불굴의 열정을 불살랐다. 《최후진술》 강만수 소설집에서도 이를 증언한다.

그는 1972년 유신헌법을 주도했고 곧 창원기계공단 설립을 밀어붙였다. 동시에 방위산업 참여를 기업에 독려하여 1974년부터 입주가 시작되었다. 그 현장에서 필자는 30대 청춘을 바쳤다.

가장 큰 벽은 엄청난 소요 재원이었다. 자주국방과 방위산업은 국가 재정지원이 성패를 가른다. 당시로서는 투자 회수의 길이 기약이 없어 기업들은 주춤거렸다. 정부는 재정 확보를 위해 극렬 반대 여론에도 불구하고 1975년 부가가치세 도입 결정, 2년여 준비 기간을 거쳐 1977년 7월 1일 수출품을 제외한 전 품목 부가가치세 실시라는 강수를 뒀다. 그가 타계하기 2년여 전 일이다.

만난(萬難)이 도사리고 있었다. 야당의 극렬한 반대, 전국을 휩쓴 민주화의 함성, 카터 대통령의 인권 외교와 주한미군 철수 압박까지 그를 옥죄었다. 잘 알려지지 않은 이야기지만 핵 개발의 문턱까지 갔다가 끝내 자신을 제물로 던진 것도 사실 그 자신이었다. 과연 어떤 지도자가 야당, 기업, 국민, 우방의 반대를 감수하면서까지 국가의 미래를 위해 자신을 던질 수 있었을까. 오늘날 선진국 반열에 오른 제조업의 기반과 K 방산의 위상은, 그의 열정과 희생이 없었다면 가능했을 것인가.

1984년 어느 날, 대우그룹 김우중 회장이 홍인기 대우조선 사장과 함께 동명중공업을 찾았다. 당시 나는 기획실장으로 최규철 사장과 함께 공장을 안내했다. 뿔테 안경을 고쳐 쓰며 김 회장은 홍 사장에게 말했다.

"동명이 어렵다니, 대우조선에서 일거리 좀 연결해 주세요."

대우그룹의 전성기, 그는 부실기업을 인수해 정상화의 신화를 쓰고 있었다. 세계경영이라는 무대에서 전력 질주하던 그는 "우리 세대의 희생으로 국가의 미래를 밝힌다"라는 말을 단순한 구호가 아닌 실천의 신념으로 살아냈다. 그것이 대우맨들의 가슴을 뛰게 했고, 시대를 움직이는 힘이었다. 그러나 IMF 외환위기의 파고 앞에서 제국은 무너졌다. 차입 경영이 치명타였다. 달러 환율은 800원대에서 1,500원대로 치솟았고, 외화 부채는 눈덩이처럼 불어났다. 영광과 오욕을 동시에 안은 그는 영어(囹圄)의 몸이 되어, 결국 알츠하이머로 82세를 일기로 생을 마쳤다. 하지만 여전히 그의 열정과 도전은 우리에게 묻는다. 우리는 과연 무엇을 위해 열정을 불사르고, 어디까지 희생할 수 있는가. 어디 이뿐이랴.

"마누라와 자식 빼고 다 바꿔라", "임자 시도해 봤어?"

이미 고인이 된 기업가 영웅들은 천수(天壽)를 다하지 못한 채, 불타는 열정과 희생으로 한 세대를 달구었다. 그들의 아우성이 역사의 강물이 되어 도도히 흘러내리고 있다.

그렇다면 나의 30대 열정을 바쳤던 첫 직장 동명중공업은 어떻게 변했을까. 대우그룹이 인수하여 기초 체력을 키운 뒤 그룹이 무너지자,

경영진은 중국에 진출해 일본 가와사키 정밀과 합작으로 'Flutech'을 세워 국내외 유압제품 사업으로 승승장구하고 있다. 창원 본사 공장은 독일 보쉬 렉스로스, 중국 국영기업, 국내 중공업 업체, 사모펀드까지 뒤섞인 M&A 각축전의 무대가 되었고, 한 지붕 둘로 나뉘어, 방산분야의 (주)MNC솔루션은 2024년 12월 주식 상장 후 시가총액 1조 4천억 원대, 2025년 9월 현재 사모펀드 M&A 경쟁입찰이 진행되고 있는 K 방산의 최대 수혜주로 주목받고 있다. 일반산업 부문은 두산모트롤 이름으로 두산그룹의 품에 안겼다.

돌이켜 보면, 그 길은 단순한 기업의 흥망사가 아니었다. 그것은 나라의 자랑이자, 한 세대의 열정과 희생, 그리고 땀과 눈물이 빚어낸 결실이었다. 중공업 경험조차 없던 기업들이 운명처럼 부여된 길을 걸으며 자동차, 전차, 군함, 조선, 항공기 엔진, 철강 전자, 화학에 이르기까지 뿌리를 내린 것은 단순한 산업 성장이 아니었다. 그것은 국가 지도자와 기업인들 그리고 종업원들, 한 세대가 몸 바쳐 엮어낸 거대한 서사였다. 이제야 깨닫는다. 열정과 희생은 서로 떨어져 있는 것이 아니다. 불타는 열정은 희생을 통해 완성되고, 헌신적인 희생은 열정 덕분에 빛을 발한다. 그래서 둘 사이에는 간극이 없다. 그것은 하나의 강물처럼 흘러 시대를 적시고, 오늘의 우리를 길러낸 토양이 되었다. 그 강물 위에 떠있는 나는 오늘도 자문(自問)한다.

나의 서툰 열정과 희생은 과연 어디에 닿아야 하는가. 한 세대의 끝자락에 서서 나는 열정과 희생이 식어가는 오늘의 분열과 혼돈세대를 바라보며 묻는다. "누구를 위하여 종은 울리나. 통합과 화합의 종을."

✳ Profile
　NCN(울산재능기부NGO) 전문위원, 칼럼니스트, 경영지도사

평화를 걷다

✴

고동록

"생명, 생태, 평화, 함께 갑시다!" 매월 둘째 주 토요일, 이 구호가 메아리치는 곳이 있다. 세계 유일의 분단국가의 아픈 심장부를 가로지르는 비무장지대. 수많은 영혼의 한이 서린 이곳은 역설적이게도 인간의 발길이 닿지 않아 모든 생명이 가장 자유로운 생태의 천국이다. 동족상잔의 비극을 온몸으로 간직한 채 이제는 평화의 가치를 속삭이는 510km의 긴 순례길. 강화도 전망대에서 고성 통일전망대까지 이어지는 DMZ 평화의 길 금단의 땅에 발자국을 새긴다. 우리는 걷는다. 이 길은 단순한 산책로가 아니다. 동쪽의 해파랑길, 남쪽의 남파랑길, 서쪽의 서해랑길과 함께 대한민국 외곽 4,500km를 하나로 엮는 코리아 둘레길의 북방 접경지역 관문이다. 평화와 만남, 치유와 상생의 가치가 평화의 길 위에 새기고 발걸음마다 생명, 생태, 평화의 희망의 씨앗을 뿌린다.

2021년 11월 첫발을 내디딘 이래 3년의 완주를 마치고 다시 걷기 시작한 지 어느덧 5년이 되어간다. 눈보라가 휘몰아치는 겨울에도 장대비가 쏟아지는 여름에도 반드시 사전답사를 하고 걷기를 이어간다. 2023년 2월 선자령 눈꽃산행에서 운명처럼 만난 선배의 권유로 그해 3월부터 평화와 열정의 순례에 동참했다. 이제는 운영위원이자 대의원으로 봉사하며 인문 해설단으로 담당 코스의 역사와 생태를 해설하며 함께 걷는다.

지난 8월 체감온도 40도에 육박하는 불볕더위 속에 대광리역에서 백마고지역까지 12km를 답사했다. 평소라면 3시간이면 충분한 거리였지만 무려 6시간이 걸렸다. 아침 일찍 대광리역에 내려섰을 때부터 공기는 뜨겁게 달아올라 있었다. 더위를 피하기 위해 우산을 펼쳐 들고 물병을 가득 챙겨 첫걸음을 뗐다. 차탄천을 따라 이어지는 길에 물놀이를 즐기는 사람들의 웃음소리가 부러웠다. 한 걸음 또 한 걸음을 그저 묵묵히 걷는다. 들판에는 벼이삭이 고개를 숙이며 익어가고 있었다. 무더위에 지쳐 보이는 야생화들과 맥없이 늘어진 풀들은 간간이 불어오는 바람에 생생하게 춤추고 있다. 더위에 지친 내 모습과는 너무도 대조적이다. 자연은 강인하고 불볕더위 속에서도 생명은 이토록 질긴 것이구나.

신망리역을 지나고, 철도 중단점 앞에 섰을 때는 가슴이 먹먹해졌다. 한때 남과 북을 이었던 경원선에 '철마는 달리고 싶다'라는 문구가 끊어진 채 녹슬어가는 레일 위에 서 있다. 고대산 역고드름을 오르며 땀은 폭포처럼 쏟아졌다. 물을 마시고 또 마셔도 갈증은 가시지 않는다.

옛 경원선 철교의 흔적이 남아있는 차탄천의 교량 아래서 더위를 식히려 물에 뛰어들고 싶은 충동이 가득했으나 갈 길이 바빠서 간신히 참았다. 연천과 철원의 경계이며 경기도와 강원도의 경계인 이곳에서 더위와 시원힘의 경계를 무너뜨리지 못한 아쉬움이 낚는다. 사랑과 미움, 사람과 자연, 희망과 절망 등 보이지 않는 경계 속에서 갈능의 연속이 얼마나 많은 삶인가.

그때였다. 차탄천 주변 밭에서 깻잎과 가지를 수확하던 할머니 한 분이 다가왔다. 더위에 지쳐 비틀거리는 모습이 안타까웠는지 오이 세

개를 "이거 지금 막 딴 거예유. 시원하게 드슈" 하면서 건네준다. 오이를 받아 든 순간 엄청난 에너지가 온몸에 퍼졌다. 단순한 오이가 아니었다. 낯선 이에 대한 연민이었고 함께 더위를 이겨내자는 응원이었으며 묵묵히 살아가는 사람들의 선한 마음이었다.

차탄천의 맑은 물이 흘러가는 소리를 들으며 다시 걸었다. 발바닥은 뜨거웠지만, 마음은 시원했다. 드디어 6시간의 긴 여정 끝에 도착한 백마고지역에 이르러 불볕더위를 뚫고 걸었던 열정이 어디서 생겼을까? "나보다는 우리를, 말보다는 행동으로, 경쟁에서 협력으로"라는 단순하면서 묵직한 행동강령이 이 길을 걷게 하였으리라 깨닫는다. 사람과 사람의 평화, 사람과 자연의 평화, 자연과 자연의 평화라는 이 세 가지 평화가 어우러질 때 비로소 진정한 생명화합이 가능하다는 것을.

DMZ 평화의 길은 미래 세대에게 전하는 희망의 메시지다. 총탄이 오가고 증오가 맺혔던 이곳에서 생명과 평화를 꽃피우는 증거가 되어 걷는다. DMZ 평화의 길을 넘어, 코리아 둘레길 전체를 완주하겠다고 다짐해 본다. 동해의 푸른 물결을 따라 걷는 해파랑길, 서해의 노을을 품고 이어지는 서해랑길, 남해의 비경을 만나는 남파랑길. 4,500km의 대장의 순례를 통해 이 땅의 아름다움과 아픔을 모두 품고 싶다.

발걸음마다 평화를, 호흡마다 생명을, 시선마다 희망을 품고 오늘도 걷는다. 내일도 걸을 것이다. 이 땅의 모든 경계가 사라지고 진정한 평화가 깃들 그날까지. 길은 멀지만, 우리는 함께 간다.

생명, 생태, 평화, 함께 갑시다!

✳ Profile
현) 퀀텀브레인 네트워크 대표, 전) 현대모비스 인재개발실장(상무)

인생 3막, 열정을 불다

✺

고문수

    2019년 초여름의 끝자락이었다. 집에서 50m가량 떨어진 곳에 있는 색소폰 학원의 문을 조심스럽게 두드렸다. 원장은 왜 색소폰을 배우려 하는지 물었다. 나는 잠시 망설이다가, 지금은 현직에 있지만, 앞으로의 은퇴 생활을 미리 준비하고 싶다고 솔직하게 이야기했다.
    친구의 권유도 있었다. 색소폰이 폐활량을 좋게 해 건강에 도움이 되고, 나이 들수록 술도 줄여야 하지 않겠냐는 말에 마음이 흔들렸다. 내 나이 73세라고 했더니, 원장은 80세가 넘는 수강생도 있다며 웃었다. 학원에서는 정치 얘기나 재력, '나 때는 말이야' 같은 이야기는 삼가고 오직 음악에만 집중한다고 했다. 취미로 시작하면 후회하지 않을 거라는 말에 용기를 얻었다.
    사실 은퇴 후의 삶이 걱정되는 또 다른 이유가 있었다. 아내는 다양한 취미 활동으로 바쁜 나날을 보내고 있었다. 친구들 모임, 학부모 모임, 사회봉사 모임, 노래 모임, 라인 댄스 모임까지, 갈수록 모임이 늘어났다. "나이 들수록 여자들은 모임이 많아지고 남자들은 줄어든다"라는 말이 딱 들어맞는 듯했다. 내가 은퇴하면 아내의 삶에 낄 틈이 없을 것 같았다. 동행이라는 미명하에 서로에게 부담을 줄 수도 있다는 생각에, 나만의 즐거움을 찾고 싶었다.
    막상 학원 문턱을 넘었지만 고민은 계속됐다. 어릴 적 큰 병을 앓아

폐활량이 좋지 않았기 때문이다. 돌아가서 생각해 보고 다시 오겠다고 하면 마음이 흔들릴 것 같아 그 자리에서 바로 등록했다. 아내에게는 몇 달 다녀본 후 확신이 생기면 말하기로 했다.

원장 덕분에 회원이 쓰던 중고 색소폰을 저렴하게 구했다. 마우스피스, 리가춰, 리드, 넥스트랩까지 추가로 구입했다. 우선 넥 부분만 조립해 불어봤는데, 아니나 다를까 호흡이 가쁘고 소리를 내기가 여간 쉽지 않았다. 원장의 지도 아래 '도레미파솔라시도' 스케일 연습과 한 음을 길게 부는 롱톤 연습을 이어갔다. 연말이면 두 곡 정도는 충분히 불 수 있다는 원장의 격려에 힘이 났다. 가장 먼저 연주하고 싶은 곡이 무엇이냐는 물음에 나훈아의 〈사랑〉과 이승연의 〈잊으리〉를 주문했다. "이 세상에 하나밖에 둘도 없는 내 여인아…"로 시작하는 〈사랑〉을 아내에게 꼭 들려주고 싶었다.

하지만 음표도 잘 모르고 굳어버린 손가락으로 키를 찾는 일은 쉽지 않았다. 주중에는 직장생활을 하여 주말에 짬을 만들어 틈틈이 연습했다. 친구에게 잘 부는 방법을 물었더니 "마우스피스를 얼마나 오랫동안 입에 물고 있느냐에 달렸다"라고 했다. 고수가 되기는 어렵겠다는 생각이 들었다. 회원들과 이야기를 나누며 친분을 쌓았는데, 초보인 나에게 먼저 다가와 조언을 건네는 분들이 많았다. 81세에 색소폰을 시작한 한 분은 40년간 당뇨로 고생하며 발이 갈라지고 체온이 35도에 머물렀다고 했다. 그런데 색소폰을 시작한 후 체온이 정상으로 돌아오고 당뇨도 좋아졌다고 했다. 고희를 넘긴 어떤 여성분은 벽걸이 달력 뒷면에다가 악보를 크게 그려 외운다는 얘기도 했다.

기본적인 연습만 하고 있는 가운데 세월은 고장 난 벽시계처럼 멈추지도 않고 흘러 어느덧 연말이 다가왔다. 12월 마지막 토요일 오후,

원장은 학원 근처 주점을 통째로 빌려 색소폰 발표회를 열었다. 총 14명이 연주하는데, 나는 13번째 순서였다. 정장에 빨간 나비넥타이를 매고 잔뜩 멋을 냈다. 첫 연주회에 나서는 나를 응원하기 위해 아내와 아들, 딸, 손주 등 가족 모두가 참석했다.

다른 분들은 몇 년의 경험이 있어 능숙하게 연주했지만, 내 차례가 다가올수록 긴장감에 목구멍으로 아무것도 넘어가지 않았다. 테이블 위에 놓여있는 술과 안주류 중 막걸리 한 잔으로 겨우 긴장을 달랬다. 순서를 일찍 잡았더라면 배도 채우고 여흥도 즐길 수 있었는데 후회막급이었다. 〈사랑〉을 연주하고 한숨 돌리는 순간, 무대 바로 앞자리에 앉아 있던 세 손녀가 "할아버지, 앵콜!"을 외치며 손을 흔들었다. 두 번째 곡인 〈잊으리〉를 부를 때 호흡은 가빴지만, 반주가 든든하게 받쳐주어 무사히 마칠 수 있었다. 세 손녀가 무대로 올라와 흥겹게 춤을 추고 꽃다발을 건네며 첫 공연을 축하해 주었다.

아내는 "초보인 줄 알았는데 잘한다"라며 격려해 주었다. '고래도 칭찬하면 춤을 춘다'고 했던가. 그날은 마침 아들 생일이기도 해, 발표회 후 집으로 돌아와 케이크를 자르며 뜻깊은 하루를 보냈다. 아내에게도 장미꽃을 선물했다. 그날은 내 인생에서 두 번 다시 오지 않을 황홀한 밤이었다. 6년 전 일이지만 영화 필름처럼 생생하게 남아있다.

그런데 그해 12월, 코로나19라는 이상한 감염병이 돌기 시작했다. 2020년 팬데믹이 선언되면서 마스크 착용이 의무화되었고, 여러 명이 모이는 것이 법으로 금지되었다. 장례식에 문상도 갈 수 없는 상황이 되자, 색소폰 학원도 쉴 수밖에 없었다. 길어야 몇 달이겠거니 했던 시간이 무려 4년 가까이 흘러버렸다.

2024년이 시작될 무렵 다시 악기를 꺼내어 주말에 틈틈이 연습했다. 그리고 연말에 오랜 직장생활을 은퇴하여 나만의 자유로운 시간을 갖게 되었다. 올해부터 본격적인 '색소폰 초년병'이 되었다고나 할까. 여전히 음은 흔들리고 박자는 자주 어긋났다. 일찍 배우지 못한 것이 못내 후회스럽지만, 재미를 붙이려 노력하고 있다. 내년이면 팔순인데, 가족들 앞에서 멋지게 공연하여 온기를 전해주고 싶다.

어느 여성 시인의 〈아버지의 색소폰〉이라는 시가 가슴에 와닿는다. 시 속의 아버지는 어머니가 돌아가신 후 잠시 색소폰을 멈추었지만, 다시 금빛 미소를 머금고 노래를 시작한다. 색소폰은 단순한 악기가 아니라 그것은 삶을, 가족을, 사랑을 불어내는 숨결이다.

색소폰 연주가 하루아침에 이루어지지 않듯, 부부간의 화목도 노력 위에 세워진다는 것을 깨달아 간다. 음정을 맞추려는 수많은 연습이 있듯, 삶도 조율해야 아름다운 선율이 된다. 마우스피스와 리드를 자신의 음량에 맞춰 선택하는 것이 중요하다는 것도 알게 되었다.

80이면 모든 것이 늦었다고 생각하기 쉽지만 '늦었다고 생각할 때가 가장 빠르다'고 하지 않았는가. 늦깎이로 색소폰을 시작한 것을 후회하지 않는다. 오히려 내 삶을 더욱 풍성하게 해주는 멋진 취미가 되었다.

여기서 멈추지 않고 또 다른 열정을 발휘할 계획이다. 1980년대 중반 발표되어 유행했던 〈열정〉이라는 노래 가사 중에 '활화산처럼 타오르는 그런 사랑'에 도전하고 싶다. 그동안 해보지 못했던 드로잉, 한글 서예, 글쓰기 등을 배우며 이 모든 과정을 기록으로 남기려 한다. 기대 수명이 늘어나면서 이제 인생을 둘로 나누기엔 후반전이 너무 길다. 나의 인생 3막은 이제부터 시작이다.

✴ Profile

현) 한국디지털문인협회 회원, 전) 한국자동차산업협동조합 전무이사

열정은 나이를 모르고

권민정

　내 열정은 철들지 않아 철딱서니가 없었다. 나이를 잊은 망나니 같은 열정이 내 인생의 한 부분을 이끌었다. 철들지 않고 망나니 같은 열정의 내가 지금 생각해도 반갑고 고맙다. 50대에 이르러서야 깨달았다. 나이는 정말 숫자일 뿐이라는 것을. 아니, 정확히 말하면 깨달았다기보다는 억지로라도 믿어야 했다는 편이 맞겠다. 그래야만 피부관리사 학원 문을 열고 들어갈 용기가 생겼으니까. "어머니, 혹시 따님 등록하러 오신 거예요?" 접수 직원의 당황스러운 질문에 씁쓸했지만 "저요, 제가 수강생이에요" 하고 정중히 답했다. 그 순간 대기실에 앉아 있던 스무 살 남짓한 예쁜 아가씨들의 시선이 일제히 내게 쏠렸는데 마치 동물원에 온 외계인을 보는 듯한 눈빛이었다.
　첫 수업 날, 맨 뒷자리에 조용히 자리잡고 수업을 들었다. 앞에 앉은 젊은이들의 머리카락이 창문 너머 쏟아지는 햇살에 반짝거리는 것을 보며 '저 아이들이 태어났을 때 나는 이미 서른이었구나. 그런데 지금 같은 꿈을 꾸고 있다니 인생이 참 묘하다' 하는 생각에 설레었다.
　강사 선생님이 "피부관리의 기본은 손동작"이라며 시범을 보이셨다. 우아한 손놀림을 따라 하기엔 내 손가락들이 너무 굳어 있었다. 20대 아이들은 금세 따라 했다. 내 손은 마치 금방 쪼개어 놓은 장작의 갈퀴처럼 거칠고 어색했다. 집에 가는 길 차창에 비친 모습을 보며 나에게 말했다. "정말 미쳤나? 이 나이에 이런 걸 하겠다는 거야?" 스스로에게 질책을 했다. 과연 이 손으로 그렇게 현란한 손동작이 나올 수 있을까? 하고 싶었던 일이었지만 첫 수업에 자신감이 사그라들고 있었다.

하지만 포기할 수 없었고 아니, 포기하기엔 너무 간절하게 일을 해야만 했다. 앞으로 가족들이 겪어야 할 일 따위는 생각할 여유가 없었다. 가족들을 상대로 무차별 연습을 했다. "여보, 잠깐만 누워 봐.", "또요? 어제도 했잖아요.", "딱 한 번만. 팩 바르는 연습 좀 하게." 남편은 "잠깐만"이라고 하면서 조건반사적으로 도망 다녔다. 처음엔 순순히 누워 주던 남편도 매일 밤 얼굴에 이것저것 발라지고 문질러지니 질린 모양이다. 아이들도 마찬가지였다. "엄마, 저 과제 해야 해요.", "5분만. 마사지 연습 좀 하자.", "어제도 5분이라더니 30분 했잖아요!" 미안한 마음에 가슴이 무거웠지만 멈출 수가 없었다.

우리 집 거실은 어느새 즉석 피부관리실이 되었다. 소파에 수건을 깔고, 화장대에서 가져온 온갖 크림들을 늘어놓고, 매일 밤 가족들을 '실험 대상' 삼아 연습을 했다. 처음엔 서툴러서 가족들 얼굴에 팩을 덕지덕지 발라 놓고는 "어? 이게 맞나?" 하며 당황했다. 아이들은 그런 엄마를 보며 은근 두려워했다. "엄마, 제가 귀신 같아 보여요?" 애들이 걱정하며 웃는데 손이 맘대로 되지 않으니 너무 답답하기만 했다. 눈썹 뽑기 연습할 때는 내 눈썹을 한 개씩 뽑았고 다리 제모는 남편 다리 딱 두 번만 할 수 있다. 이 두 가지는 그날 손이 떨리지만 않으면 충분히 할 수 있다는 강사님 말을 믿었다. 마사지 손동작과 팩 바르는 연습을 위해 동네 사람들을 불러 차까지 대접하면서 진짜 열심히 연습하고 또 연습했다. 젊은이들보다 10배는 더 연습을 해야만 할 것 같기에…

그러다 보니 밤에 누우면 천장에 팩을 붙인 요상한 얼굴들이 보였다.

그렇게 몇 주가 지나자 조금씩 손동작이 자연스러워졌다. 팩을 바를 때도 두께를 균일하게 맞출 수 있게 되었고, 마사지할 때도 힘 조절이 되었다. 가족들도 "손이 부드러워졌네" 하며 칭찬해 주기 시작했다. 3개월의 긴 여정 끝에 드디어 시험 날이 왔다. 30명이 지원했다. 5명만 합격할 수 있다는 말에 심장이 쿵쾅거리고 손이 갑자기 굳어버려 당황했다. 비상으로 준비해 온 청심환을 급하게 씹어 먹고 시험장에 들어섰다. 젊은 수험생들의 자신감 넘치는 모습이 눈에 들어왔다. 실기 시험이 시작되고 모델의 얼굴에 클렌징부터 팩, 제모까지, 그동안 연습했던 모든 과정을 해야 했다. 다행히 턱걸이로 합격을 했는데 그 순간 가족들이 생각나서 울어버렸다. 몇 개월 후 화장품 회사 피부관리실에서 일을 시작했다. 손님들이 나를 보고 조금 의외라는 표정을 지으며 바라보았다. 젊은 관리사를 기대했는데 나 같은 아줌마가 나타났으니. 하지만 곧 그런 선입견들은 사라졌다. 관리가 끝나고 거울을 보는 고객들의 표정이 관리사의 자부심을 갖게 해주었다. "어머, 정말 피부가 좋아졌네요!", "거울 보니까 10년은 젊어진 것 같아요!" 그런 말들을 들을 때마다 가슴이 뭉클했다. 내가 누군가를 행복하게 만들고 있다는 사실이 믿어지지 않았다. 특히 기억에 남는 것은 나와 비슷한 나이의 한 고객이었다. 관리를 받은 후 환하게 웃으며 "언니 덕분에 용기가 나요. 나도 뭔가 새로운 걸 시작해 봐야겠어요"라는 격려의 말에 나는 힘이 났다. 순간 열정은 전염된다는 것을 깨달았다.

10년이 지난 지금도 그때를 생각하면 가슴이 뿌듯해진다. 돈을 벌기 위해 시작한 일이었지만, 결국 내가 더 많은 것을 얻었고 자신감, 성취감, 그리고 타인을 행복하게 만드는 보람을 느꼈다. 피부관리사로 일하면서 나도 모르게 몸에 밴 습관이 있었다. 바로 정리정돈. 관리실의 도구들을 항상 제자리에 두고, 물건들을 체계적으로 정리하는 습관이 자연스럽게 생겼다. 집에 와서도 마찬가지였다. 뭔가 어수선한 것을 보면 자동으로 손이 움직여 열심히 정리하는 모습을 보고 친구가 말했다. "너 정리하는 것 좀 봐. 완전 프로 같다. 정리 수납 자격증 같은 것도 있던데, 도전해 봐." 순간 욕망이 꿈틀거렸다. 되려나, 또 도전하라고? 망설임은 잠깐 다시 고령의 나이로 도전했다. 한 번 해봤으니, 도전 경험이 힘이 되었다. 노력 끝에 정리 수납 자격증을 취득하고 협회에 봉사자로 등록해서 봉사활동을 하고 있다. 정리를 못해서 쓰레기집이 되어가는 집들을 찾아가 정리해 주는 일이었다. 처음 그런 집에 들어갔을 때의 충격은 지금도 잊을 수 없다. 하지만 여러 봉사자와 함께 정리하며 치웠다. 달라진 집을 보며 주인분이 눈물을 흘리며 고마워하시는 모습을 보니 보람도 느끼고 좋아하던 아이들의 웃음에 가슴이 뭉클해졌다.

피부관리사를 할 때와 같은 감정이었다. 누군가의 삶에 작은 변화를 만들어주는 기쁨, 그것이 바로 내 열정의 원동력이었다. 지금 생각해 보니 열정이란 참 신기한 것이었다. 하나가 다른 하나를 낳고, 그것이 또 다른 것을 낳는 것 같다. 피부관리에 대한 열정이 정리정돈에 대한 열정으로 이어지고, 마치 도미노처럼 다시 봉사에 대한 열정으로 발전했다. 50대에 시작한 첫 번째 도전이 지금의 나를 만들었고, 나이가 많아서 늦었다고 생각했지만, 오히려 그 간절함이 더 큰 열정을 만들어냈다. 젊었을 때는 시간이 많다고 생각해서 미루기 일쑤였는데, 나이가 들고 나니 '지금 아니면 언제'라는 절박함이 생겼다.

나는 지금도 꿈을 꾼다. 50대에 시작한 새로운 도전과 내 인생의 작고 소소한 경험을 글로 남기고 싶다. 그 어떤 것보다 가장 소중하다. 노년에도 사회봉사를 할 수 있다기에 노인생활지도사, 스마트폰활용지도사 등 여러 자격증 취득을 했다. 할 수 있다는 믿음과 남편의 독려에 힘을 얻어 새로운 도전을 계속 이어갈 것이다.

  이 모든 것을 이루도록 도와주고 지켜봐 준 가족이 있기에 오늘도 내 열정은 철들지 않는다. 열정 앞에서 나이는 한낱 숫자에 불가하다. 중요한 것은 꿈꾸는 마음과 도전하는 용기뿐이다.

✳ Profile
   한국디지털문인협회 회원, 케이엔케이 에너지 대표

보이는 길은 가지 않는다

✳

권태일

　인생이라는 긴 여행에서 우리는 끊임없이 선택의 기로에 선다. 그때마다 두 가지 길이 놓여 있다. 하나는 이미 많은 사람이 걸어간 평탄하고 안전해 보이는 길이고, 다른 하나는 아직 아무도 가지 않아 어디로 향하는지 알 수 없는 험한 길이다. 많은 사람은 당연히 전자를 선택한다. 하지만 나는 67년의 삶을 살아오면서 늘 후자를 선택했다. 보이는 길은 가지 않는다는 것, 그것이 나의 인생 철학이 되었다.

　왜 보이는 길을 가지 않는가. 그 이유는 간단하다. 보이는 길은 누군가 이미 만들어 놓은 길이기 때문이다. 그 길은 분명 안전하고 편안할지 모른다. 하지만 그 길을 따라가다 보면 결국 남의 인생을 사는 것과 다름없다. 남들이 정해놓은 기준에 맞춰 살고 남들이 옳다고 말하는 것을 따라가다 보면, 정작 나 자신의 목소리는 점점 작아진다. 나는 그렇게 살고 싶지 않았다.

　강원도 시골의 가난한 집에서 태어난 소년에게 세상은 거대한 벽이었다. 중학교 진학조차 사치였던 시절, 주변의 모든 어른은 말했다. "네 형편에 무슨 공부냐, 빨리 일을 배워서 돈을 벌어야지." 그것이 보이는 길이었다. 가난한 집 아이들이 당연히 걸어야 할 안전하고 현실적인 선택이었다. 하지만 나는 그 길을 가지 않기로 했다. 한 달 동안 부모님께 매달렸다. 울고, 사정하고, 때로는 반항도 했다. 그렇게 해서 끝내 중학교 진학을 허락받았다.

그것이 내 인생의 첫 번째 '보이지 않는 길'이었다. 돌이켜 보면 참으로 무모한 선택이었다. 학비는 어떻게 마련할 것인가, 공부를 따라갈 수나 있을 것인가, 졸업 후에는 무엇을 할 것인가. 그 어떤 것도 보이지 않았다. 하지만 보이지 않는 길을 향해 뚜벅뚜벅 한 걸음 한 걸음 나아갔다.

대학 진학 때도 마찬가지였다. 등록금이 없었다. 보이는 길은 명확했다. 대학을 포기하고 취업을 하는 것. 그것이 현실적이고 안전한 선택이었다. 주변 사람들도 그렇게 조언했다. 하지만 다른 길을 찾았다. 군 입대를 통해 야간대학이라는 우회로를 발견했다. 낮에는 근무하고 밤에는 공부하는 고되고 힘든 길이었다. 하지만 그것이 내가 원하는 길이었다.

보이지 않는 길을 선택한다는 것은 단순히 모험심이나 도전 정신만으로 설명될 수 없다. 그것은 자신에 대한 깊은 성찰과 신뢰에서 비롯된다. '나는 누구인가', '나는 무엇을 원하는가', '나는 어떤 삶을 살고 싶은가'라는 근본적인 질문에 대한 답을 찾는 과정이다. 보이는 길을 따라가면 이런 질문을 할 필요가 없다. 그저 앞사람을 따라가면 되니까. 하지만 보이지 않는 길을 선택하는 순간 스스로에게 묻지 않을 수 없다. 왜 이 길을 가려 하는가, 이 길의 끝에 무엇이 있기를 바라는가.

외국계 회사에 도전했을 때도 그랬다. 영어를 한마디도 못 하는 야간대학 출신이 외국계 회사에 입사한다는 것. 그것은 상식적으로 말이 되지 않는 선택이었다. 보이는 길은 국내 중소기업에 안정적으로 취업하는 것이었다. 그것이 내 학력과 능력에 맞는 현실적인 선택이었다. 하지만 영어를 못한다는 사실이 오히려 나를 더욱 자극했다. 할 수 없다고 말하는 것, 불가능해 보이는 것들이 나를 더욱 끌어당겼다.

물론 그 대가는 혹독했다. 20년이라는 긴 시간 동안 나는 학력 콤플렉스의 그늘 아래 살았다. 명문대 출신 동료들 사이에서 내 이력을 숨기기에 급급했다. 영어 회의가 있는 날이면 전날 밤 잠을 이루지 못했다. 회의실에 앉아 있으면 모든 시선이 나를 향하는 것 같았고 한마디 말을 할 때마다 식은땀이 흘렀다. 그렇게 위축되고, 좌절하고, 때로는 모든 것을 포기하고 싶었던 순간들이 셀 수 없이 많았다.

하지만 바로 그 고통의 시간들이 나를 단단하게 만들었다. 보이지 않는 길을 걷는다는 것은 편안함을 포기하는 것이요, 안전함을 버리는 것이다. 대신 성장을 하고 매일 조금씩 더 나은 사람이 되어간다. 영어 한마디 못 하던 사람이 어느새 국제회의에서 발표를 하고 야간대학 출신이 예상보다 먼저 외국계 기업의 임원이 되는 기적 같은 일이 일어났다. 보이지 않는 길을 걸으며 흘린 땀과 눈물이 쌓여 만들어 낸 결과다.

쉰셋의 나이에 창업을 결심했을 때 주변의 모든 사람이 말렸다. "이제 편하게 사세요. 왜 고생을 자처하십니까." 그것이 보이는 길이었다. 오랜 직장 생활을 마무리하고 안정적인 노후를 준비하는 것. 그것이 상식적이고 현명한 선택이었다. 하지만 내 가슴속에는 여전히 불타는 무언가가 있었다. 아직 해보지 못한 일들, 도전하고 싶은 것들이 너무나 많았다. 나이가 들었다는 것은 제약이 아니었다. 오히려 그동안 쌓아온 경험과 지혜 그리고 인맥이 나의 가장 큰 자산이 되었다.

창업 초기는 지옥과도 같았다. 자금난으로 밤잠을 설치는 날들이 계속되었다. 직원들 월급을 주기 위해 사방으로 뛰어다녔고, 때로는 개인 재산까지 쏟아부어야 했다. 젊은 시절이었다면 이런 고통을 견딜 체력이 있었을까 싶었다. 그러나 나이가 주는 힘이 있었다. 인내와 지혜 그리고 아무리 긴 겨울도 봄을 맞이한다는 믿음, 그 확신이 나를 버티게 했다.

보이지 않는 길을 걷는다는 것은 외로운 일이기도 하다. 쉰다섯의 나이에 박사 과정을 시작했을 때도 주변의 반응은 비슷했다. 격려보다는 "그 나이에 무슨 박사 공부냐"라는 시선이었다. 하지만 나는 배움에 나이가 없다는 것을 증명하고 싶었다. 지식을 탐구하는 기쁨, 새로운 것을 배우는 즐거움은 나이와 무관하다. 예순일곱의 나이지만 여전히 내 안의 청춘은 불타오르고 있다. 창업한 빅썬시스템즈 회사를 진정한 '빅 썬(Big Sun)'으로 만들기 위해, 젊은 시절보다 더 뜨거운 열정으로 하루하루를 뛰고 있다. 지금도 새로운 IT 기술 자격증을 공부하며 배움의 길을 멈추지 않는다. 배움 앞에서 나이는 숫자에 불과하고, 도전은 나를 젊게 하며, 그 열정은 회사를 성장시킨다.

보이지 않는 길을 걸으며 내가 발견한 가장 큰 진리가 있다. 남들이 만들어 놓은 안전한 길이 아니라, 내 심장이 뛰는 그 길을 선택할 때 비로소 진정한 자신의 인생을 살게 된다. 당신은 지금 누구의 길을 걷고 있는가. 만약 보이는 길 위에 서 있다면 잠시 멈춰서 자신에게 물어보기를. "이것이 정말 내가 원하는 길인가. 내 가슴이 정말 뛰는 길인가."

✷ Profile
현) 빅썬시스템즈(주) 대표이사, 한국IT전문가협회 수석부회장, 동북아ICT포럼 부회장, 전) 한국썬마이크로시스템즈 상무

구순에 피는 순이의 열정

✳

김경화

　엄마의 삶은 불씨였다. 꺼질 듯 흔들리면서도 끝내 타올라 내 삶을 지폈다.

　다섯 개 일정을 마치고 집으로 돌아온 저녁, 현관에 들어서자마자 신발을 벗고 주저앉는다. 몸은 파김치처럼 무겁지만, 이상하게 웃음이 난다. 지쳐도 꺼지지 않는 불이 내 안에서 타오르고 있기 때문이다. 나는 지금, 가장 좋아하고 꿈꾸던 일을 하고 있다. 문학을 배우고, 쓰고, 가르친다.

　문득 궁금해진다. 내 안의 불씨는 어디에서 비롯되었을까. 오늘 밤 DNA를 더듬어 가다 보니, 시작은 분명 엄마였다.

　엄마는 다섯 살 무렵 진안 마이산 근처 친척 집에 맡겨졌다. 아이는 보호받아야 마땅한 존재인데, 엄마는 그 나이에 이미 세상 바깥으로 내던져졌다. 더부살이의 설움은 말하지 않아도 알 수 있었다. 층층이 쌓인 외로움이 어린 가슴에 얼룩처럼 남았을 것이다. 그래서였을까, 엄마는 창밖을 보며 종종 중얼거린다. "납골당은 싫다. 죽어서까지 갇히고 싶지 않아. 나비가 되어 훨훨 날아다니고 싶어." 짧은 한마디에 심장이 내려앉는다. 엄마는 생의 마지막까지 바람 같은 자유를 꿈꾸고 있다.

　엄마의 열정은 들꽃 같았다. 눈에 잘 띄지 않았지만, 뿌리 깊고 질겼다. 서른 중반의 나이에 아버지가 병들어 쓰러진 뒤, 말수가 적던 엄마는 노점에서 과일 장사를 시작했다. 비에 젖은 손바닥, 동상으로 갈라진 발뒤꿈치에도 장터를 떠나지 않았다. 여섯 아이를 키우는 일이 삶의 전부였기 때문이다. 자신을 지우면서 끝내 지켜낸 자리, 열정의 또 다른 이름이다.

세월이 흘러, 안과에서 간호사가 차갑게 물었다. "이름도 못 쓰세요?" 날카로운 말은 화살처럼 가슴에 박혔다. 노인이 글자를 모르는 일이 드물지 않았지만, 엄마는 집에 돌아와 자신을 탓했다. 이름 하나 쓰지 못하는 부끄러움이라니. 그날 밤, 엄마의 잠든 손등을 바라보며 나는 소리 없이 울었다. 세상은 무지를 꾸짖으면서 삶의 무게가 남긴 주름의 깊이는 보려 하지 않았다.

그때 손주가 다가와 속삭였다. "할머니, 제가 한글 가르쳐 드릴게요." 작은아들 범이는 매일 저녁 한 시간씩 할머니 손을 잡았다. 삐뚤빼뚤한 기역과 니은이 종이에 찍힐 때마다 작은 불씨가 다시 타올랐다. 마침내 엄마는 자기 이름을 쓸 수 있게 되었다. 순이. 세 글자는 주민센터에서, 병원에서, 은행 창구에서 떳떳한 증표가 되었다. 나이 들어 포기할 수도 있었지만, 엄마는 끝내 불씨를 살려냈다.

얼마 지나지 않아 펜은 하얀 봉투 위에 마음을 남겼다. "딸, 졸업 축하해. 사랑한다." 서른다섯 해 전, 가난 때문에 건네지 못했던 대학 등록금이 봉투에 있었다. 나는 그 글씨를 보는 순간, 돈이 아니라 엄마의 눈물을 보았다. 가난의 설움이 한 줄 글씨로 치유되는 시간이었다. 봉투는 지금도 거실 액자 속에 앉아 있다. 다이아몬드보다 빛나고, 사과보다 진실하며, 어떤 사랑보다 깊은 엄마의 문장이다.

그제야 알게 되었다. 열정은 외치지 않는다. 삶의 바닥에 숨어 있다가, 어느 날 가랑비처럼 조용히 손을 잡는다. 나는 엄마의 딸이다. 엄마의 기운, 엄마의 뜨거움, 엄마의 투박한 손길에서 인생을 배운다. 나는 지금 글을 쓰고, 누군가의 이름을 불러주며, 이름이 마음이 되는 이야기를 전한다. 엄마의 열정은 이미 내 안에 DNA로 흐르고 있고, 내가 지금 하는 모든 글쓰기는 엄마의 또 다른 삶이다. 엄마는 오늘도 건강을 지키려, 남은 힘을 다해 걷는다. 자식에게 짐이 되고 싶지 않은 여느 부모들보다 더욱 강하게 엄마의 불꽃은 꺼지지 않는다. 나는 그 불꽃으로 오늘을 산다.

✳ Profile
계간 《시와경계》 디카시 등단, 디카시창작지도사 1급, 시조시인, 황순원디카시최우수상 외. 저서: 디카시집 《디카시, 섬광의 유혹》 외

그 여름 우리의 노래
뮤지컬 〈맘마미아〉의 도나로 살아낸 6개월

✳

김명애

어릴 적, 겨울이면 일본식 사택의 다다미방은 아이들의 놀이터이자 작은 극장이었다. 나는 언니의 스카프를 베일처럼 두르고 공주가 되기도 했고, 친구와 함께 이부자리를 깔아 바닥을 헤엄치듯 유영하기도 했다. 수줍음 많던 소녀였지만, 단 한 사람—아버지 앞에서만큼은 달랐다. 방 안으로 들어오는 아버지를 향해 춤추고 손짓하며 온 마음을 움직임에 실었다. 그것은 인정받기 위한 재롱이 아니라, 사랑받고 있다는 확신에서 피어난 진실이었다.

그러나 성장하면서 나는 일찍 선을 그었다. 무대는 돈이 드는 일, 그리고 '내 얼굴로는 어울리지 않는 자리'라 여겼다. 합창단 연습실에서 발레를 흉내 내던 중학생의 마음은 그렇게 접혔다. 하지만 대학교 축제에서 만난 봉산탈춤은 다시 내 안을 흔들었다. 탈을 쓰고 얼굴을 가린 채 무대에 설 수 있다는 사실만으로 가슴이 뛰었고, 나는 '취발이'로 무대에 서며 잊었던 불씨를 되살렸다.

그리고 작년 겨울, 시 낭송 뮤지컬을 보던 날, 연출자의 한마디가 내 심장을 찔렀다.

"〈맘마미아〉 출연자를 모집합니다."

그 문장은 바늘처럼 꽂혀 밤새 가슴을 찔렀다. 나는 망설임 없이 지원서를 썼다. 오래된 열망이 마침내 나를 다시 불러낸 것이다.

그로부터 6개월, '도나'로 살아낸 시간은 내 인생의 또 한 장을 통째로 넘긴 듯 강렬했다. 노래방조차 낯설던 내가 아바의 명곡을 불러야 했고, 대사와 몸짓으로 감정을 전해야 했다. 70을 앞둔 나이에 감행한 모험은 무모해 보였지만, 첫 리허설에서 〈댄싱 퀸〉을 부르며 깨달았다. 나이는 숫자에 불과하다는 것을. 내 마음은 여전히 다다미방에서 춤추던 소녀 그대로라는 것을.

연습은 고통의 연속이었다. 날카로운 피드백에 가슴이 쓰라렸고, 무릎은 아팠으며 목소리는 자주 갈라졌다. 그러나 포기하지 않았다. 젊은 배우들처럼 높이 뛰지 못해도 손끝에 감정을 실었고, 큰 목소리를 내지 못해도 호흡 깊이에서 진정성을 길어 올렸다. 나이의 한계를 인정하면서도, 그 안에서 나만의 무대를 세워나갔다.

마침내 막이 오르던 순간, 모든 두려움은 사라졌다. 조명 아래 서자, 어린 시절 아버지 앞에서 춤추던 기쁨이, 무대를 향한 오랜 갈망이, 일흔 해 가까운 삶의 무게가 '도나'라는 인물 안으로 흘러들어왔다. 무대는 다시 나의 집이 되었고, 나는 그 안에서 진정으로 살아 있었다.

공연이 끝난 밤, 기쁨보다도 깊은 공허가 찾아왔다. 다음 날에는 30년 직장생활에서도 느껴보지 못한 '월요병'이 몸을 덮었다. 그것은 무대에 모든 것을 내어주었다는 증거였다.

공연이 끝난 지 한 달이 지난 지금도 여운은 사라지지 않았다. 아침에 눈을 뜨면 여전히 무대 위에 서 있는 듯했고, 〈맘마미아〉의 선율이 귓가를 맴돌았다. 그리고 나는 매일 새삼 깨닫는다. 꿈은 젊은이들만의 것이 아니며, 오히려 나이가 들수록 더 간절해지고 더 소중해진다는 것을.

어린 시절의 소녀, 중학교에서 꿈을 접었던 소녀, 대학 시절의 탈춤 배우, 그리고 이제 '도나'가 된 나. 그 모든 선이 모여 지금의 나를 만든다. 변하지 않는 것이 있다. 무대에 서고 싶다는 열망, 누군가에게 감동을 전하고 싶다는 마음, 더 나은 내가 되고 싶다는 의지.

나는 다시 묻는다. '다시 시작할 수 있을까?'

내 마음은 조용히 대답한다. "그렇다." 우리의 일상이 곧 연극이니까.

그 여름, 우리의 노래는 끝났지만 내 안의 무대는 여전히 계속된다. 다음 공연을 위해, 다음 꿈을 위해, 살아 있는 모든 순간을 위해. 꿈은 나이와 상관없이 꾸어야 하며, 희망은 마지막 숨결까지 품어야 한다. 그것이 우리를 살아 있게 하는 힘이며, 매일을 의미 있게 만드는 원동력이다.

✳ Profile
색동회 연구회원, 낭독봉사자, 전직 교사

다시 빛나는 시간

✱

김보경

그림을 그린다는 것이 내 인생의 전부였던 시절이 있었다. 어릴 때부터 붓을 쥐고 있는 시간이 너무나 행복했다. 학교가 끝나도 집으로 돌아가지 않았다. 미술실에 남아 해가 지고 어둠이 깔려도 그림 그리는 것을 멈출 수 없었다. 캔버스 앞에 앉아 있으면 시간이 멈추는 것 같았다.

하지만 대학을 졸업하고 현실이 찾아왔다. 생업에 종사해야 했고, 그림은 잠시 뒤로 미뤄졌다. 디자인을 전공했으니 디자이너로 일하기 시작했다. 일하다 보니 어느새 그림 그리는 것을 잊어버렸고, 디자인에 익숙해졌다. 일과 육아에 시간을 쏟다 보니, 어느 날 문득 깨달았다. 내 꿈이 사라졌다는 것을. 그림에 빠져 살던 시절의 그 뜨거운 마음이 어디론가 사라져버렸다는 것을.

하루하루가 그냥 흘러갔다. 시간만 지나갔다. 그러던 어느 날, 친구가 그림책을 출판했다는 소식을 들었다. '나도 언젠가 그림책을 만들고 싶다'라는 생각이 들었다. 하지만 그것은 오랫동안 생각으로만 머물렀다. 실행으로 옮기지 못한 채 또다시 시간이 흘렀다.

그리고 AI 시대가 왔다. 처음에는 AI가 무엇인지조차 몰랐다. 그러던 중 우연히 AI 전문가를 만나 AI를 다루는 법을 배우게 되었다. AI와 시간을 보내면서 희미한 가능성이 보이기 시작했다. 'AI와 함께라면 그림책을 만들 수 있을지도 모른다'라는 생각이 들었다. 그래서 용기를 냈다. 오랫동안 마음속에만 담아두었던 그림책을 만들어보기로 도전했다.

다시 빛나고자 하는 마음을 담아 글을 썼다. AI의 도움을 받아 그림책의 바탕이 되는 이야기를 완성할 수 있었다. 그림은 직접 손으로 그리고 싶었다. 하지만 오랫동안 붓을 놓았던 손은 내 마음대로 움직이지 않았다. 망설임 끝에 AI와 함께 그림을 그려보기로 했다. 며칠을 씨름한 끝에, 드디어 그림책에 어울리는 그림들을 만들어낼 수 있었다. 그리고 POD 출판으로 작은 그림책 한 권을 세상에 내놓았다.

그림책을 만드는 5일 동안, 나는 다시 가슴이 뛰었다. 무언가에 온전히 빠져들 수 있다는 것이 이렇게 행복한 일인지 오랜만에 느꼈다. 학교를 다니며 집에 가지 않고 계속 그림만 그리던 그 시절처럼, 가슴이 다시 뛰었다. 잊고 있던 내 안의 열정이 깨어났다.

앞으로 나는 이 열정을 놓치지 않으려 한다. 좋아하는 일을 하며 사는 것, 그것이 얼마나 소중한 것인지 뼈저리게 깨달았기에. 생업과 현실의 무게는 여전하겠지만, 그 속에서도 나만의 시간을 지켜내고 싶다.

두 번째 그림책을, 세 번째 그림책을 만들 것이다. 그리고 언젠가는 다시 붓을 들고 직접 그림을 그릴 것이다. AI와 함께, 혹은 나 혼자. 방법은 중요하지 않다. 중요한 것은 계속 나아가는 것이다. 해가 지도록 그림을 그리던 그 소녀가 아직 내 안에 살아 있다. 이제는 그 아이의 손을 놓지 않으려 한다. 함께 걸어가려 한다. 다시 빛나는 시간을 향해서.

✳ Profile

    디자인 프리랜서, 유튜버

히말라야에서 들려온 질문

김상성

 직장 생활의 막이 내리자, 갑작스럽게 찾아온 침묵이 나를 짓눌렀다. 전직 회사가 마련해 준 조용한 사무실에서 처음으로 마주한 혼자만의 시간은 생각보다 무거웠다. 수십 년간 바쁘게 달려온 발걸음이 멈춘 그 순간, 내 안에서 작은 목소리가 들려왔다. "너는 무엇을 했느냐?"
 처음 며칠은 그저 멍하니 시간을 흘려보냈다. 하지만 곧 외로움과 쓸쓸함이 파도처럼 밀려왔다. 과거를 되돌아보며 자신 있게 말할 수 있는 성취를 찾아보려 했지만, 기억의 서랍을 아무리 뒤져봐도 공허함만이 남아있다. 버나드 쇼의 묘비명이 떠올랐다. "우물쭈물하다 내 이럴 줄 알았다." 바로 지금의 내 모습이었다.
 그날부터 사무실에 홀로 앉아 미래를 설계하기 시작했다. 재취업, 대학원 진학, 독서와 글쓰기, 수많은 선택지가 머릿속을 맴돌았다. 그때 문득 가슴 깊은 곳에서 하나의 열망이 솟아올랐다. 더 늦기 전에 지구상에서 가장 높은 산들을 내 두 발로 걸어 가보자. 허황된 욕망은 버리고 남은 열정을 다듬어 앞으로의 인생 계획을 다시 세워 봐야겠다.
 아시아의 히말라야를 시작으로 유럽의 알프스, 아프리카의 킬리만자로, 오세아니아의 밀포드 트레일, 남미의 안데스, 북미의 로키까지 각각의 이름만으로도 가슴이 뛰었다. 가장 먼저 네팔의 안나푸르나 베이스캠프로 목표를 설정했다. 실행을 위해서는 먼저 건강에 문제가 없고 가족들의 이해와 찬성이 필요했고 적지 않은 경비를 어떻게 조달할 거라는 근거가 있어야 했다. 아내에게 계획을 이야기했을 때 그녀의 눈에도 모험에 대한 갈망이 반짝였다. "나는 가면 안 돼." 그 말 한마디가 얼마나 큰 용기를 주었는지 모른다. 퇴직금에서 여행비를 할애 받기로 하고 본격적인 준비에 들어갔다.

6대주의 최고봉들이 나를 부르기 시작했다. 네팔의 기후가 건기인 9월 어느 날 카트만두 공항에서 포카라를 거쳐 트레킹 시작점에 도착했을 때의 설렘은 지금도 잊을 수 없다. 해발 1,780m 나야풀에서 시작된 여정은 매 순간이 새로운 도전이었다. 가파른 오르막길 변덕스러운 날씨 점점 산소가 희박해지는 공기 속에서 숨을 몰아쉬며 한 걸음씩 나아갈 때마다 뭔가 특별한 것이 내 안에서 깨어나고 있었다.

4일 만에 도착한 데우랄리 산장에서 하룻밤을 보내고, 5일 차 아침, 드디어 안나푸르나 베이스캠프를 향한 마지막 도전이 시작되었다. 겨울 장비로 중무장한 채 우리는 해발 4,000m의 세계로 발을 내디뎠다. 빙하가 녹아 흐르는 물소리가 협곡을 따라 울려 퍼지고, 눈앞에 우뚝 솟은 안나푸르나의 위용이 압도적인 감동을 선사했다. 마차푸차레 베이스캠프에서 점심을 먹으며 들은 이야기는 더욱 경이로웠다. 마차푸차레는 '물고기 꼬리'라는 뜻으로, 이 산은 신이 거한다고 여겨 네팔 사람들은 물론이고 그 누구도 입산할 수 없는 금기의 산이었다. 세계 3대 미봉 중 하나라는 그 산을 바라보며 나는 경외감에 몸이 떨렸다.

추위에 손발이 저리고 고소증으로 어지러워도 한 발 한 걸음을 멈추지 않았다. 드디어 안나푸르나 베이스캠프 해발 4,130m에 도착했다. 구름에 싸인 히말라야 산군이 눈앞에 펼쳐진 순간 가슴 깊은 곳에서 뭔가가 터져 나왔다.

"안나푸르나여! 내가 왔다!" 목이 터져라 외쳐댔다. 그 순간 히말라야가 내게 속삭이는 것 같았다. '삶이 피곤하냐? 전환점이 필요하냐? 그렇다면 더 깊이 자연 속으로 들어와 오직 너만의 시간을 가져보라.'

ABC에서 200m 더 올라가니 박영석 산악대장과 대원들의 가묘가 있었다. 안나푸르나 코리안 루트 개척을 위해 목숨을 바친 그분들 앞에서 깊은 숙연함과 감사함을 느꼈다. 네팔 사람들이 그분들의 영혼을 기리며 만든 이 작은 무덤 앞에서 삶의 진정한 가치에 대해 생각했다.

다음날 아침 베이스캠프에서 맞이한 일출은 내 생애 최고의 환상이었다. 햇살에 변해가는 히말라야의 파노라마는 3대가 덕을 쌓아야 볼 수 있다고 한다. 히말라야는 나에게 그 장관을 허락해 주었다.

7일간의 트레킹에서 나는 사계절을 모두 경험했다. 인생의 쓴맛과 단맛을 함께 맛보았다. 죽을 힘을 다해 걸으며 찾은 나만의 케렌시아(안식처)에서 새로운 나를 발견했다. 계획을 통해 꿈을 현실로 만들 수 있다는 자신감을 얻었다. 함께한 트레커들과의 소통과 배려 속에서 진정한 인간관계의 따뜻함도 다시 느꼈다.

히말라야는 내게 물었다. 무엇이 그리 간절하냐고. 그 질문에 대한 답은 오직 한 걸음 한 걸음 걸어가는 것뿐이었다. 이번 트레킹은 단순한 여행이 아니었다. 그것은 내 인생의 새로운 장을 여는 의식이었다.

히말라야에서 받은 이 소중한 선물을 가슴에 품고 다음 목표를 향해 나아갈 것이다. 앞에는 유럽의 알프스가 나를 기다리고 있다. 융프라우, 마테호른, 몽블랑 그곳에서 또 다른 나를 발견하게 될 것이다. 후반기 인생은 이제 막 시작되었다. 그리고 실행할 준비가 되어 있다.

✳ Profile

    삼성화재상무, MG손보 대표

그날이 오면

✶

김연빈

"이 모임 누가 만들었나요?" 얼마 전 오륙도 왕복수영을 목표로 출범한 '수영클럽 오륙도'를 두고 청장이 묻는 말이었다. "예, 제가 만들었습니다." 내가 결성했다는 것을 뻔히 알 텐데 칭찬하려고 일부러 물어보는 듯했다. 청장이 엄지손가락을 들어올리며 "굿 아이디어!"라고 했다.

새로운 천년이 시작되는 2000년 1월 부산청 항만운영담당 계장으로 부임했다. 사무관의 벽을 돌파한 안도감 속에 시간적 여유도 있어 간간이 해오던 수영을 다시 하게 되었다. 순천만 갯벌에서 짱뚱이처럼 뒹굴고 자란 덕에 수영은 조금 할 줄 알았다. 거기에 바다수영은 '사해로 열린 나라' 해양수산부의 기능과 이미지에도 딱 맞았다. 2년 전 치열한 해양수산부 존폐 논쟁을 직접 겪은 터라 국가 지도층에 해양의 중요성을 알리는 것이 무엇보다 중요하다는 것을 뼈저리게 깨달았다. 그런 의미에서 해양의식을 고양하는 데 바다수영이 안성맞춤이라 생각했다. 바다수영을 통해 전 국민이 바다를 가까이하고 청소년들에게 대자연에 도전하는 호연지기와 세계무대를 누려워하지 않는 도전정신을 심어주고 싶었다. 수영클럽 오륙도 창립에는 그런 뜻이 담겨있었다.

어느 날 외국 귀빈에게 부산항을 안내하나 오륙도가 육지에서

900m밖에 안 된다는 것을 알게 되었다. 수천 m는 떨어진 아득한 섬인 줄 알았는데 귀가 펑 틔었다. 그렇다면 현재의 능력으로도 충분히 헤엄쳐 돌아올 수 있고 청내에 그런 실력을 가진 직원이 많을 것이라는 생각이 들었다. 넉넉히 잡아 왕복 2,500m, 도전하기에 딱 좋은 거리였다. 결성 취지를 알리는 글이 부내 소식지에 '시'로 게재되어 어깨가 올라갔다. 출사표를 쓰는 마음으로 써 내려간 광고체 문구가 편집자에게 시처럼 와닿았던 모양이다. 과장을 포함해 7, 8명이 동참했다. 수영클럽이라고 하지만 특별한 것은 아니었다. 평소에 혼자 연습을 하다 한 달에 한 번 모여서 수영을 하고 삼겹살을 뒤집으며 바다 얘기를 나누는 것이 전부였다. 그러다 일본으로 유학을 떠나게 되었다.

가마쿠라의 해수욕장에서 대여섯 명의 청춘 남녀가 수영하는 것을 보았다. 바다에 들어가는가 싶더니 안내용 카약과 함께 수평선 아득히 멀어져가는 모습을 한참 동안 지켜보면서 이것이 바다수영이라는 것을 처음 느꼈다. 눈이 확 열렸다. 마침 월간지 《항만(港湾)》에 오픈워터스위밍에 관한 기사가 실려 있었다. 오픈워터스위밍(OWS)은 바다나 강, 호수 등 개방된 수역에서 보조장비 없이 맨몸으로 하는 장거리 수영을 말한다. 막연하게 생각하던 바다수영이 유럽에서는 인기 스포츠로 정착했고 일본에서는 이미 체계적으로 자리를 잡아가고 있었다. 민간단체가 수영대회를 개최하고 국토교통성이 장려했다. '국민개영(国民皆泳)'이라는 군국주의적 잔재와도 이어지겠지만 해양사상 보급과 함께 연안지역의 환경보호와 관계가 있기 때문일 것이다.

그렇다. 바다나 강이 깨끗하지 않으면 수영을 할 수 없다. 그래서 전국 어느 바다에서나 수영이 가능하도록 해양환경을 깨끗이 보전해야 하는 것이다. 수영대회 참가자들은 지역 특산품을 구매해 매출을 올리고 자연스럽게 토속 해양문화를 접하게 된다. 여기에 가장 중요한 안전문제도 바다수영이 추구하는 덕목이다. 바다수영은 안전을 최우선으로 삼는다. 세월호 사건 후 생존수영이 학교 교육에 자리 잡은 것으로도 그 중요성을 짐작할 수 있다. 바다수영이야말로 우리 사회가 지향해야 할 기본적인 해양레저스포츠임을 깨닫게 되었다. 가슴이 쿵쿵 뛰었다. 시노자키 유타카 전일본수영위원회(ANSCOM) 대표를 찾아가 그가 바다수영을 이끌어온 역정을 들었다. 50대의 시노자키는 10여 년 전 회사를 그만두고 바다수영 보급에 전념하고 있었다.

나는 오픈워터스위밍을 본격적으로 보급하기로 결심했다. 2004년 8월 15일 울산에서 온 현대중공업 동호인들과 함께 일곱 명이 오륙도 왕복수영에 도전했다. 오륙도는 섬 사이의 물살이 폭우 때 쏟아지는 계곡물처럼 거세 수영이 어려운 곳으로 소문나 있다. 더구나 이날은 태풍의 영향으로 안벽에 부딪치는 포말이 어른 키를 넘었다. "김연빈 씨는 왼손이 없어요?" 행사 고문으로 초빙된 조오련 선수가 등대섬을 돌지 못하고 혼자 버둥대는 나를 안타깝게 지켜보다 구조보트에 태웠다. 이런 생생한 경험을 살려 한국바다수영협회를 설립해 법인화하고 장관배 바다수영대회를 해운대해수욕장에서 개최했다. 얼마 되지 않아 오픈워터스위밍 남녀 10km 종목이 마라톤수영이라는 이름으로 베이징올림픽에서부터 정식으로 개최되게 되었다. 조오련의 명성에 기대어 내 이름도 조금씩 세상에 알려지게 되었다

2008년 7월 만리포해수욕장에서 국토해양부장관배 바다수영대회를 열었다. 전해 12월 발생한 대규모 유류유출사고로 시커멓게 변한 태안지역의 바닷가는 123만 자원봉사자의 눈물겨운 노력에 힘입어 차츰 본래의 모습을 찾아가게 되었다. 검은 기름으로 뒤덮였던 광대한

바닷가가 깨끗하게 회복되었다는 것을 널리 알리는 방법은 무엇일까? 고민 끝에 해운대에서 개최해 오던 장관배 바다수영대회를 만리포로 옮겨 개최하기로 했다. 2010년 8월 오바마 미국 대통령이 어린 딸과 함께 멕시코만에서 수영을 했다. BP 석유시추공 사고 풍문 피해로 관광산업이 영향을 받자 플로리다의 바다가 깨끗하다는 것을 보여주는 퍼포먼스였다. 만리포 수영도 같은 맥락이었다. 바다수영대회를 계기로 만리포는 조금씩 활기를 띠기 시작했다. 스타트 총성을 울린 국토해양부장관이 오바마 대통령처럼 바다에 직접 뛰어 들어갔더라면 하는 아쉬움이 남았다.

정년퇴직을 자축하여 마침 여수에서 열린 '2019 광주 세계 마스터즈 수영선수권대회' OWS 경기(3km)에 출전했다. KBS 순천방송국과의 인터뷰에서 나는 올림픽 공식종목인 바다수영을 전국체전에서 개최해야 한다고 말하고, 고향 바다에서 국제대회를 여는 것이 꿈이라고 얘기했다. '깨끗한 바다, 끝없는 도전, 확실한 안전'을 표방하고 협회를 창립한 지 꼭 20년이 되지만 우리나라 바다수영은 아직 제자리를 맴돌고 있다. 20년 전 오륙도 앞바다에서 허우적대던 나처럼. 그래도 세계를 끌어안을 아이디어는 누에실처럼 꼬리를 문다. 《상록수》를 쓴 심훈은 독립을 염원하는 간절한 마음을 시 〈그날이 오면〉에 담았다. '2025 싱가포르 마스터즈 수영' OWS 출전을 앞두고 선생의 시가 문득 떠올랐다. 숙성된 오랜 고뇌가 심훈의 염원처럼 시인의 열정처럼 그 시에 겹쳐졌다.

그날이 오면 그날이 오면은 / ~ 오륙도 왕복수영이 대한민국을 상징하는 세계적 해양브랜드로 성장하고 / 독도 일주수영이 청소년 해양교육의 정수가 되는 그날이 오면 / 그날이 기어코 와주기라도 할 양이면 / 나는 센토사 바다 속에 들어가 오래도록 나오지 않아도 좋으리 // 그날이 와서 오오 그날이 와서 / ~ 백령도 장산곶 종단수영에 지구촌 70억의 이목이 집중되고 / 한일 해협을 두 나라 사람들이 릴레이 수영으로 건너는 그날이 오면 / 그날이 정녕코 와주기라도 할 터이면 / 나는 심청이 몸을 던진 인당수에 알몸으로 뛰어들어도 좋으리

 뜨겁게 달려오고 치열하게 고뇌했지만 사회는 깊은 바다와 같아서 쉽게 데워지지 않는다. 어떤 아이디어는 때를 기다리다 그냥 묻히기도 하고, 어떤 구상은 사람을 만나 크게 떨치기도 한다. 출구를 찾지 못하고 안으로 안으로 응축된 바다수영의 열기가 노도처럼 밀려올 그날이 오고 있다.

✴ Profile
 현) 도서출판 귀거래사 대표, 전) 해양수산부, 주일한국대사관 해양수신관

이민화 교수, 열정의 불씨

✳

김영희

지인의 소개로 이민화 교수가 설립하고 이끌었던 창조경제연구회(KCERN)의 4차산업 강사 양성 과정 3기에 입학했다. 한 기수 30명, 10기까지 300명. 교수님이 그리던 미래 산업의 전사들이었다. 강의실에 기업 대표들이 가득했고 여자는 손에 꼽을 정도였다. 첫날, 교수님의 저서 십여 권이 우리 앞에 놓였다. 책들은 미지의 땅으로 가는 지도처럼 낯설고도 두근거렸다.

'가상현실(VR)', '증강현실(AR)', '혼합현실(MR)', '플랫폼 경제'… 용어 하나하나가 외국어 같았다. 하루 종일 이어지는 강의를 따라가며 알 듯 말 듯한 개념들을 머릿속에 욱여넣었다. 그러던 어느 날, 남편이 불쑥 내게 말했다. "당신이 4차산업과 무슨 상관있다고 그러고 다녀? 이제 속 편히 살아."

두둔은 못할망정 찬물을 끼얹는 남편의 말에 속이 쓰렸다. 그 말이 오히려 내 안의 불씨를 더욱 타오르게 했다. 나는 더 악착같이 교수님의 책을 정독했고 관련 기사와 유튜브 영상을 샅샅이 뒤졌다. 수료 후에도 이어지는 포럼과 소규모 연구모임에 열심히 참석했다. 이민화 교수의 열정이 무너져가던 나를 다시 일으켜 세우고 있었다.

이민화 교수는 숨 가쁘게 달렸다. 전국을 누비며 강의하고 규제의 벽을 허물고 벤처 생태계를 일구며 클라우드 정착을 위해 국민 서명운동까지 이끌었다. 1980년대에 벤처기업 메디슨을 창업하고 벤처기업협회를 설립해 초대 회장을 역임했다. 코스닥 시장 설립을 추진하고 벤처기업 특별법 제정을 주도했다. 중소기업 옴부즈만으로 활동하며 규제 개혁의 선봉에 섰다. 한국 디지털 경제의 개척자 중 한 분이었다. 그분의 열정이 왜 그토록 급했는지 우리는 미처 알지 못했다.

2019년 8월 3일, 청천벽력 같은 소식이 들려왔다. 전날까지 지방에서 강의하셨던 교수님이 다음 날 아침 자택에서 심정지로 갑자기 돌아가셨다는 것이다. TV와 신문은 그분의 부음으로 물들었다. 67세의 짧은 생애, 전 KAIST 교수, 벤처기업협회 명예회장… 그분이 이룬 업적들이 줄줄이 나열되었지만, 그 어떤 수식어도 교수님이 남긴 뜨거운 숨결을 다 담을 수 없었다.

장례식장에는 수많은 조문객이 물결처럼 밀려왔다. 사람들은 '선구자'라는 노래를 불렀다. 그 노랫소리는 울음 섞인 약속처럼 흐느꼈다. 선생님의 뜻을 이어가겠다는. 나는 그제야 깨달았다. 교수님이 왜 그토록 쉬지 않고 달렸는지를. 수백 명의 미래 전사를 만들겠다던 그 목표가 단순한 숫자가 아니었음을. 그것은 당신이 떠난 후에도 대한민국의 미래를 밝힐 300개의 불씨를 남기는 일이었다. 한 사람의 열정이 개인을 살리고 그 개인들이 모여 사회를 변화시킨다는 것을. 교수님은 그것을 알고 계셨다.

그분의 열정은 내 안에서 또 다른 불씨를 지폈다. 나는 모 신문에 4차산업 시대의 육아에 관한 칼럼을 쓰기 시작했다. 과거의 성공 방정식으로는 미래를 살아갈 수 없다는 것, 협력하는 괴짜를 키워야 한다는 것, 기업가 정신과 자유학기제의 중요성… 교수님께 배운 것들을 한 글자 한 글자 정성껏 옮겼다. 그렇게 《아이만 빼고 다 바꿔라》를 세상에 내놓았다.

거기서 멈출 수 없었다. 이민화 교수가 그랬던 것처럼. 디지털 문턱에서 주저하는 시니어들을 위해 《스마트 시니어 폰맹탈출하기》를 썼다. Chat GPT가 등장하자 곧바로 《도전 챗GPT로 뚝딱 책 한 권 쓰기》를 펴냈다. 그리고 지금까지 80회차에 걸쳐 AI 책쓰기 강좌를 이어가고 있다.

강좌를 열 때마다 가슴이 뛴다. 우리나라 전체 인구의 20%를 넘은 1,050만 시니어가 자신의 이야기를 책으로 엮는다면 대한민국의 거대한 지적 자산이 되리라. 농경사회에서 산업사회, 정보화시대를 온몸으로 체험한 시니어들의 이야기는 곧 세계적 롤 모델이 될 것이다. 그중 10%인 100만 명만 책쓰기에 참여해도 전 세계에 유례없는 '지식의 아카이브(Archive)'가 탄생하지 않을까.

한국디지털문인협회 산하 디지털책쓰기 1대학부터 10대학까지, 나는 AI를 활용해 말하면 글이 되고 찍으면 활자가 되는 마법 같은 방법을 나눈다. 구글 드라이브 공유하는 기능, GPT 활용 책쓰기 등의 노하우도 아낌없이 전한다. 누구나 쉽게 자신의 이야기를 책으로 꽃피울 수 있도록. 이것이 바로 '1인 1책쓰기 새마음 운동'의 시작이리라. 교수님의 열정이 나를 살렸고 내가 배운 것들이 이제 수많은 시니어의 삶에 새 물결을 일으키고 있음에 감사한다.

GPT가 진화하자 여러 단체에서도 AI 책쓰기 운동의 깃발을 들었다. 이들과 손잡고 나아갈 연합회의 탄생도 절실해지고 있다. 그 씨앗이 어디서 뿌려졌는지 돌이켜 본다. 그것은 2017년, 4차산업혁명을 외치던 한 선각자의 강의실에서 싹을 틔웠다고 본다. AI 시대에 '집단지성'이야말로 기계를 뛰어넘는 힘임을 강조하시던 교수님의 목소리가 선연하게 귓가에 맴돈다.

열정은 들불처럼 번진다. 한 사람의 뜨거운 열정이 300명에게 전해지고 그 300명이 다시 수만 명에게 불을 지핀다. 이민화 교수가 남긴 것은 논문이나 저서만이 아니다. 사람들 가슴에 심어진 열정의 씨앗이었다. 그 열정이 한 사람 한 사람을 일으켜 세우고 그들이 모여 사회를 바꾸어가는 것이다.

그 씨앗은 지금도 무럭무럭 자라고 있다. 누군가는 기업을 일으키고, 누군가는 강단에 서고, 누군가는 책을 쓰고 가르친다. 모습은 다르지만 우리 모두는 같은 꿈을 꾼다. 더 나은 미래, 더 혁신적인 대한민국을.

문득 교수님께서 마지막 강의에서 하신 말씀이 생각난다. "여러분은 씨앗입니다. 각자의 자리에서 싹을 틔워 주세요." 그 말씀이 이제야 온전히 가슴에 새겨진다. 열정은 혼자 타오르는 외로운 불꽃이 아니라 함께 번져가는 따스한 들불이라는 것을. 개인을 살리고 사회를 변화시키는 위대한 힘이라는 것을.

선생님, 당신의 제자는 아직도 달리고 있습니다. 때로는 비틀거리고 때로는 넘어지지만 다시 일어나 앞으로 나아갑니다. 앞으로도 계속 달릴 것입니다. 이것이 당신이 남긴 가장 위대한 유산입니다.

✲ Profile
　디지털책쓰기대학 사무총장, 수필가, 칼럼니스트

금빛합창단과 함께한 빛나는 시간들

김영희(2)

　2005년 3월 창원에 노인복지관이 문을 열었다. 그해 나는 일흔 살이었다. 많은 사람이 인생의 황혼기라 부르는 나이였지만 나에게는 새로운 아침이 밝아 오고 있었다. 복지관에 금빛합창단이라는 합창단이 창단된다는 소식을 들었을 때 나는 가슴 한구석이 두근거렸다. 젊은 시절 초등학교에서 어린이들과 함께 즐겁게 불렀던 동요들이 떠올랐고 사범학교 시절 합창단원으로 노래를 불렀던 것이 떠올랐다. 나는 망설임 없이 합창단에 가입했다. 그것이 내 인생에서 가장 뜨겁고 아름다운 여정의 시작이 될줄이야….
　알토파트에 들어가 다시 노래를 부르기 시작했을 때의 그 기쁨을 어찌 말로 다 표현할 수 있을까?
　첫 시간에 지휘자께서 "알토파트가 좀 부족한데 참 잘 오셨어요" 하셔서 내 실력을 알아주는것 같아 기분이 매우 으쓱했다. 나는 2년간 단원으로 알토파트에서 노래하는데 이 순간은 청춘으로 다시 돌아간 듯 설레고 행복했다.
　2년이 지난 어느 날 지휘자 박 교수님께서 나를 부르셨다. "선생님, 단장을 맡아 주시겠습니까?" 나의 1년 선배인 송 교장님의 후임이었다. 나는 영광스러운 일이지만 부담스러웠다. 하지만 박 교수님의 신뢰 어린 눈빛을 보며 고개를 끄덕였다. 나는 용감하게 단장을 수락했다.

그 시점을 계기로 나의 인생에 예상치 못한 전환점이 찾아왔다. 30여 명의 단원을 이끄는 능력이 과연 있을까? 처음에는 막중한 책임감에 두렵기도 했지만, 지휘자 박 교수님과 함께 합창단의 미래를 기획하고 의논하는 시간은 그 어떤 순간보다 보람 있고 즐거웠다.

일주일에 두 번씩 즉 월요일 수요일 2회 중학교 시절에 배운 쉬운 가곡부터 시작했다. 차츰 2중창 노래를 부르니 정말 신나고 멋진 합창단원의 자부심도 갖게 되었다. 알토파트 소프라노파트 단원들과 함께 연습하며 하모니를 맞춰가는 과정에서 나는 나이를 잊고 매일매일 젊어지는 것 같았다.

합창단 연습이 있는 날에는 1시간 전에 교실에 가서 악보를 준비하고 단원들을 반가이 맞이해 주었다. 금빛합창단은 점점 실력을 쌓아가며 여러 무대에 섰다. 도청 회의실에서의 공연, 성산아트홀에서 금빛합창단 발표회도 했다. 공연을 기획하고 우리는 정성껏 프로그램을 만들어 준비한 무대를 선보였다. 성산아트홀 소극장을 대관해서 금빛합창단 발표회를 할 때에는 정말 힘들었지만 만족스럽게 잘 마쳤다. 나는 단장으로서 첫인사를 시작했고 마지막 마무리 인사를 멋지게 하여 많은 박수를 받았다. 공연이 끝난 후, 공연을 보러 찾아온 지인들은 모두 잘했다고 칭찬의 말을 했다. 그 말에 그동안 쌓였던 피로가 모두 사라졌다. 멋진 드레스를 입고 꽃다발과 꽃바구니를 들고 사진을 찍을 때는 정말 가슴 설레고 멋진 합창단을 잘 이끌었다는 자부심이 생겼다.

특히 잊을 수 없는 공연은 마산, 창원, 진해시 통합 기념으로 세 지역의 실버 합창단이 하나로 모여 성산아트홀에서 펼친 합동 공연을 한 것이었다.

창원의 대표 단장으로 공연의 첫 인사말씀을 소개할 때, 나는 앞이 캄캄하고 관중석이 하나도 보이지 않아서 많이 떨렸다.

진해 창원 마산지역의 목소리가 하나로 어우러져 통합의 의미를 노래로 승화시켰던 그 무대는 역사적인 순간이자 우리 합창단의 가장 자랑스러운 무대 중 하나였다. 창원 금빛합창단은 남녀(할아버지, 할머니)단원들이 멋진 노란색 드레스와 정장(남자들은 빨간 나비넥타이)을 차려입고 동요 〈오빠생각〉과 〈산촌〉, 〈신 아리랑〉을 불렀고 오래전이라 잊었지만 진해 마산실버합창단도 멋지게 기획해서 잘 불렀던 기억이 새롭다. 공연자들이 무대에 오를 때마다 관객들의 우레와 같은 박수 소리에 우리 출연자들은 마냥 신이 났다. 무대에 나가기 전 우리는 무대 뒤에서 마냥 설레었다. 무대에 오를 때면 관객석을 가득 메운 관객들 앞에서 우리의 목소리가 하나로 어우러지는 그 순간이 가장 신났다. 우레와 같은 박수 소리에 마음이 설레고 떨렸지만 동시에 무한한 자부심과 기쁨이 온몸을 감쌌다. 무대에 나가기 전 그 설레임….

우리의 활동은 무대 공연에만 그치지 않았다. 요양병원에 찾아가 위문 공연을 하며 어르신들께 위로와 기쁨을 전하는 일도 여러 차례 했다. 캐스터네츠와 탬버린, 작은북으로 경쾌한 리듬에 맞춰 어릴 때 불렀던 동요를 불렀다. 음악 하는 목사님의 기타 반주에 맞춰 노래를 부르면 우리의 노래는 더욱 생동감이 넘쳤다. 특히 크리스마스 시즌에는 요양병원에 가서 크리스마스 캐롤을 부를 때 침대에 누워 계신 환자분들의 눈빛이 지금도 잊히지 않는다. 눈물을 글썽이거나 함께 따라 부르시는 그 눈빛 속에, 감사와 그리움 그리고 삶의 원기가 가득했다. 마지막 생의 순간을 앞둔 환자분들 앞에서도 우리는 정성껏 찬송가를 불러 드렸다. 그분들의 평온해지는 표정과 미소를 보며 우리의 노래가 단순한 소리가 아니라 위로와 희망의 메시지가 된다는 것을 깨달았다.

2010년에는 노래하는 목사님과 남자 단원들로 구성된 중창단을 결성했다. 내가 운영하는 반지하 그림 그리는 작업실에서 오래된 피아노도 준비하고 자주 모여서 중창 연습을 했다.

우리는 실버 중창단 경연대회에 나가서 동요 〈오빠 생각〉을 4중창으로 멋지게 불렀다. 참석한 14개 팀 중에서 동상을 받았을 때의 감격은 지금도 생생하다. 그 순간 우리는 단순한 취미 합창단이 아니라 진정한 예술가가 된 것 같았다. 게다가 50만 원의 상금까지 받게 되었다. 우리는 그 상금으로 단원들과 함께 맛있는 갈비 파티를 열었다. 고기를 굽고 웃음을 나누고 그동안의 노고를 서로 격려하며 축하했던 그날의 따뜻한 분위기는 우리의 우정을 더욱 단단하게 만들어 주었다. 단장으로서 단원들과 함께 호흡하며 하나의 목표를 향해 나아갔던 그 시간은 내 인생에서 가장 의미 있고 아름다운 순간들이었다. 연습실에서 함께 웃고 무대에서 함께 긴장하고 공연 후 함께 기뻐했던 그 모든 순간이 지금도 눈앞에 선하다. 단원들과 자주 어울려 함께한 시간은 나이를 초월한 우정과 동지애로 가득했다.

2016년 3월 실버 페스티벌 경연대회에 또 우리 중창단이 참여하여 경남 지역에서 3등으로 입상하였다. 그 당시, 박근혜 대통령께서 '노래로 통일'이라는 큰 주제로 전국에 합창의 붐을 일으켰던 시기였다. 우리도 그 대열에 들어가서 서울 공연에 참여했다. 사회석 기업 (주)문화콤을 통해 실버 페스티벌에 참여해서 33개 팀 중 3등을 수상한 우리는, 어린이대공원 대형 무대에서 전국에서 뽑힌 11개 팀과 경연했다. 창원 실버 중창단은 기타와 하모니카 캐스터네츠 작은북 등을 합주하며 재미있게 연주했다. 관중들의 박수를 가장 많이 받았지만, 입상권에는 들지 못했다. 회사에서 왕복 관광버스와 특급 호텔도 마련해 주어 멋진 추억을 만들어 주었다. 입상은 못했지만, 너무 멋진 추억의 시간이다.

지금은 합창단 활동을 안 하지만, 그때의 추억들은 내 인생에서 가장 뜨겁고 빛나는 보석처럼 남아있다. 70대에 시작한 합창단 활동이 나에게 준 것은 단순히 노래하는 즐거움뿐만 아니었다. 그것은 끊임없이 도전하는 용기와 열정이고 사람들과 함께 만들어가는 하모니의 아름다움이었다. 나이가 들어서도 여전히 열정적으로 살아갈 수 있다는 희망의 메시지다. 내가 단장으로서 지휘자 박 교수님과 함께 기획하고 이끌었던 그 멋진 공연들, 드레스와 정장을 차려입고 무대에 섰던 그 떨림, 관객들의 박수 소리, 단원들과 나누는 따뜻한 우정 그 모든 것이 내 인생 최고의 열정으로 기억된다. 합창단과 함께했던 그 시절은 나의 인생에서 가장 찬란하게 빛나는 황금기였고 그 열정의 불꽃은 지금도 내 가슴속에서 여전히 타오르고 있다.

✳ Profile
　현) 한국디지털문인협회 회원, 부산사범학교 졸업, 전) 금빛합창단장

낡은 책 한 권의 불씨

✳

김용일

　나는 종종 눈을 감고 지난 세월을 더듬어 본다. 세월이라는 강물 위에서 가장 눈부시게 타올랐던 불꽃은 무엇이었을까. 그 답은 언제나 하나였다. 대체의학을 향한 40년 넘는 밤 공부, 바로 그것이었다.
　그 시작은 결코 화려하지 않았다. 어린 시절 아버지는 허약한 폐로 늘 고통 속에 계셨다. 병원을 오가는 발걸음은 잦았지만, 병세는 좀처럼 나아지지 않았다. 집안 살림은 기울어 갔고, 의사들의 말은 믿음 대신 허무만 남겼다. 결국 나는 스스로에게 다짐했다.
　"내 손으로 아버지를 고쳐드리리라."
　그 결심이 내 인생의 방향을 완전히 바꾸어 놓았다.
　낮에는 생업에 매달리고, 밤이면 책상 앞에 앉아 낯선 글자들을 좇았다. 하루의 피로가 눈꺼풀을 천근처럼 짓눌러도, 책장을 펼치는 순간 정신은 다시 또렷해졌다. 내 모습을 지켜보던 어머니는 어느 날 빙그레 웃으며 이렇게 말씀하셨다.
　"애야, 학창 시설에 그렇게 열심히 했으면 판검사는 진속 됐겠다."
　그 말에는 조롱과 걱정, 그리고 사랑이 뒤섞여 있었다. 그러나 나는 웃으며 대답 대신 책장을 넘겼다. 어머니의 농담 섞인 말 속에도 내가 걷는 길에 대한 묵묵한 응원이 숨어 있음을 알고 있었기 때문이다.
　그 시절 내가 가장 자주 찾던 곳은 청계천 헌책방 골목이었다. 좁은 골목길마다 빛바랜 표지와 닳은 책등이 다닥다닥 붙어 있었고, 종이에서 풍기는 눅진한 냄새가 나를 끌어당겼다. 그곳은 내게 작은 성전이었다. 손때 묻은 책 한 권을 품에 안을 때마다 세상 한 조각을 얻은 듯 가슴이 벅찼다. 지금도 내 서가에 꽂혀 있는 그 책들은 단순한 종이가 아니다. 그것은 내 청춘의 땀과 눈물, 그리고 꺼지지 않는 열망이 굳어져 남은 돌덩이 같은 증거물이다.

독학의 길은 외롭고 고단했다. 낯선 의학 용어 앞에서 밤을 새우고, 한 구절의 뜻을 풀기 위해 며칠을 씨름한 적도 많았다. 음양오행의 원리를 익히고, 인체의 기혈 순환을 이해하려 몸과 마음을 쏟아부었다. 그러나 그 시간은 고통이 아니었다. 마치 안개 자욱한 새벽 숲길을 걷다 문득 햇살 한 줄기가 스며드는 순간처럼, 깨달음의 빛은 내 가슴을 환히 비추어 주었다.

사혈요법을 비롯한 대체의학의 세계는 내게 끝없는 우주였다. 인체는 단순한 기계가 아니었다. 오장육부가 조화롭게 숨 쉬는 하나의 별이었고, 기혈의 흐름은 강물처럼 이어지는 생명의 강줄기였다. 자연과 인간이 서로를 비추는 거울이라는 깨달음은 내 삶의 시선을 바꾸어 놓았다.

물론 좌절도 있었다. 수많은 시도 끝에도 아버지의 병세가 쉽게 나아지지 않을 때, 나는 무력감 속에 주저앉곤 했다. 하지만 그때마다 마음속에서 작은 목소리가 들려왔다.

"설령 완치는 아니더라도, 이 길에서 얻은 지혜는 더 많은 생명을 살릴 수 있다."

그 믿음이 내 어깨를 다시 일으켜 세워 주었다.

세월이 흐르면서 그 불씨는 한순간의 열정이 아니라 내 삶을 지탱하는 불꽃이 되었다. 독학으로 시작한 공부는 어느덧 많은 이들의 건강을 돌보는 길로 이어졌다. 나는 신문에 건강 칼럼을 연재하고, 강연과 상담으로 사람들을 만난다. 지금까지 7,000명 넘는 이들을 만나 그들의 아픔을 나누고, 삶의 희망을 되찾는 데 보탬이 되었다.

돌이켜 보면 나를 붙든 것은 재능도 환경도 아니었다. 오직 '알고 싶다, 고치고 싶다'는 절실한 마음 하나였다. 그 마음이 나를 청계천의 헌책방으로 이끌었고, 수많은 밤을 불빛 아래 머물게 했으며, 지금의 나를 빚어냈다.

내 인생 최고의 열정은 화려한 박수도, 눈부신 성취도 아니었다. 그것은 세월의 먼지 속에서 반짝이던 낡은 책 한 권에서 비롯된 불씨였다. 한 사람의 고통을 덜어주고자 했던 그 소박한 마음이 내 삶의 가장 큰 불꽃이 되었고, 그 불꽃은 40년이 지난 지금도 여전히 내 가슴 깊은 곳에서 따뜻하게 타오르고 있다.

✴ Profile
빛꽃대체의학연구소, 사혈건강연구소 소장, 김경서(응서)장군기념사업회 회장, (사)대한사랑 송파강동지부장

2부

✳

김주남 • 95년, 남포동의 불꽃
김천규 • 구걸이라 불린 열정
김태윤 • 긍정을 향한 열정
김효곤 • 절뚝거리고 싶지 않아
노연미 • 삶 속에서 만난 뜨거운 선물
노영래 • 가을 조계사에서 피어난 모정
노운하 • 불우한 청소년을 미래의 역군으로
문성미 • 아프리카에서 깨달은 열정
박영애 • 내 안의 불씨
박용호 • 질문 한 방에 날아간 꿈
박워구 • P형에게
박점식 • 의자 두 개를 부수고 얻은 선물
박태웅 • 포기하지 않는 몽골에서의 열정

95년, 남포동의 불꽃

김주남

그 해, 우리는 운명처럼 사랑을 약속했고, 그 진부하고도 뜨거운 청춘을 보냈다.

부산에서 첫 신혼집을 꾸렸다. 전세 700만 원, 13평짜리 서민용 주공아파트였다. 신혼여행은커녕, 그 흔한 결혼반지 하나 장만하지도 못한 채 결혼식을 올렸지만, 이제는 더 이상 헤어지지 않아도 된다는 사실만으로도 행복에 겨웠다. 삶이 그대를 속일지라도 모든 걸 참고 견디면 곧 기쁨의 날이 오리라는 노래 속 가사가 마치 우리의 이야기처럼 들렸다.

하지만 시간이 지나면서 밑천 없이 시작한 살림은 팍팍한 현실의 벽 앞에서 한계를 드러내기 시작했다. 신입사원 월급으로 내 집 마련은 고사하고, 한번 얻은 빚은 갚고 갚아도 줄지가 않았다. 이대로 주저앉을 수는 없었다. 그러던 어느 날, 아내와 우연히 서울 인사동 길을 걷다가 동시에 마치 운명처럼 멈춰 섰다. 많은 인파 사이로 천 원짜리 피자를 팔고 있는 노점이 한눈에 들어왔다. 그 순간 "그래, 바로 이거다!" 우리의 노점상 인생이 시작되는 순간이다.

교차로, 벼룩시장, 가로수 등의 구인구직 신문을 뒤져가며 오븐이 달린 노점용 리어카를 판매하는 곳을 찾아냈고, 〈텔레토비 천 원 피자〉라는 간판을 달고 야심 차게 장사를 시작했다. 장사는 정말 아무나

하는 게 아니었다. 기다려도 오지 않는 손님, 차갑게 식어버린 피자 조각들이 마치 우리의 신세마냥 쓸쓸하고 처량해 보였다. 우리의 사정이 딱해 보였는지 리어카를 판매했던 사장님께서 지인이 운영하는 나름 유명한 국밥집 앞에서 영업할 수 있도록 도움을 주셨다.

역시 장사는 목이라 했던가. 그날 하루 15만 원의 매상을 올렸다. 당시 내 한 달 급여가 80여만 원 남짓했으니 대박을 터뜨린 셈이다. 그날 아내와 나는 기쁨에 취해 산꼼장어에 C1 소주를 곁들여 배를 채웠다. 그날 번 돈을 다 쓰고도 부자가 된 것 같았다. "돌아와요 부산항에~" 노랫가락이 절로 나왔다.

어느 날, 소위 '○○파 조직'으로 불릴 만한 행색의 사람이 아내를 찾아와 괜한 실랑이를 붙이더니 뜬금없는 제안을 해왔다. "니 아가씨가 아주메가? 돈 많이 벌고 싶은가 보제? 그라믄 오늘 저녁에 신부산극장 앞으로 온나." 조금 두려운 마음이 앞섰지만 무슨 배짱인지 나와 아내는 두 손을 꼭 붙들고 약속 장소로 나갔다. "어, 아가씨가 아니고 여사님이네, 내일부터 여기서 장사하이소. 단, 월세는 70만 원입니데이." 당시 신부산극장은 개관을 기념하여 영화 〈쉬리〉(국내 최초 1천만 관객 돌파)를 개봉작으로 올렸고, 우리는 그 앞에서 신나게 피자를 팔았다.

당일 매출 50만 원. 이틀이면 월세를 다 지불하고도 남는 금액이었다. 자연스럽게 나의 본업과 부업이 바뀌었고, 퇴근 후 회식, 야근 등은 다 제쳐놓고 바로 남포동으로 달려가 넥타이를 풀었다. 일이 손에 익으면서 피자 도우 성형-토핑-굽기-포장 과정에 속도가 붙었다. 몸은 힘들어도 배에 두른 두툼한 전대 주머니를 보면 하나도 지치지 않았다.

한창 영업이 잘되고 있을 무렵, 이번에는 중간 간부쯤 되어 보이는 사람이 찾아와서 우리를 남포동 시장 한복판으로 데리고 갔다. "잘 아시겠지만 여기는 핵심 중 핵심 자리입니다. 내일부터 장사 가능하고, 월세는 140만 원입니다. 그리고 품목은 전기구이 오징어 다리로 바꿉니다. 재료는 우리가 공급할 거고 선불입니다." 기대 반 걱정 반 하면서 팔자에도 없는 오다리 장사를 시작했다.

첫날 일 매출 70만 원, 얼마 후 최고 일 매출 120만 원을 찍었다. 진짜 초대박을 터뜨렸다. 영화표를 사는 줄과 오다리를 사는 줄이 구분이 안 될 만큼 오다리는 남포동의 히트 상품으로 부상했고 우리는 노점계의 간판 스타로 유명세를 치렀다.

후에 알았지만, '○○파 조직'의 수익 모델은 임대료 수입이 아닌 재료 공급업이었다. 따라서 단위 면적당 재고 회전율이 빠르고 평당 효율이 높은 노점 순으로 좋은 자리를 배치해 주었고, 이는 성과 기여도에 따른 상권별 레이아웃과 소비 트렌드에 기반한 판매 전략이 있었기에 가능했다. 그들의 사무실을 처음 방문했을 때, 중앙 벽면에 걸린 대형 상권 지도와 노점별 실적 현황표를 보고 큰 충격을 받았던 기억이 생생하다.

노점이라는 현장은 겉으론 평화로워 보이지만, 안에서는 상인들 간 치열한 손님 뺏기 경쟁, 한 뼘의 공간이라도 더 차지하기 위한 자리 다툼, 시기와 질투, 욕설이 난무하는 곳이다. 그 정글과 같은 곳에서 아내는 예쁘고 상냥했고 장사 수완이 좋기로 소문이 났다. 중구청 단속이 나오는 날에는 모든 노점상이 쉬었지만, 어떻게든 단속 시간을 미리 알아내어 그 시간대를 피해 혼자 나가 영업을 했다. 연중 최대 이벤트인 부산국제영화제 기간에는 일부 노점에게만 주어지는 영업 허가권을 얻어서 보란 듯이 장사를 했다. '날개 돋친 듯 팔린다'는 말의 뜻을 처음으로 실감했다.

아무리 작은 노점이지만 이왕 시작한 이상, 그 분야에 최고가 되고 싶었다. 가장 먼저 나와서 가판을 정비했고, 최상품의 재료를 쓰고, 가장 늦게 리어카의 불을 껐다. 무엇보다 고객을 맞이할 때는 '지금 만남이 생에 단 한 번의 인연'이라는 일기일회(一期一會)의 서비스 정신으로 응대했다. 이러한 노력이 인정을 받아 추가적으로 2호점, 3호점을 오픈할 수 있었고, 점포가 늘어난 만큼 관리해 줄 인력이 필요했다. 용두산 공원에서 공연 중인 비보이들에게 웃돈을 주어 아르바이트로 채용한 건 신의 한 수였다. 그들을 보려고 많은 팬이 왔고 오다리를 사주었다. 스타 마케팅이 빛을 발한 순간이었다. 밤마다 침대 위에서 천 원짜리 지폐 다발을 허공에 뿌리며 얼싸안았다. 어려웠던 형편이 차츰 나아지면서 우리의 사랑도 깊어갔다.

하지만 세상사가 다 그렇듯, 행운은 계속되지 않는다. 전기 오징어 다리를 판매하기 위해서는 멀리서 전기를 끌어다 써야 하는데, 무언가 전선을 잘못 건드리는 바람에 남포동 시장 일대가 정전이 되는 사태가 벌어지고 말았다. 그동안 우리에게 감정이 좋지 않았던 몇몇 노점상들은 강하게 불만을 제기하며 피해 보상까지 요구하였다. 결국 다른 노점상들도 오다리를 판매할 수 있도록 동의해 주고, 전기가 아닌 가스로 구워 판매하는 조건으로 마무리를 지었다.

결국 가스가 화근이 되었다. 어느 날 아내로부터 다급한 목소리로 전화가 걸려왔다. "오빠, 불, 가스가 폭발했어. 아… 손이 다 탔어." 병원으로 달려갔더니 잔뜩 겁에 질린 채 아내가 울먹이고 있었다. 화상으로 고통스러워하는 아내의 모습을 보니 하늘이 무너져 내리는 것만 같았다. 당시 아내의 뱃속에는 우리 사랑의 결실인 첫 딸, 수아가 자라고 있었다. 임신한 줄도 모르고 종일 길 위로 나가야 했던 아내에게 미안했고, 내 자신이 너무나 원망스러웠다. 가족보다 핏줄보다 더 소중한 것은 없었다. 그렇게 우리의 노점은 끝이 났다.

20대 후반 내 청춘은 부산이란 타향과 함께 웃고 울며 살았다. 당시 우리에게 내일은 없었다. 미래를 꿈꾸는 것은 사치였다. 오직 눈앞에 닥친 하루만이 삶이었고 오롯이 살아내려고 애썼다. 매 순간 불꽃처럼 다가온 운명을 사랑했다. 불안과 두려움 속에서도 언제나 웃음과 여유를 잃지 않았던 그 시절 나에게, 아내에게 마음의 훈장을 수여한다. 마주한 현실을 원망하거나 피하지 않고 당당하게 맞서 참 잘 살아왔다.

오늘 이 시간에도 남포동 거리 위 수많은 노점의 불빛들은 저마다 사연을 갖고 빛나고 있을 것이다. 문을 닫을 때마다 흠집 난 과일을 챙겨주시던 할머니, 모닝커피로 전날 안부를 묻던 음료 장사 할머니, 이외의 순수한 면으로 웃음을 주었던 ○○파 아저씨들, 이름도 잊어버린 아르바이트 학생들… 그들의 뜨거웠던 열정과 삶에 대한 진실한 태도에 존경과 응원을 보낸다. 돌이켜 보니 사방 천지가 학교였고, 모두가 스승이었다.

열정의 환희는 누구보다도 뜨겁게 삶을 사랑한 사람에게만 주어지는 선물이다. 1995년, 가장 뜨거웠고, 열정적이었던 내 인생 최고의 순간이다.

✷ Profile
현) 한국디지털문인협회 이사, 전) 롯데면세점 대표이사

구걸이라 불린 열정

✽

김천규

열정은 불가능을 가능으로 바꾸는 가장 인간적인 힘이다. 진심 어린 열정 앞에서는 닫혀 있던 문도 결국 열리고, 길이 없던 곳에 길이 만들어진다. 인생에는 세 번의 큰 선택이 있다. 사랑하는 이를 만나 가정을 이루는 일, 삶의 터전을 정하는 일, 그리고 생을 걸 직업을 선택하는 일. 젊은이에게 첫 직장은 단순한 일터가 아니다. 아직 열리지 않은 미래의 문을 두드리는 첫 손길이다. 어느 날, 문 앞에서 두려움과 설렘으로 떨고 있는 제자들을 바라보던 나는 마음속으로 조용히 다짐했다. 문을 혼자 열게 두지 않겠다고. 그들과 함께 어둠 속에서도 끝까지 밀어 열겠다고.

삼성에서 초일류의 정신을 배우고, 사범대학에서 청춘의 눈빛을 가르치며, 해병대 장교로 전우들과 목숨을 걸고 훈련장을 누볐던 내게 어느 날 낯선 제안이 찾아왔다. 전주의 한 사립 전문대학이 새로운 시도로 '취업지원관'을 모집한다는 소식이었다. 학교는 전국 145개 전문대학 중 취업률 108위. 겨우 절반을 넘는 취업률, 낮은 학업 수준, 꺼져가는 자신감…, 캠퍼스에는 절망의 바람이 불고 있었다. '학교가 무너질 수도 있다'라는 절박한 외침 속으로 나는 뛰어들었다. 처음 마주한 공기는 냉랭했다. 교수들의 눈빛에는 의심과 불신이 묻어 있었다.

"우리는 가르치면 된다. 취업은 학생들의 몫이지 않은가?"

"삼성 출신 낯선 사람이 학교를 기업처럼 바꾸려 한다는데…."

이런 속삭임이 복도와 연구실 문틈마다 스며 있었다. 물러서지 않았다. 세상은 이미 달라지고 있었고, 교육은 더 이상 강의실 안에서만 끝날 수 없었다. 학생이 세상 속에서 빛을 내지 못하면 학교도 빛을 잃는다는 것을 알았기 때문이다. 나는 회의실에서, 복도에서, 교수 연구실 문 앞에서 쉼 없이 설득했다.

"지금 변하지 않으면 학교가 사라집니다. 학생이 성공하지 못하면 우리 모두가 함께 사라질 것입니다."

말만으로는 세상을 움직일 수 없었다. 내가 먼저 발로 뛰어야 했다. 밤늦게까지 취업 준비 강의를 열고, 학생들의 자기소개서를 직접 고쳐 주었으며, 모의 면접을 지도했다. 주말은 사라졌고, 자정을 넘긴 귀가가 일상이 되었다. 내 책상 앞에는 늘 학생들의 긴 줄이 이어졌다. 그들의 눈동자 속 불안과 희망이 뒤섞인 빛이 내 마음을 더 뜨겁게 달궜다. 그때부터 내 열정은 불씨가 되어 하나둘 옮겨 붙었다.

짧은 시간 속에서 아이들을 세상에 올바로 세워야 했다. 전문대학의 2년은 취업까지, 사실상 1년 반에 불과했다. 나는 새로운 방식을 택했다. '대기업반'과 '중소기업반'으로 나누어 맞춤형 교육을 시작했다. 대기업반은 혹독했다. 기업의 이해, 직무 지식, 적성검사, 인성 면접, 직장예절, 실무 프로젝트까지 빈틈없이 준비시켰다. 중소기업반은 현장에 바로 설 수 있도록 실무 기술과 자격증 취득을 중심으로 훈련했다. 밤 10시까지 이어지는 강의는 세 달마다 되풀이되는 집중 교육으로 이어졌다. 직접 집필한 교재와 모의시험 문제, 기업이 원하는 역량을 한 줄 한 줄 분석해 녹여 넣은 커리큘럼으로 교육할 때 처음엔 반발이 거셌다. 학생들은 왜 밤마다 불려 나와야 하는지 불평했고, 일부 교수들은 '대기업은 우리 학생과 맞지 않는다'라며 회의적이었다. 하지만 포기할 수 없었다. 이미 대학 입시에서 한 번 좌절했던 아이들을 사회의 문 앞에서 다시 무너지게 할 수는 없었다.

첫해 겨울, 삼성디스플레이, LG디스플레이, 포스코, 두산인프라코어, 삼성전자서비스, 호텔신라 등 익숙한 이름들이 합격자 명단에 하나둘 올라오기 시작했다. 그때마다 학교 가로수 사이사이에 회사 로고와 합격자 이름이 새겨진 현수막이 걸렸다. 처음엔 몇 장에 불과하던 현수막이 다음 해에는 캠퍼스를 덮을 만큼 늘어났다. 대기업의 문이 열리자 학생들의 눈빛이 바뀌었다. '나도 할 수 있다.' 그들의 얼굴에 희망과 자신감이 피어났다. 나는 그 열망을 더 큰 기회로 바꾸고자 전국의 기업을 찾아다녔다. 서울, 수도권, 지방을 가리지 않고 아침 첫 기차를 타고 밤늦게 돌아오는 날이 수없이 많았다. 손에는 학교 홍보 자료와 학생들의 포트폴리오를 들고 문을 두드리며 말했다.

"이 학생들을 한 번 봐주십시오. 실무 역량을 튼튼히 가르쳤습니다. 기업에 도움이 될 것입니다." 어떤 이는 말할지도 모른다. '그것은 구걸 아니냐'고. 그렇다, 누군가에게 기회를 달라 말하는 것은 때때로 구걸처럼 보일 수 있다. 하지만 내겐 부끄럽지 않았다. 이미 기업이 원하는 역량을 철저히 분석해 가르쳤고, 그에 맞게 준비시켰다는 확신이 있었기 때문이다. 그것은 비굴한 부탁이 아니라 미래를 열어 달라는 정당한 제안이었다.

노력은 결국 길을 열었다. 채용 담당자들은 '전주비전대 학생들은 다르다'고 평가하기 시작했다. 한 번 열린 문은 다음 해 더 큰 문을 열었고, 추천과 기회가 이어졌다. 처음엔 혼자였던 내 여정에 교수들이 동참하기 시작했고, 취업지원 부서는 힘을 얻었다. 학교도 변했다. 밤늦게 공부하는 학생들을 위해 교수회가 간식을 후원했고, 기업체에서도 격려가 이어졌다. 대기업에 합격한 학생과 부모를 초대해 '취업 축하의 밤'을 열었다. 무대 위에서 합격증을 들고 울던 학생들, 고개 숙여 '감사합니다'를 연발하던 부모님들, 모습을 바라보던 교수들의 붉어진 눈시울. 자기 이름이 새겨진 플래카드 앞에서 부모님과 사진 찍는 가족의 행복한 미소들, 그 순간은 그동안의 모든 밤을 보상해 주는 기적 같았다.

　결과는 놀라웠다. 취업률은 50.8%에서 66.5%, 74.2%, 87.6%까지 매년 급격하게 올랐다. 마침내 나는 취업을 총괄하는 취업창업지원처장이 되었고 우리 대학은 전국 1위에 올랐다. 100여 개의 다른 대학이 벤치마킹을 하려고 찾아왔다. 방학이 되면 교수들은 더욱 바빴다. 취업한 제자들의 회사를 방문하여 상사들과 함께 간담회를 통해 학생들의 앞날을 당부하며, 역량이 부족한 부분을 듣고 다음 교과 과정에 반영하였다. 기업에서 배운 품질보증제도를 도입하여 교육에 After Service 제도를 운영하여 좋은 평을 받았다. 정부 대학평가에서도 우수한 성과를 인정받았고, 재정은 안정됐다. 신문과 방송에서 성공 사례를 다루자 '4년제 대학교보다 낫다'라는 말이 전국에서 들려왔다. 총장은 대통령이 주재하는 국가 재정정책회의에서 우리의 이야기를 전하며 학교 이름을 당당히 알렸다.

　돌아보면 그 시간은 내 인생에서 가장 치열히면서도 가상 찬란한 계절이었다. 삼성에서 배운 일등 정신을 교육 현장에 심어 넣고, 제자들의 앞길을 열기 위해 밤낮없이 뛰었던 날들. 실패를 두려워하지 않고 길이 없는 곳에 길을 만들었던 도전의 시간. 변화에 저항하던 조직을 설득하고 아이들에게 꿈과 희망을 심어 주었던 모든 순간은 열정이 만들어 낸 기적의 서사였다.

그때 불태운 것은 단순한 직업적 사명이 아니었다. 한 사람의 미래를 세우고, 한 학교를 살리며, 교육의 본질을 다시 일깨우는 일이었다. 나는 교실을 넘어 삶을 가르쳤고, 배움이 세상과 어떻게 연결되는지를 보여 주고 싶었다. 내 열정은 여전히 플래카드 속에서, 합격자 명단 속에서, 그리고 사회 곳곳에서 묵묵히 빛을 내며 살아 숨 쉬고 있었다. 어떤 이는 묻는다.

"그 많은 고생을 하고도 무엇이 그렇게 즐거웠습니까?"

나는 미소 지으며 대답한다.

"교육자로서 누군가의 내일을 열어 준 것은 어떤 보상보다 큰 행복이기 때문이다"라고.

교문 밖으로 힘차게 뛰쳐나가던 제자들의 웃음 띤 얼굴이 떠오른다. '교수님 감사합니다' 소리와 함께.

✳ Profile

현) 미얀마선교사(목사), 교육학박사, 전) 삼성그룹임원, 대학교수

긍정을 향한 열정

✷

김태윤

나이가 들면서 긍정적인 삶에 대한 관심이 커진다. 이제까지 살아온 인생을 돌이켜 보면, 남아있는 앞으로의 인생이 긍정(肯定: 주어진 것을 제대로 받아들이고 즐김) 외에는 다른 대안이 보이지 않는 것 같다. 자기 자신에 대해 긍정하는 사람은 평안하고 행복하게 노년의 삶을 지낼 수 있을 것 같다.

긍정하는 사람은 자기 자신을 있는 그대로 본다. 즉 자기의 능력과 특성, 생각, 판단, 감정 및 기대를 객관적으로 본다. 또한 긍정하는 사람은 상대방을 있는 그대로 본다. 즉 상대방의 능력과 특성, 생각, 판단, 감정 및 기대를 객관적으로 본다. 따라서 긍정하는 사람은 자기 자신과의 관계를 포함한 인간관계를 긍정적으로 유지한다. 모든 사람은 긍정하는 삶을 살 수 있지만 이를 성취하기 위해선 열정을 가진 노력과 훈련이 필요하다.

자기를 있는 그대로 바라보기 위해, 기존의 자기와는 다른 새로운 자아의 도입이 매우 효과적이라고 알려져 있다. 왜냐하면 사람은 자기를 양육한 부모의 관점을 통해 습관적으로 자기를 바라보기 때문에, 만일 자기 안에서 새롭게 찾은 새로운 자아가 자기를 새로운 관점에서 바라보게 된다면, 자신을 더욱 객관적으로 바라볼 수 있다. 많은 사람이 나이가 들어 종교를 갖는다. 종교는 자기 자신을 체계적으로 새롭게 바라보는 일이며 그에 따른 평안과 안식을 줄 수 있다. 물론 나이가 들어 종교를 갖는다는 것은 상당한 열정이 필요한 일이다.

상대방을 있는 그대로 바라보기 위해, 경청이 필수적이다. 경청은 귀 기울여 듣는 것이다. 자기의 입을 다물고 귀, 눈, 입과 같은 모든 감각기관을 총동원하여 온몸으로 듣는 것이다. 다른 사람의 마음과 생각을 자기 자신에게 담기 위해선 자신은 빈 그릇이 되어야 한다.

경청은 자신의 마음을 비운 상태로 두고 계속 상대방의 말을 들어 주는 것이므로 대화하는 도중에 즉석에서 자기의 생각대로 결론을 내리지 않고 조용히 들어야 한다. 대화할 때 나 자신의 틀을 만들어 다른 사람의 말을 성급하게 판단하면 우리는 자기가 가지고 있는 감정을 중요하게 여기고, 판단 기준으로 삼게 되어 상대방의 이야기를 놓치게 된다.

상대방과 대화 중 상대방의 말을 중단시키는 이유가 두 가지가 있는데, 그중 하나는 자기 이야기를 하고 싶은 욕구 때문이며, 또 다른 이유는 상대의 말을 듣기 싫어서 흐름을 다른 방향으로 바꾸기 위해 차단하기 때문이다. 이렇게 되면 상대방의 말을 끝까지 듣지 못한다.

경청을 제대로 하기 위해선 대화를 할 때 상대방 말의 내용보다 상대방 감정에 집중하는 것이 필요하다. 즉 사실의 뒤에 있는, 상대방이 전하고자 하는 감정을 제대로 들을 줄 알아야 한다. 대부분의 대화는 사실만 이야기하는 것이 아니라 관계에 대해서도 수시로 이야기한다. 그러므로 경청은 먼저 상대방의 감정을 수용하고, 수용한 감정을 서로 나눌 때 일어난다. 따라서 우리는 상대방이 전하고자 하는 감정을 들으려고 해야 한다.

우리는 상대방의 감정을 잘 듣지 못한다. 특히 나이가 들어가면 상대방의 감정을 듣기 쉽지 않다. 이는 어린 시절부터 감정보다는 사실을 듣도록 길들여져 살아왔기 때문이다. 그러나 대화에서 감정을 듣지 못하면 사실 그 자체를 듣는 데도 어려움을 겪게 된다. "이 점에 대해서는 내가 옳아!", "미안하지만 넌 틀렸어!", "그것도 몰라!" 등과 같은 말을 상대방으로부터 들었을 때 우리는 자기도 모르게 맞대응하려는 자기 내부의 힘을 강하게 느끼게 되며 상대방의 감정을 객관적으로 듣는 데 실패한다.

경청을 위해선 어떠한 경우든 상대방 감정을 무시하고 맞대응하려는 자기 내부의 힘을 빼야 한다. 골프를 칠 때 공을 잘 맞추기 위해 자기 몸에서 힘을 빼야 한다. 많은 사람이 골프를 잘 치기 위해 힘 빼는 훈련을 열정적으로 한다. 마찬가지로 올바른 경청을 위해 자기 내부의 힘을 빼는 열정적인 훈련이 필요하다.

종교와 경청을 통해 열정적으로 주변과의 좋은 관계를 추구하다 보면 우리의 남은 삶은 긍정하는 삶 자체가 될 것이다.

✳ Profile
　계명대 연합신학대학원 기독교 가족상담 석사과정, 계명대 통계학과 명예교수

절뚝거리고 싶지 않아

✶

김효곤

나는 평생 바다와 항만을 관리하는 일에 종사했다. 전국의 큰 항구 도시에서 대개 일 이 년씩은 살아 봤다. 그래서 바다는 내 삶의 터전이고 나의 영원한 고향이라고 말한다. 항구에 가까운 산들도 삶의 일부분이 되었다. 항구도시는 늘 객지여서 주말에 집에 가지 못하면 으레 산으로 갔다. 항구와 산에는 가는 곳마다 내 삶의 추억들이 차곡차곡 쌓여 있었다.

그중에서 내 인생에 가장 아픈 추억과 깊은 상처를 안겨 준 곳이 한라산이다. 한라산은 생기기도 잘생겼지만 언제 올라가도 나에게만은 백록담을 잘 보여 주기에 천생연분인가 싶었다. 육지에서 모처럼 백록담을 구경하려고 벼르고 왔다가도 안개가 끼어 못 보고 돌아가는 등산객들이 많아서도 그렇다.

1994년 4월 제주도 발령을 받고 처음에는 혼자서 한라산 등반을 즐겼다. 그러다 제주항에서 사업을 하는 분을 알게 되어 주말이면 등산을 같이 했다. 그분은 훤칠하고 키가 큰 건장한 체격을 가진 멋진 사나이였다. 항상 미소 띤 얼굴에 인자하고 친절했으며 한라산 정상을 열 번도 넘게 올랐다고 했다. 주말이면 어리목 코스로 올라가 백록담 동릉에 앉아서 도시락 반찬에 한라산소주를 마셔 가면서 즐겁게 지냈다.

그러다 언제부턴가 백록담에서 성판악 진달래대피소까지 달리기 시합을 했다. 약 2.5km 구간인데 지는 사람이 그날 저녁밥을 사는 것이었다. 성판악 가는 길은 내리막이라 힘은 들지 않았다. 시합이라 생각하니 힘껏 뛸 수밖에 없었다. 겁 없이 달렸더니 재미도 있고 생각 외로 내가 이겨서 저녁을 잘 먹었다. 그런데 가만히 생각해 보니 그분이 일부러 져주는 것 같은 느낌이 들어 나도 가끔씩 꾀를 부리기도 했다. 그런 세월을 1년간 보내고 한라산과 작별했다.

제주를 떠날 때쯤 왼쪽 다리가 시큰거리고 가벼운 통증이 있었으나 대수롭지 않게 생각했다. 그 후 포항, 목포로 옮겨 다니는 동안에도 등산은 계속했다. 그런데 정년퇴직을 하고 집에서 쉬고 있는데 느닷없이 왼쪽 다리가 아프기 시작했다. 처음에는 그동안 너무 무리를 했구나 하고 쉽게 생각했는데 날이 갈수록 쑤시고 통증도 점점 심해졌다. 걸을 때는 약간 절뚝거리기까지 했다. 정형외과에서 관절 주사도 맞고 약도 먹었다. 그러다 닭발이 좋다고 해서 세 번이나 고아 먹었더니 희한하게 좋아졌다. 통증도 사라지고 절뚝거리는 것도 없어졌다.

1999년 공직에서 퇴직한 후 한국항만연수원장으로 재취업을 했다. 전국 항만에서 일하는 근로자에 대한 교육 훈련을 전담하는 정부 대행 기관이었다. 주말이면 등산도 하고 낚시도 하고 공직에 있을 때보다 시간적 여유가 많았다. 그래서 직원들과 수락산으로 등산을 자주 다녔다. 정상에 올라가 잠깐 쉰 후 혼자서 수락산 입구까지 뛰어서 내려왔다.

그런 세월도 금방 지나가더니 아팠던 왼쪽 다리가 다시 도지기 시작했다. 아내는 냉담했다. 잘됐다는 것 같았다. 그렇게 고생을 하고 애들처럼 산에서 뛰어다니면 어쩌자는 것이냐는 투였다. 사정사정해서 닭발을 두 차례나 더 고아 먹어 봐도 아무런 차도가 없었다.

할 수 없이 정형외과를 다시 찾아갔더니 무릎연골이 많이 닳아 연골 수술을 하거나 아니면 다리 근육을 키우는 방법밖에는 별도리가 없다고 했다. 다리 근육을 키우는 것도 계단 오르기나 걷기를 하되 천천히 꾸준히 하라고 조언해 주었다. 연골 수술은 하기 싫었다. 지인이 연골 수술을 했는데 다리를 완전히 망가뜨려 걷지 못하게 된 것을 보았기 때문이다.

고심 끝에 산 가까운 곳으로 이사 가서 밤낮없이 산행을 하고 다리 근육을 키우는 것이 좋겠다고 생각했다. 아내와 진지하게 상의하고 여러 날 격론을 한 끝에 불암산 입구에 새로 지은 아파트로 이사를 했다. 장위동 좋은 집 좋은 이웃을 두고 불암산 밑으로 가는 것이 많이 아쉬웠다. 앞집의 차관 어른, 뒷집의 영화배우 문희 씨와는 가끔 옥상 너머로 인사를 나누기도 했는데….

창문을 열고 밖을 바라보면 불암산 숲이 한눈에 보여 내가 깊은 산속에 사는 느낌이 들고, 하루 종일 등산객들이 올라갔다 내려갔다 한다. 참 이사를 잘했다고 혼자서 생긋이 웃을 때가 많았다. 시간만 있으면 등산 가방을 메고 산으로 갔다.

불암산 정상에는 일주일에 한 번씩은 꼭 올라갔다. 다람쥐 공원을 지나 정상 올라가는 돌계단을 걸을 때는 다리가 좋아지는 것 같았다. 태극기가 펄럭이는 정상의 깃대를 붙잡고 절뚝거리는 것을 낫게 해 달라고 소원을 빌기도 했다. 정상에 가지 않을 때는 둘레길을 걸었고, 둘레길도 못 갈 때는 모래주머니를 다리에 달고 당현천을 걸었다.

다리 저는 것을 가족 외에는 누구에게 말하지도 보이지도 않았다. 숨기는 것도 보통일이 아니고 너무 힘들어 어느 때는 다 포기하고 절뚝거리며 다니고 싶을 때도 있었다. 그래도 '다리가 나을 때까지 말하면 안 돼!'라는 것이 좌우명이었다.

집에 있을 때는 의자에 앉아 발목에 아령을 매달고 다리를 올렸다 내렸다 반복했다. 아내는 그 모습을 곁눈질로 보고도 애써 못 본 척했다. 보기 싫은 모양이었다. 그러고 나서 실내 자전거 타기를 했다. 처음에는 10분도 힘들었는데 나중에는 40분은 가볍게 하게 되었다.

밤에 잠이 깨면 누워서 잠만 자면 안 되지 하는 강박관념에 일어나 엘리베이터를 타고 내려가 10층까지 걸어 올라오기도 했다. 지성이면 감천이라고 죽기 아니면 살기로 열심히 했더니 크게 신경을 안 써도 절뚝거리지는 않게 되었다. 천천히 걸으면 그런대로 정상인이 된 것 같았다. 그렇게 하다 보니 당현천에서 내가 제일 걸음이 느렸다. 천천히 걷는 것이 습관이 되어 빨리 걸을 수가 없었다. 그래도 좋다. 절뚝거리지만 않으면….

그 무렵 불암산에도 밤에 멧돼지가 나타난다는 소문이 있었다. 어느 날 학도암 근처에 도착하니 철판을 두드리는 소리가 산중에 크게 울려 퍼졌다. 다가가 보았더니 아내가 깡통을 두드리고 있었다. 참, 뜻밖의 일이었다. "왜 당신이 여기에 있어? 어찌 된 일이야!" 순간 가슴이 뭉클해지면서 아내를 껴안고 울었다. 아내도 덩달아 울었다. 남편의 안전을 위해 밤중에 산속에서 혼자 깡통을 두드리며 짐승의 접근을 막아준 아내의 정성에 감사하고 고마울 뿐이었다.

우리는 말이 필요 없었다. 뜨거운 가슴으로 벅찬 감동을 느끼면서 정답게 손을 잡고 "절름발이 다리야 가라"를 외치면서 불암산 둘레길을 행복하게 걸어왔다. 산을 타는 열정도 다친 다리를 고치고자 하는 열정도 아내가 곁에 있으니 더욱 뜨겁게 타올랐다.

✽ Profile
　해양수산부 포항(목포, 제주)지방해양수산청장, 한국항만연수원장,
　대한민국서예술대전 추천 서예가

삶 속에서 만난 뜨거운 선물

노연미

삶이 한순간에 무너질 듯한 순간이 있었다. 그동안 쌓아온 계획과 기대가 산산조각 난 듯했지만, 나는 그 자리에서 좌절에 머물지 않았다. 눈앞의 어려움에 압도되기보다, 내가 가진 경험과 능력을 믿고 사회생활에 매진했다. 앞만 보고 달리는 동안, 삶의 무게가 여전히 어깨를 누르지만, 나는 포기하지 않고 내 안의 열정을 붙잡았다.

그러던 어느 날, 3년 전 예상치 못한 선물이 내게 찾아왔다. 바로 '당뇨'라는 진단이었다. 처음에는 당혹스러웠다. 왜 하필 나에게 이런 병이 찾아왔을까, 왜 하필 내가 이런 삶의 시험을 받아야 하는 걸까? 하는 의문이 머릿속을 가득 채웠다. 하지만 곧 깨달았다. 당뇨는 나를 주저앉히려는 낙인이 아니라, 내 삶을 다시 바라보게 하는 신호탄이라는 것을.

당뇨를 맞이하면서 나는 삶의 방식을 바꾸기 시작했다. 우선 '나를 위한 밥상'을 차리기로 결심했다. 그동안 무심코 지나쳤던 음식의 가치를 다시 배우고, 몸에 이로운 식단을 하나씩 실천했다. 단당류보다는 다당류 위주로 채소와 곡물을 중심으로 한 식단, 건강한 단백질, 설탕과 소금을 조절하는 생활은 처음에는 낯설었지만, 곧 내 몸이 보내는 신호를 느낄 수 있었다. 음식 하나하나에 감사하며, 그것이 몸과 마음을 어떻게 살리는지 배우는 과정에서, 작은 선택이 큰 변화를 만든다는 사실을 깨달았다.

또한 자연과 함께하는 시간을 늘렸다. 집 근처 학의천이 있었지만 자주 걷지 않았던 나를 당뇨는 매일매일 학의천으로 인도했다. 걷기는 눈이 오나 비가 오나 바람이 불어도 내 삶의 한 부분이 되었다. 어제는 트랙길로 오늘은 흙길로 걸으며 사계절의 변화를 온몸으로 느꼈다.

봄에는 새싹의 향기를 맡으며 생명의 힘을, 여름에는 녹음 속에서 들려오는 새들의 노래와 바람의 속삭임을, 가을에는 낙엽의 바스락거림과 햇살의 따스함을, 겨울에는 차가운 공기 속에서 느껴지는 생명력의 단단함을 온전히 느끼며, 내 안에 갇혀 있던 마음이 서서히 열렸다. 그 시간을 통해 비로소 내 자신을 온전히 돌보며 자연과 교감하며 우주 만물을 주관하시는 주님께 찬미와 감사를 드릴 수 있었다.

당뇨는 나를 멈추게 했다. 그러나 그 멈춤은 단순한 제약이 아니었다. 오히려 내 자신을 다시 시작하게 하는 출발선이었다. 병 때문에 좌절하지 않고, 오히려 좌절을 또 다른 희망의 고개로 바꾸는 법을 배웠다.

건강을 지키기 위해 작은 습관 하나하나를 소중히 여기며, 삶의 의미를 새롭게 발견했다. 특히 음식 공부를 통해 깨달은 것은, 땅에서 찾은 보물이 바로 우리의 건강과 연결되어 있다는 점이었다. 색과 향, 질감이 살아 있는 컬러 푸드와 자연 식재료는 단순한 음식이 아니라, 마음과 몸을 살리는 신이 주신 선물임을 알게 되었다. "당신이 먹는 음식이 당신을 만든다"라는 말에 공감하게 됐고, 마크로비오틱 식단(그리스어로 큰 생명에서 유래한 것으로 자연과 조화를 이루고 건강을 회복하는 식생활 철학)도 알게 돼서 정제되지 않은 통곡물, 자연식품, 제철식품을 섭취하면서 자연과의 조화를 통해서 기쁨을 갖게 되었다. 이 소중한 지식을 가족과 다른 이들과 나누며, 아픔 속에서도 스스로를 돌보고 삶을 회복하는 기쁨을 전할 수 있다는 것이 큰 행복임을 배웠다.

당뇨라는 진단은 더 이상 두려움이 아니라, 나를 돌아보게 하고, 가족을 건강하게 지키며, 삶을 더욱 충만하게 살도록 이끄는 뜨거운 선물이었다. 이제 나는 매일의 선택 속에서 열정을 느끼고, 감사할 줄 알며, 몸과 마음이 조화를 이루는 삶을 살아간다. 어려움 속에서도 포기하지 않고 내 안의 힘과 가능성을 믿는 법을 배웠다. 그리고 무엇보다, 삶이 우리에게 보내는 작은 신호들을 놓치지 않고 받아들이는 것이 진정한 행복으로 가는 길임을 깨달았다.

당뇨와 함께한 시간은 단순한 고난이 아닌, 삶의 진정한 의미와 소중함을 깨닫게 해준 축복이자 위대한 스승이었다. 덕분에 나는 오늘을 더욱 가슴 벅차게, 평화롭게 살아가고 있다. 내가 가진 배움과 기쁨을 다른 이들과 나누고, 자연의 순수한 에너지가 주는 삶의 만족과 함께하는 일상의 순환을 더욱 사랑하게 됐다. 그 사랑은 진정한 행복으로 나를 이끌었다. 걸으면서 자연의 순환 원리에 귀 기울이는 삶은 내게 주신 선물이었다. 나는 이 선물을 매일매일 누리며 오늘도 만끽한다. 그러나 차분하게 계절을 준비하는 매일매일 일상의 행복은 오늘도 내일도 계속될 것이다.

✳ Profile
다문화 한국어 강사, 과천문화신문 객원기자, 한국디지털문인협회 이사, 한경대학원 아동가족복지학 졸업

가을 조계사에서 피어난 모정

✱

노영래

　기후 온난화 영향일까? 올해 여름은 유달리 더웠고 길었다. 에어컨과 함께하는 생활이 아직 익숙한데 아침 공기는 열린 창문으로 가을이 왔다고 속삭인다. 아침을 먹고 혹서에 지친 몸과 마음도 다잡을 겸 집사람과 오랜만에 도심의 조계사에 갔다. 새벽부터 보슬비는 여름에 들킬까 두려운지 숨도 쉬지 않고 내렸다.
　조계사 입구에 도착하니 스테인리스강 소재를 겹겹이 잘라 붙여 현대적인 조형물로 제작된 사천왕상이 말없이 모든 악귀와 번뇌를 막아내겠다고 굳건히 지키고 있었다. 멀리서 목탁과 법고 소리가 가을비를 헤치고 마중을 나왔다.
　발걸음을 살며시 옮겨 경내로 들어가니 국화들의 향연장이었다. 부처님은 국화로 장식된 화려한 가사를 걸치고 있고 코끼리 등 갖가지 동물들이 국화밭에서 휴식하고 있는데, 마치 황금으로 가득한 극락정토에 온 듯하였다. 정성으로 가꾼 국화길을 천천히 걸으면서 온몸에 가을 내음을 가득 남났다. 대웅전은 신도들로 가득한 가운데 기노 스님 수관으로 사시 예불이 한창 진행되고 있었다. 모든 번뇌를 떨쳐내는 청아한 목탁 소리, 이 땅의 모든 어리석음에서 깨치는 진리의 무게를 나르는 듯 심장 박동보다 묵직한 법고 소리, 그리고 세속의 힘듦에서 벗어나고 희망을 품게 하는 이슬같이 맑은 스님의 염불 소리가 화음을 이뤄 대웅전을 빈틈없이 채운 후 활짝 열린 사방 문을 통해 바깥세상으로 넘쳐났다.

대웅전 앞마당에도 많은 신도가 우산을 쓰고 의자에 앉아 예불을 올리고 있었다. 우리는 이들의 기도 흐름에 방해되지 않도록 조용히 빈 의자를 찾아 대웅전 부처님을 우러러보면서 예불에 동참하였다. 대웅전 바깥에는 나이 지긋한 열성 여신도들이 합장하고 연신 반절하면서 무엇인가를 소망하고 있었는데 예불 도중에 이들을 멍하니 바라보고 있는 나 자신을 발견하였다. 그 순간 갑자기 번개를 맞은 듯 머리가 찡해졌다. 현재의 나를 위해 생전에 밤낮으로 정성을 쏟으셨던 어머니의 기억이 떠올랐다. 가슴이 먹먹해지고 그리움이 샘물처럼 솟아났다.

어머니는 가난한 시골집에서 태어나 이웃 마을의 또 다른 가난한 집의 맏며느리로 시집을 왔다. 옛날 시골 사정이 다 그러하였듯이 하루하루 힘든 삶을 살았다. 시부모를 모시고 3명의 시동생을 보살펴야 했기에 매일 먹을 양식을 걱정해야 하는 상황이었음에도 자식의 교육을 위해 할 수 있는 모든 것을 다하였다. 봄이면 산나물을 캐어 시장에 팔았다. 가을이면 이웃의 가을 추수를 도와주었고, 겨울에도 쉬지 않고 일거리를 찾아 생활비와 학비를 마련하였다.

내가 중학교 1학년이었던 것으로 기억된다. 어느 추운 겨울날 새벽, 불 켜진 부엌에서 어머니의 중얼거리는 소리가 나서 부엌 문살 사이로 살며시 엿보았다. 영하의 추운 부엌에서 흰 밥공기에 맑은 물 한 잔을 부뚜막에 떠 놓고 두 손을 모아 큰 원을 그려 비비면서 간절하게 기도를 올리고 있었다. 어머니는 이렇게 매일 새벽 기도를 올리는 것으로 하루를 시작하였다. 어머니는 당신과 자식의 미래에 대한 희망과 기도의 힘으로 힘든 삶을 지켜내었다. 현재보다 나은 미래에 대한 희망의 등불이 있었기에 최선을 다할 수 있었고, 조금씩 그 희망을 성취해 나가면서 모든 힘듦에도 행복하였다.

저녁 TV에서는 수영 영웅 박태환이 탄생하기까지 어머니의 숨겨진 노력에 관한 이야기가 방영되었다. 흥미와 공감으로 시청하였다. 맹자 어머니가 좋은 교육환경을 찾으러 삶의 터전을 세 번이나 옮겼듯이, 성공한 유명인 어머니의 자식에 대한 사랑과 자식을 위한 헌신 사례가 많다. 신사임당은 율곡 이이의 철저한 교육환경을 조성하고 스스로 모범을 보임으로써 성리학의 대가로 성장할 수 있게 하였다. 에디슨은 학교에서 능력이 부족하다는 평을 받았으나, 어머니가 직접 교육하고 호기심 및 실험 정신을 일깨워 준 덕분에 위대한 발명가로 성장하였다. 현재의 우리나라 어머니도 자식의 대학 진학을 위해 맹모삼천을 마다하지 않으며 새벽부터 밤늦게까지 힘든 뒷바라지의 고단함을 잊는다.

그렇다. 어머니는 세상 모든 인재의 가장 단단하고 비옥한 성공 토양이라고 할 수 있다. 어머니의 간절함과 열정은 자식의 성공이란 결실을 보게 하는 숨겨진 근원이다. 이러한 어머니의 열정은 조건이 없으며 자기의 희생도 마다하지 않기에 세상의 그 어떤 가치와 비할 수 없는 고귀한 것이다.

조계사 나들이는 어머니의 은혜가 가을의 국화 향기처럼 가슴으로 다가왔다. 오늘도 수많은 어머니가 자식을 위한 열정을 쏟고 있다. 대웅전 앞에서 기도를 올리던 여신도의 간절한 마음이 밝은 빛이 되어 세상을 희망으로 누루 밝혀 주기를 소망해 본다.

✳ Profile

경영학박사, 동국대학교 객원교수, (주)BA컨설팅 대표,
전) 한국은행 강남본부장/충북본부장

불우한 청소년을 미래의 역군으로

노운하

　나는 오랫동안 기업 경영의 현장에서 일해 왔다. 그 과정에서 늘 마음 한편에는 '기업의 존재 이유는 무엇인가', '우리는 사회에 어떤 가치를 남겨야 하는가' 하는 질문이 자리 잡고 있었다. 특히 2007년, 회사에서 영업·마케팅·서비스 등 전 부문을 총괄하는 자리에 오르면서 그 고민은 더욱 깊어졌다.

　당시 파나소닉코리아는 일본계 글로벌 기업으로서 한국 사회에서 여러 도전을 겪고 있었다. 창업자는 늘 '기업은 지역사회에 공헌하며 함께 성장해야 한다'는 철학을 강조했고, 나는 그 말의 무게를 실감했다. 때로는 반일 감정이라는 돌발 변수가 경영에 직접적인 영향을 주기도 했다. 그럴수록 기업의 사회적 책임(CSR)이란 무엇인가에 대한 질문이 절실해졌다. 이윤만을 추구하는 것이 아니라 사회의 일원으로서 의미 있는 공헌을 실천해야 한다는 결심이 내 안에서 자라났다.

기부에서 발견한 한계

　처음에는 단순히 도움이 필요한 곳에 지원하자는 마음으로 시작했다. 서울과 수도권의 청소년 양육시설, 노인요양시설, 장애인시설, 모자원, 영아원 등 약 400여 곳의 복지시설을 조사했고, 그중 100여 곳을 선정해 3년간 전자제품과 생활용품, 쌀, 생필품을 기부했다. 하지만 시간이 흐르며 깨달았다. 기부만으로는 그들의 삶이 바뀌지 않는다. 기부자는 주고, 수혜자는 받는다. 그 사이에는 진정한 변화가 없었다. 나는 그때부터 생각을 바꿨다. '단순한 기부가 아니라, 그들의 내일을 위한 투자로 이어져야 한다.' 이것이 나의 사회공헌 철학이 되었고, 이후 활동의 출발점이 되었다.

청소년의 마음을 여는 열쇠

2010년, 대표이사 사장으로 취임한 뒤 나는 아동양육시설을 중심으로 한 사회공헌활동을 새롭게 설계했다. 먼저 청소년들에게 물었다. "가장 갖고 싶은 물건이 뭐니?" 그들의 대답은 의외였다. 1위는 휴대전화, 2위는 디지털카메라, 3위는 컴퓨터였다. 당시 우리 회사는 디지털카메라를 도입해 판매하고 있었기에, 아동양육시설(예전의 고아원)의 청소년(중·고등생)에게 카메라를 1인 1대씩을 기부하기로 결정했다. 서울의 40여 개 시설을 시작으로 인천과 경기 지역까지 확대해, 설과 추석마다 직접 방문하며 물품을 전달했다. 매년 연간 1,000대가 넘는 카메라를 기부했다. 보통 기업에서는 담당자나 팀장이 대신 방문하지만, 나는 직접 현장을 찾았다. 복지시설에서 헌신하는 분들의 노고를 직접 듣고, 아이들의 눈빛을 마주하기 위해서였다. 시설당 2~3천만 원 규모의 지원이 이루어지다 보니, 원장님들도 놀라며 반갑게 맞이했다. 무엇보다도, 카메라를 손에 쥐고 환하게 웃던 청소년들의 표정이 잊히지 않았다. 그 무렵 몇몇 시설에서 내게 부탁이 들어왔다. "대표님, 아이들에게 좋은 말씀 좀 해주세요." 그 말이 나에게 '꿈키우기 프로젝트'의 영감을 주었다.

사진을 통해 세상을 바라보다

나는 청소년들에게 말했다. "이 카메라로 세상을 담아보자. 네가 느끼는 세상, 네가 바라보는 아름다움을 찍어보라." 사진은 아이들에게 단순한 취미가 아니라 자존감 회복의 도구가 되었다. 사진을 찍으며 자연 속을 걷고, 친구들과 함께 웃으며 교감하는 과정에서 마음이 열리고 정서가 회복되었다. 각 시설별로 촬영한 사진을 모아 포토 콘테스트를 열었다. 선정된 작품은 파나소닉코리아 본사 전시장에 전시도 했고, 아이들을 초청해 무료 사진 강좌와 시상식, 그리고 다과의 시간을 가졌다. 그 자리에서 나는 직접 '꿈과 열정에 대한 강연'을 매번 빠짐없이 했다.

"나는 할 수 있다!" — 변화의 시작

처음 강연을 시작했을 때 아이들은 산만했다. 집중하지도 반응하지도 않았다.

"대표님이 왜 이런 걸 해요?" "버릴 데가 없어서 주신 거 아니에요?" 장난 섞인 질문이 이어졌다. 하지만 포기하지 않았다. 나는 아이들에게 큰 소리로 외치게 했다. "나는 할 수 있다!" 열 번, 스무 번 반복했다. 따라 하지 않으면 나갈 수 없다고 으름장도 놓았다. 그러자 어느새 목소리가 커지고, 아이들의 표정이 달라졌다. 그때 물었다. "너희는 커서 어떤 사람이 되고 싶니?" 아이들이 하나둘 손을 들었다. "성공하면 대표님께 밥 사드릴게요." "집을 사드릴게요." "호텔에서 식사 대접할게요." 그 짧은 대화 속에서 그들의 눈빛에 변화가 일었다. '나도 할 수 있다'는 확신, 그것이 바로 열정의 불씨였다.

전국으로 번진 희망의 불꽃

이 프로젝트는 이후 강원도, 대전과 충청남북도, 대구·경북 지역까지 확산되었다. 평창올림픽을 앞두고 강원도지사님의 제안으로 강원 지역의 보육시설을 추가 지원하면서 규모가 커졌다. 이른바 '청소년 꿈키우기 프로젝트'는 10년 동안 이어지며 수많은 청소년에게 새로운 희망의 문을 열어주었다. 설과 추석, 그리고 여름·겨울방학은 나에게 가장 바쁜 시기였다. 그러나 그만큼 기다려지고 설레는 시간이기도 했다. 아이들을 만나 그들의 꿈을 듣고, 다시 나의 열정을 되새기는 순간이었기 때문이다.

열정의 마침표, 그리고 새로운 시작

2019년 퇴임과 함께 프로젝트는 아쉽게도 멈추게 되었다. 하지만 지난 10년의 시간은 내 인생에서 가장 뜨거운 열정의 시간이었고, 그 열정은 지금도 내 마음속에서 꺼지지 않는다. 나는 지금도 생각한다. 그때 만난 청소년 중 누군가는 지금 사회의 한가운데서 꿋꿋하게 서 있을 것이다. 그리고 언젠가 그들도 또 다른 누군가에게 손을 내밀어, 받은 사랑을 나누는 사람으로 살아가길 바란다. 그것이 내가 바친 인생 최고의 열정, 그리고 앞으로도 내 삶을 이끌어갈 가장 소중한 불꽃이 아닐까 생각된다.

✳ Profile
  현) 데일카네기코리아 대표, 한국미디어영상진흥원 이사장,
  전) 파나소닉코리아 대표이사 사장, PHP KOREA 회장, 좋은아빠멘토단 단장

아프리카에서 깨달은 열정

✵

문성미

열정은 기쁨의 에너지로 지속적인 힘을 쏟아내는 뜨거운 마음이다. 이런 마음은 곧 우리의 삶을 바꾸고 이웃을 움직이게 한다.

발 디딜 틈 없이 빽빽하게 모여든 사람들, 아프리카에서 본 예배는 대지 위에 피어난 불꽃 그 자체였다. 손뼉을 치며 찬양하고 온몸으로 기쁨을 뿜어내는 그 모습에서 열정을 보았다. 소품이 없어 긴 나무 조각을 메고 집에서 소장하는 물동이를 등에 지고 공연을 보여주는 모습에서 순수미가 보였다. 구멍 난 셔츠와 무늬만 화려한 낡은 치마, 발이 들어가지도 않아 억지로 신은 쪼리가 그들의 모습을 말하는 대명사였다.

하루를 살아내는 기쁨으로 나를 지으신 그분을 찬양하는 뜨거움은 삶 자체가 예배임을 증명하고 있었다. 무대에서 내려오는 이들의 발걸음은 천사들이 그들의 팔을 날개처럼 휘감으며 내려오는 것 같았다. 나도 한동안 땀을 흘리며 그들과 동화되어 몸을 흔들어댔다. 우리는 그들을, 그들은 우리를 서로 바라보며 신기한 듯 눈을 마주치며 도톰한 입술로 환하게 미소 지었다. 없는 것 천지인데 무엇이 이들을 이렇게 만든 걸까?

그 열정 뒤에 또 하나의 불꽃이 있었다. 두 손을 모아 가슴에 움켜잡고 눈을 감은 채 소리 내어 기도하는 얼굴을 바라보았다. 그들의 뺨엔 삶의 무게를 짊어진 채 오직 한 분에게 부르짖는 간절함에 눈물이 주룩 흘러내렸다. 노래는 단순한 몸짓에 맞춘 가락이 아니라, 절실한 고백이며 기도였다.

"하나님 우리를 축복하소서." 그들의 온몸으로 드리는 절규 같은 예배와 우리의 예배는 어떨까? 우리는 제일 좋은 옷을 입고 고상하게 흐트러짐 없이 앉아 눈을 감고 설교를 들으며 가끔 고개를 끄덕이는 정도다. 그리고 "목사님 설교가 좋았네, 찬양단의 노래가 너무 은혜로웠네"라고 평가하는 것이 전부였다. 그들을 바라보면서 '과연 나는 어떤 일에 대한 열정과 하나님을 향한 기도의 간절함이 있었나?' 하고 되돌아보았다.

며칠 전, 의료선교를 마치고 긴 여정으로 집에 돌아왔다. 오는 내내 아프리카 사람들을 생각했다. 센터로 가는데 껑충껑충 뛰면서 반갑게 맞이하는 모습에 따뜻함을 느꼈다. 그들은 자그마한 약 하나, 파스 한 장도 고마워했고 미소로 답했다. 그들과 언어가 달라 못 알아들은 것도 있지만, 기운이 없어 보이고 소리가 너무 작아서 잘 안 들렸다. 오히려 그들이 우리를 축복해 주었다. 더욱 힘내서 서투른 부룬디 말로 "이 마나 이바 헤자기래(하나님은 여러분을 축복하십니다)"를 복창하면서 뭐든 나누었다. 안아 달라는 아이들을 안고 있자니, 피부색이 다른 사람들이 신기한 아이들은 우리 얼굴에 손을 대보거나, 액세서리가 신기한 듯 꼼시락거리며 만지작거렸다. 많은 아이가 우리가 가는 데로 눈동자를 옮기며 따라다녔다. 월요일마다 죽을 주는 유치원에 오기 위해 새벽부터 신발도 없이 걸어왔다. 우리가 주는 의료 혜택을 누리기 위해 하루 전 오후부터 담장 밑에서 비바람을 맞으며 꼼짝하지 않고 줄을 섰다. 해가 뜨기를 기다리며. 그들은 전기가 없고 물도 없는 곳에서 웃음을 잃지 않았다. 한 주에 한 번씩 센터로 물통을 가지고 물을 받으러 오가고, 교실이 없어 공부를 못 하는 고학년 아이들은 아무 바닥에 철퍼덕 앉아 공부하느라 아랫도리가 말이 아니었다. 이들의 모습을 보면서 '과연 우리는 풍요 속에서 무엇을 했는가?' 생각하게 된다.

누구나 젊을 때는 원대하고 거창한 꿈을 꾸며 열정을 갖게 된다. 나 역시 얼마만큼의 꿈을 성취하고 나서야 여유로운 표정으로 조금씩 달라졌다. 그러면서도 안으로 무언가를 채우려다 보니 욕심이 생긴 것 같다. 그런데 지금은 가진 게 너무 많다. 그런데도 늘 더 가지려, 더 높아지려, 타인과의 비교에서 오는 갈망이 크다. 하지만 아프리카인의 삶을 통하여 나는 날마다 반복되는 일상에서 무엇을 향한 목표로 가득 차 있었나 질문하게 된다. 진정 열정 대신에 욕심으로 채우지 않은 건지, 점점 퇴색되어 가는 나의 모습이 부끄럽다. '그래도 여기까지 왔잖아. 나는 특별해'라는 자부심을 가지며 잘난 척한 건 아닌지, 내 눈 앞에 펼쳐진 아프리카의 영상에 스스로 넘어지고 만다.

이제는 꼭 이루겠다는 절박한 소망과 마음 깊은 곳에서 피어나는 절실한 것이 무엇인가 생각하며 살아야겠다. 처음의 시작이 열정이었다면, 끝까지 밀고 나가는 간절함이 우리 인생을 지배하지 않겠는가? 그래야 좀 더 나은 인생을 알차게 살아가는 것이 아닌가?

아프리카 선교지로 봉사활동에서 얻은 삶의 의미가 참으로 크다. 가난함 속에서 욕심부리지 않고 참 하나님을 만나서 찬양하던 그들과의 예배를 통해서 나는 한없이 작아진 모습이다. 좀 더 겸손해져야겠다.

✴ Profile
  영락온누리약국 약사, 누리나래선교회 이사. 저서:《엉뚱약사의 촌극》

내 안의 불씨

✦

박영애

"주여, 제 안의 넘쳐나는 열정과 의협심을 조금만 누그러뜨려 주소서. 때로는 적당한 비겁함을 허락하시어, 곤란할 때는 슬쩍 피할 수 있는 용기도 주소서."

나는 종종 이렇게 마음속으로 기도한다. 남들 앞에서는 언제나 단호하고 당당해 보이지만, 사실 내면은 저 깊숙한 곳에서 혼자만 아는 분노와 같은 부글부글 끓고 있는 용암이 느껴진다. 남들이 무심히 지나치는 일을 그냥 넘기지 못하는 성정, 불의 앞에 침묵할 수 없는 기질, 그것은 나를 움직이는 힘이자 동시에 나를 괴롭히는 짐이 된다. 어릴 적부터 '괜한 참견을 한다'는 말을 자주 들었다.

"엄마, 저렇게 길거리에서 싸우면 안 되잖아요? 엄마가 말려요."

"남이야 전봇대로 이를 쑤시든 말든, 네 일이 아니면 그냥 지나쳐라."

그럴 때마다 고개를 끄덕였지만, 마음은 늘 편치 않았다. 어른들은 비겁하다고 생각했다, 난 어리고 여자니까 무시당하기 십상이니 혼자 괴로울 수밖에. 학교에서 정직한 시민의식을 배워 정의로운 행동으로 칭찬받았고 그 교육이 내 안의 불씨를 키웠다. 그래서였을까. 불공평하거나 비도덕적인 일을 보면 발걸음이 멈추고, 말하지 않고는 견딜 수 없었다. 돌아서면 후회가 밀려왔지만, 또다시 같은 자리에 서는 것이 나였다. 특히 전철 안에서 그런 성정이 자주 드러났다. 임산부석에 앉아 휴대폰만 들여다보는 사람을 보면 결국 참고 있지 못했다.

"거긴 임산부석입니다. 이쪽으로 앉으세요."

그렇게 말하며 내 자리를 내어 주곤 했다. 실은 나도 많이 피곤해 쉬고 싶다는 후회가 밀려오면 은연중에 그 사람을 향해 마음속으로 미움의 화살을 쏘기도 했다.

전철 안에서 화장을 처음부터 끝까지 마치는 여성을 볼 때도 차마 말은 못 꺼내지만, 그 불편한 마음이 오래 남았다. 그럴 때면 내 안의 또 다른 목소리가 들려왔다.

'너나 잘하지. 그런 열정 있으면 네 삶부터 챙겨라.'

내 속에는 언제나 두 존재가 공존한다. 불의와 무질서를 향해 돌진하는 창 같은 마음, 그리고 그 창끝을 부끄러워하며 숨고 싶어 하는 그림자 같은 마음. 한번은 길을 걷다가 청년이 음료수 캔을 아무렇지 않게 던지는 걸 보았다. 갑자기 돌진하는 창이 되어 방금 버려진 캔을 주워들고 그를 따라가 역 안에서 그에게 빈 캔을 보여주며 말했다. 내 딴에는 최고의 용기였다.

"학생인 줄 알았는데 다 큰 청년이네요. 다 마신 캔을 길거리에 던지면 안 되지요."

그의 눈빛이 잠시 날카로워졌으나, 주변 사람들의 시선이 내 등을 밀어주었다. 나는 캔을 쓰레기통에 버리고 돌아섰다. 누구의 동정을 바라서가 아니지만, 혹시라도 그에게 해코지당할까 두려워 못 본 척하는 사람들 속에서 묘한 쓸쓸함을 느꼈다.

돌아보면, 내 열정은 늘 양날의 검이었다. 아리스토텔레스가 말했듯, 용기란 비겁함과 무모함 사이의 중용이라 했지만 내 행동은 언제나 도덕적 열정에서 나온 무모함 쪽으로 기울었다. 하지만 이 열정은 내 삶을 가장 뜨겁게 만든 원천이었다. 피곤했지만 계단에서 무거운 짐 함께 들어주는 작은 배려, 길모퉁이에서 건넨 도움의 손길이 누군가의 하루를 바꾸는 순간을 나는 여러 번 경험했다. 짧은 고마움의 눈빛과 따뜻한 말 한마디가 다시 나를 살아가게 했다.

세상을 오래 살아보니, 세상은 결코 단순히 옳고 그름으로만 나눌 수 없다는 걸 안다. 때로는 침묵이 더 큰 지혜가 되고, 지나침이 배려가 될 때도 있었다. 그렇다고 해서 나의 열정이 헛된 건 아니었다. 내가 건넨 그 한마디로 인해, 누군가 다시 한번 스스로를 돌아보았기를 믿는다. 키르케고르는 인간을 '긴장 속에 존재하는 실존'이라 했다. 나 또한 그렇다. 세상과 부딪히며, 내 안의 두 목소리와 싸우며, 그 긴장 속에서 살아간다. 아마 그 긴장이 사라진다면, 나는 더 이상 살아 있는 인간이 아닐지도 모른다.

오늘도 나는 전철 안에서, 거리 한복판에서, 무개념인 사람들을 보면서 한마디를 할까 말까 하다 끝내 참고 집에 와서 혼자 속 끓인다.

"이 열정을 어찌할꼬."

그러나 곱씹을수록, 이 열정이야말로 내 안의 불씨가 아닐까. 그 불씨가 있기에 나는 여전히 부끄럽고, 동시에 조금은 당당하다. 내게 주어진 삶은 그 불씨를 다루는 연습인듯하다. 때로는 타오르지 않게, 때로는 꺼지지 않게 그 온도를 배우며 살아간다. 참견이 배려로, 물같음이 따뜻함으로 변하는 그날까지 이 불씨는 내 삶을 이끄는 등불이 될 것을 믿어본다. 언젠가는 내 열정이 빛을 발하는 날이 오길 기다리며 그것이 나 자신에게든 아니면 사회를 위해서든 언젠가는 아름답게 꽃필 때를 기다려본다.

"주여, 제 열정을 조금만 누그러뜨려 주소서. 그러나 완전히 꺼지게 하진 마소서.

이 불씨 덕분에 제가 아직도 세상을 사랑하고 있음을 알게 되니 말입니다."

✴ Profile

보건복지부산하 시니어비젼연합회 상임부회, 경기대학교 출강,
ERICA 한양대학교 출강, 문인협회 상벌위원장, 시인

질문 한 방에 날아간 꿈

※

박용호

외교관이 되어보겠다는 대학 시절의 꿈은 관문을 통과하지 못해 날아갔다. 군 제대 후 4학년 2학기까지 약 10개월. 새로운 목표가 생겼다. 세계 무대에서 뛸 수 있는 언론사 해외특파원이었다. 100 대 1 이상의 경쟁률로 '언론고시'라고 불린 시험에 도전장을 던졌다.

서점에 꽂힌 온갖 일반 상식 책을 모두 샀다. 각종 신문 사설, 시사 및 톱 뉴스를 정독하고 스크랩했다. 밤낮 없이 형광펜을 칠하고 별표를 붙이면서 이슈 사항을 정리했다. 영어와 국어를 중심으로 학습하되 틈틈이 역사, 한문과 고사성어 공부도 병행했다.

'수습기자 모집'을 하는 MBC, KBS, 조선일보… 닥치는 대로 필기시험에 응시를 했으나 줄줄이 낙방. 어떤 곳은 시험을 잘 치른 것 같았는데도 불합격하여 당황스러웠다. 떨어지는 데도 이력이 붙자 시험 패턴이 눈에 들어왔다. 남은 기회는 동아일보와 한국일보 정도였다. 초조해지기 시작했다.

동아일보 수습기자 모집 광고가 떴다. 당락에 변수가 되는 '작문' 과목이 추가되었다. 예상대로 많은 수험생이 지원했다. 시험이 시작되었다. 긴장하여 손이 떨렸지만 어렵다고 느낀 과목은 없었다.

마지막 작문 시험. 시험 감독관이 A3 크기 원고지를 배부하고는 칠판에 '길'이라는 한 글자를 썼다. 당일 작문의 주제였다. '길, 어떤 길을 쓸까?' 머릿속에 여러 갈래의 길들이 떠올랐다. 오솔길, 순례길, 갈림길, 인생길… 글의 틀을 잡는 동안 5, 6분이 쏜살같이 흘렀다. 벌써 옆줄 수험생은 원고지 반을 채우는 듯 보였다. 정적이 깔린 실내에 볼펜과 종이가 부딪치는 소리만 사각사각 들렸다. 빈 원고지가 그대로 있던 나로서는 마음이 바빠졌다.

어느 길을 택하느냐에 따라 진로와 운명도 달라진다는 내용으로 풀어 갔다. 로버트 프로스트(Robert L Frost)의 〈가지 않은 길(The Road Not Taken)〉 시구 일부도 인용하며 속도를 냈다. 정자체(正字體)를 유지하려니 집중력이 필요했다. 시간이 흐르자 주변의 글 쓰는 소리가 현저히 줄어들었다. 프레임 구상 없이 바로 써 내려가다가 중간에 꼬인 사람들이 제법 있는 것 같았다. 주어진 원고지의 일부 여백을 남기고는 마침표를 찍었다. 합격 예감이 들었다.

합격자 발표일, 신문 좌판대로 달려가 동아일보를 샀다. 심장 고동 소리와 함께 보물지도를 펴듯 신문을 펼쳤다. 내 수험 번호가 있었다. 나도 모르게 탄성이 나왔다. "이야호!" 신문 파는 분이 놀라 쳐다보며 물었다. "무슨 좋은 일 있어요?" "네! 기자 1차 시험 합격했습니다!"라고 소리쳤다. 계속 떨어뜨리던 여신이 잠시 자리를 피했나 보다. 구름 위를 나는 기분이었다. 열심히 뛴 보상일까. 잉크 냄새가 진한 신문을 사랑이 오듯이 가슴에 꼭 안았다. 해외특파원의 명함을 떠올리며 김칫국을 살짝 마셔 보기도 했다. 하숙집 주인과 하숙생들이 합격 축하 파티까지 열어주었다. 쭉 이대로만 가다오 라고 빌었다.

면접 장소는 광화문 동아일보 본사 빌딩이었다. 면접 대기실로 들어가니 그간 여러 시험장에서 만났던 얼굴 익은 사람들도 몇 명 보였다. 면접이 시작되었다. 초반의 일반적인 질문들은 무난하게 넘어갔는데

한 면접관이 느닷없는 질문을 던졌다. "조정래 작가에 대해 아는 대로 말해보세요." 순간, 머릿속이 하얘졌다. 조정래, 조정래라… 어떤 작품을 썼는지, 어떤 작가인지, 아무것도 몰랐다. 입술이 바짝 말랐다. "저… 잘 모르겠습니다." "순천에서 학교를 다니신 것 같은데 모르십니까?"라는 추가 한마디가 머릿속을 엉망진창으로 만들어버렸다.

다음 질문은 뭐라고 답변했는지도 모른 채 허망한 기분으로 면접실을 나왔다. 문학 작품도 부지런히 읽을 걸 하는 후회가 밀려왔다. 다리가 풀려 복도를 걸어 나오는데 천장에 붙은 형광등이 유난히 창백하게 빛났다. 혹시나 했으나 불합격. 가슴에 뚫린 구멍 사이로 꿈이 휙 날아가 버린 느낌이었다. 정말 해보고 싶었는데… 밤새 잠을 설치고 며칠간 멍하니 지냈다. 비록 짧은 기간이었지만 열정적인 기자 사랑은 허무하게 끝이 났다. 생활의 의욕마저 앗아 가버렸다. '잊자. 인연이 없나 보다.' 모든 것을 잊고자 고향으로 내려갔다.

한동안 못 본 가족들과 즐겁게 보냈다. 시간과 목표에 쫓기지 않고 지내는 한가로움이 그렇게 좋을 수가 없었다. 한량 생활을 하던 중 친구한테서 전화가 왔다. "친구야, 한국일보에서 기자 모집 공고 났다"라고. 지원 안 한다고 하니 "그래도 아깝잖아. 지금까지 공부한 거"라며 꼬드겼다. 왜 하필 광고를 보아서 나를 혼란스럽게 하나. 잊어가고 있던 마음이 흔들렸다. 불씨를 살려보고도 싶었다. 서울로 바로 올라와 시험을 치렀다. 문제들이 술술 풀렸다. 합격자 명단에 내 이름이 또 있었다. 면접 일자를 보니 헉! 최종 합격통지서를 받아 둔 현대그룹 신입 사원 연수 시작일과 정확히 겹쳤다. 숙명이라고 받아들여야 하나. 면접 불합격 충격이 가시지 않은 상태로 고민하다가 채용이 보장된 '현대'를 택하고 말았다.

그리고는 신문이건 방송이건 관심을 껐다. 기자 이름이 등장하는 장면 자체가 싫었다. 또 하나의 꿈도 그렇게 사그라들었다. 쿨하게 마음을 돌렸다. 특유의 긍정 마인드를 가동하였다. 어차피 글로벌 무대에 설 수 있는 기회는 새로운 선택지에서도 가능하니 최선을 다하자. 도전했던 열정이면 뭐든지 못하겠는가. 회사 주재원으로 약 10년간 해외 생활을 했다. 뉴스를 보다 보면 부질없는 생각이 꿈틀거린다. 당시 못 갔던 길, 기자(記者)로 갔다면 지금의 나는 어떤 모습일까 하고.

목표를 향해 열심히 뛰었던 젊음의 호기(浩氣)가 생각의 회로를 타고 흐른다. 연습이 없는 삶의 들판에서, 짧지만 힘껏 달려 보았으니 회한은 없다. 바둥거리고 초조해했던 순간들도, 낙방으로 허망해 했던 밤들도, 새벽 스탠드 불빛 아래 앉아 있던 시간들도, 이제는 모두 아름다운 추억이 되었다. 질문 한 방에 무너진 꿈. 아, 여전히 아쉽도다! 뒤늦게 알았다. 순천 승주 태생 조정래 작가의 《태백산맥》에 나오는 해방구(解放區)가 바로 내 고향 율어(栗於)였다는 것을. 이제는 돌이킬 수도 없이 아득히 멀어진 세월, 강물처럼 떠내려간 그 청춘이 서럽도록 그립다.

✳ Profile
한국디지털문인협회 이사, 수필가(2025.4월 한국산문 수필등단), 블로거(지혜의 샘, blog.naver.com/startdel3). 저서:《뜨겁게 전진하고 쿨하게 돌아서라》

P형에게

박원구

　그간 적조했음을 널리 혜량해 주시리라 믿습니다. 풍찬의 육십갑자 지나 강산도 변한 종심 즈음. 이젠 세상의 중심이 아니라 주변인으로 관조할 시기이나 아직도 일모도원입니다. 어깨를 짓누르는 하중 또한 만만치 않은 것 같습니다. 그저 무탈함은 주위 분들의 사려 깊은 음덕이라 생각합니다.
　하루하루 일몰에 눈을 지그시 감고 수많은 부침의 상념에 잠길 땐 쉬이 망각해 버린 듯 지나간 70성상의 파노라마는 경외롭고 안타까울 따름입니다. 누구나 간직하고 싶고 후대에 꼭 알리고 싶은 회억보다 기억조차 하기 싫은 회한과 아쉬움으로 점철되는 것은 무릇 인간의 몰각성 때문이겠지요. 그래도 과거에 너무 매몰되거나 미래에의 막연한 불안감 때문에 현실을 놓치는 우를 범해서도 곤란하겠지요. 지나온 일을 곱씹어 보면서 앞으로의 세상에 널리 유익한 존재로 살기 위한 절제된 역행도 필요하겠지요.
　P형! 형형색색 시는 낙엽 소리로 스산한 새벽입니다. 동트기 선 삿바위 아래 산기슭에서 아직 잠에서 깨어나지 않는 듯한 관봉 석조여래좌상을 바라보며 산행을 시작했습니다. 가령으로 전보다 체력적 부담은 느꼈지만 골골이 바위틈에서 피어나는 신선한 풀 내음은 오관을 깊이 자극하여 시야도 맑아지고 평정심이 유지되었습니다.

백팔번뇌를 되뇌이는 계단 돌길은 기복인파로 번잡하여 관암사 대웅전 오른쪽 등산길로 오르고 또 오르니 구슬땀이 송글송글 했습니다. 계곡의 싱그러운 물소리와 솔솔부는 바람소리는 아름답고 정겨운 자연선율이었습니다. 누항의 지루함과 역겨움에서 한 걸음 한 걸음 빠져 나오는 듯한 묘한 형국이었습니다. 정상에 서니 갓을 쓴 여래님은 늘 말없이 잔잔한 미소로 대중들을 받아드리고 계셨고 주변은 역시 입추의 여지가 없었습니다. 강신하는 강렬한 향내음과 층층 쌓인 촛농 앞에서 치성을 드리는 경향각지의 인파들이 북적이고 있었고 그야말로 인산인해였습니다. 뭔가 힘든 소원 하나는 꼭 이루어 준다는 자자한 오랜 풍문으로 소위 갓바위가 자기최면의 최대 명소가 된 것 같았습니다. 개개인의 소박한 세간사도 우리 인간에게 그렇게 호락호락하지 않다는 방증이겠지요. 기복인의 관심과 열정이 이기와 개인의 경지를 넘어선다면 미래 사회가 좀 더 진화하지 않을까 하는 푸념도 해 보았습니다.

　뒷산 노적봉 지나 북쪽 능선으로 향했습니다. 천고마비의 산야는 단풍과 고엽으로 압권이었고, 한적한 가을날의 정취에 흠뻑 빠져들기도 했습니다. 가파른 능성재를 지나 형님의 주봉으로 가는 길목 신령재의 평활한 바위에서 잠시 숨을 고르기도 했습니다. 이골 저골 차오르는 산 내음은 심신을 맑게 해 활력을 주기도 했습니다. 가다가 기이한 풀벌레 소리에 능선을 잠시 벗어나 미지의 골에서 미몽에 빠져 선잠에 들었다 불현듯 깨기도 했습니다. 화창한 날이라 푸른 하늘에 뿌연 구름이 유영하고 사이사이 뿜어내는 강렬한 햇살도 마냥 정겨웠습니다. 동봉으로 가는 길은 세산답게 마냥 거칠었고 그에 걸맞는 풍광을 보여주기도 했습니다. 완급을 가진 동서의 긴 능선은 역시 세상살이 여정이라 여러 감정이 아려오고 교차되기도 했습니다만, 이젠 살아온 세수만큼이나 즐길 수 있는 경지까지 와야겠지요.

어느덧 주봉인 동봉(미타봉)에 이르니 사위가 한눈에 펼쳐졌습니다. 남쪽은 아스라한 융곽의 고층들이 즐비한 잿빛 도심이 펼쳐지고, 주위 산야는 능선과 골로 이어져 아른한 꿈의 풍경으로 다가왔습니다. 무아의 경지가 아닌지요. 바로 옆 최고의 주봉 비로봉(천왕봉 1,193m)! 유구한 달구벌의 전승된 많은 설화을 간직한 향토의 진산이요 과거 중악으로 불리웠던 높고 유명한 산이었지요. 동서로 치달리는 큰 병풍격인 P형의 진솔한 민낯은 역시 지천에 널린 무위의 자연이었습니다.

나이에 버겁지만 서봉을 지나 파계봉 파계재를 호흡을 조절하며 조심스럽게 지났습니다. 능선 절벽 아래 골골이 기이하게 연결되어 물이 흐르고 생명의 서식처로 만들고 있었습니다. 태령에 다다르니 이마에 땀은 흥건했습니다. 좀 무리한 강행군이었습니다만 모처럼 뜻 깊은 여로였습니다. 멀리 중천에서 장엄하게 타오르는 붉은 태양은 어느덧 은은한 황혼빛을 보내고 있습니다. 기이한 실루엣 같은 어둠도 서서히 찾아올 것입니다. 서쪽으로 가산산성 가산바위 학명동으로 이어지는 긴 30여 km의 능선을 질주했던 열정의 소시절 추억은 침묵하는 형님의 가슴 곳곳에서 큰 메아리로 돌아오는 듯합니다.

저에게 P형은 평생 하늘과 맞닿은 곳에서 온누리를 바라볼 수 있는 자기 극복의 초인이셨고 큰 바위 같은 존재였습니다. 너무 서둘러서 주마간산이 된 것 같아 아쉽지만, 마지막 여정으로 남겨둘 수밖에 없어 숨을 고르고 서서히 하산하렵니다. 못다 한 미완의 과제도 품어야 하겠지요. 원래 미흡한 인간이 개인의 금도를 넘는 지나친 열정으로 사회를 피폐시킨 사례도 많이 보아왔지요. 오죽하면 이름난 철학자가 "혼자 잘 살면 된다"라는 냉소적인 자조까지 했겠습니까. 거짓 명분 위선자의 심리를 냉철히 관찰했기 때문이 아니겠습니까. 당대 모든 것을 도모하려는 거친 무리수는 결국 파국이요 나락으로 가는 경우를 많이 보아왔지요. 유수같고 전광석화의 세월이지만 무욕으로 그럭저럭 사는 삶이 오히려 큰 열정이 아니겠습니까. 내공있는 보편적 삶이 역기능을 그만큼 줄일 수 있겠지요. 요언과 극언으로 심히 왜곡된 현실에서는 보편과 균형이 독선과 아집으로 몰려 집단 괴롭힘을 당하는 상황을 많이 접하고 있지요. 사고하는 인간은 본질적으로 고독한 자유를 안고 살지만 결코 고립은 아닐 겁니다. 아무튼 세상은 일진월보하고 있는 것도 사실이지요. 저는 미련할 만큼 세상사 지극히 낙관하고 있습니다.

 고지를 서서히 내려가 깊은 계곡 속 청정 가람에서 석간수로 큰 갈증을 풀고 내일을 또 기약하려 합니다. 산절로 수절로 산수간에 나도 절로… 도심으로 빠져나오는 차창 간으로 형님의 해맑은 얼굴이 아른거리고 몸도 나른합니다. 항시 푸르고 넉넉하신 P형과의 인연과 의리는 평생 가슴에 담아두고 실천하고자 합니다. 조만간 뵈옵겠습니다. 항시 강녕하십시오.

✴ Profile
　현) 치과원장, 전) 대구광역시 남구치과의사 회장, 월성박씨대종회장

의자 두 개를 부수고 얻은 선물

✳

박점식

사색의 시절이 다가와서일까? 요즘 나는 '열정'이란 단어를 붙잡고 씨름하고 있다. 열정이 무엇일까? 내게도 열정이 있었을까? "열정이란 모든 것이 가능하다고 믿고 우리가 좋아하고 간절히 바라는 목표를 추진하도록 고무하는 활동적인 에너지"라는 존 템플턴의 정의처럼 나의 지난 삶의 흔적 속에서 자신감을 가지고 목표를 이룬 것은 무엇일까?

내 서재에는 손을 뻗으면 닿을 곳에 두 권의 책이 있다. 가장 아끼는 나의 첫 저서 《청소년 퍼실리테이션 입문》과 《청소년 퍼실리테이션 활용》이다. 나는 본래 책상과는 거리가 먼 사람이었다. 사람들과 함께 호흡하고, 현장에서 에너지를 나누는 퍼실리테이터로서의 활동에 가치와 흥미를 느끼며 살아왔다. 책상과 친하지 않았기에 글쓰기는 나와는 무관한 세계의 일이라 여겼다. 그러나 예기치 않은 코로나19 팬데믹의 광풍이 나를 책상 앞에 앉혔다. 그 책상은 나로 하여금 인생에서 두 권의 책을 엮어내게 했다.

글쓰기를 통해 국경을 초월해 나를 더 넓은 세상으로 이끌어준 운명적인 만남은 2016년 3월에 있었다. 지인의 초대를 받아 네비게이션을 따라 도착한 곳은 경기도 안산의 한 찜질방이었다. 당황스러움도 잠시, 찜질방 한편에 마련된 사무실 벽에 붙은 '공감과 소통의 퍼실리테이션'이라는 현수막이 눈에 들어왔다. 생전 처음 목격한 단어, 그리고 낯선 사람들 속의 생소한 분위기였다.

어색함과 긴장감 속에서 세미나가 시작되었다. 그런데 그곳은 강사가 일방적으로 말하는 강의가 아니라, 참가자들이 서로 대화하며 생각을 나누고 합의점을 찾아가는 참여형 배움의 자리였다. 그 과정에서 나는 이전에는 느껴보지 못했던 묘한 매력과 희열을 맛보았다. 찜질방이라는 낯선 공간에서 밤을 새워 배운 그 경험이 내 삶의 새로운 문을 열었다. 퍼실리테이션과의 만남은 그렇게, 나를 더 넓은 세상으로 이끌어준 열정의 시작이었다.

퍼실리테이터가 된 후, 나는 초중고 학생들부터 대학생, 교회, 경찰서, 학부모에 이르기까지 수많은 사람을 만나 공감과 소통의 캠프를 열었다. 닫혀 있던 아이들의 눈빛이 빛나고, 교사와 부모가 서로의 이야기에 귀 기울이는 기적 같은 순간들을 목격하며 '소통과 공감의 힘'이 세상을 바꾼다는 확신을 얻었다. 현장에서 사람들과 함께 호흡하는 것, 그것이 나의 가장 강력한 삶의 에너지였다.

하지만 2019년, 코로나가 모든 소통과 공감의 현장을 멈춰 세웠다. 활기찬 캠프도, 대화의 뜨거움도 사라졌다. 더 이상 현장에 설 수 없게 되자, 동료 퍼실리테이터들과 함께 새로운 문을 두드렸다.

"팬데믹 이후의 활동을 위해 지금까지의 경험을 이론으로 정리합시다."

퍼실리테이터로 활동하던 동료들과 함께 지금까지의 활동을 책으로 엮어내기로 뜻을 모았다. '청소년퍼실리테이터협회'에서 책을 쓰겠다고 공표한 순간, 그 선언은 스스로를 옭아매는 약속이자 포기할 수 없는 멍에가 되었다.

사람들과의 역동적인 상호작용에 익숙했던 내게, 홀로 앉아 활자와 씨름해야 하는 책상은 감옥처럼 느껴졌다. 집필 초기, 책상에 앉아 있는 것 자체가 고문이었다. 글을 써야 한다는 생각만으로도 몸이 근질거렸다. 엉덩이가 들썩이고 온몸이 근질거려 견딜 수 없었다. 현장을 누비던 열정은 고요한 책상 위에서 길을 잃고 저항하기 시작했다. 몇 시간씩 꼼짝없이 앉아 자료를 정리하고 문장을 다듬는 일은 너무나 낯설고 지루했다. 하지만 이미 선언해 버렸기에, 이제는 물러설 수 없었다. 책임감이 나를 책상 앞으로 밀어냈다.

나는 앉았다. 그리고 또 앉았다. 매일같이 문장을 쓰고 고치고 다시 쓰는 일을 반복했다. 논문과 자료의 산속에서 길을 잃고, 진전없는 원고 앞에서 좌절하던 어느 날, 그 거친 저항은 결국 물리적인 파괴로 이어졌다.

끝없는 뒤척임과 탈출하고픈 몸부림을 이기지 못한 의자가 "뿌지직!" 소리를 내며 무너져 내렸다. 황당하기 그지없었다. 그것은 단순히 의자의 파괴가 아니었다. 현장으로 달려가고픈 내 안의 뜨거운 열정이 터뜨린 저항의 소리였다.

포기하고 싶은 마음을 다잡고 새 의자를 들여놓았다. 스스로 한 약속의 무게를 감당해야 했다. 여전히 글쓰기는 힘들고 지루한 싸움이었지만, 조금씩 문장이 쌓이고 목차가 채워지는 작은 성취들이 생겨났다. 지루함과 싸우고 피로를 견디며 버텨냈다. 글자로 채워진 재료들이 점점 쌓여 완성되어가는 집이 보이기 시작하면서 더욱 집중할 수 있었다.

그러던 어느 날, 또다시 "뿌지직!" 소리가 났다. 두 번째 의자였다. 하지만 이번의 부서짐은 첫 번째와는 달랐다. 절망적인 몸부림이 아니라, 탈고의 목표를 향해 온 힘을 쏟아붓는 열정의 함성이었다.

두 개의 의자를 부숴가며 얻은 끝에, 마침내 《청소년 퍼실리테이션 입문》과 《청소년 퍼실리테이션 활용》이라는 책이 세상에 나왔다. 책은 내 인생의 방향을 바꿔 놓았다. 이제 책은 나를 대신해 독자와 소통하고, 대한민국을 넘어 미얀마로까지 글쓰기의 여정을 이어가고 있다.

돌이켜 보면 나의 열정은 화려한 영감이나 샘솟는 재능이 아니었다. 그것은 '버티는 힘'이었다. 부서지고 싶을 만큼 괴로워도 다시 책상에 앉는 끈기, 스스로 한 약속을 지키려는 무모한 책임감이었다. 열정은 불타는 감정이 아니라, 지루함과 고독을 견디며 끝까지 앉아 있는 힘이다.

누군가 나에게 열정이 무엇이냐고 다시 묻는다면, 나는 이제 조용히 나의 부서진 의자들을 가리킬 것이다. 열정은 때로 가장 아프고 지겨운 모습으로 우리 곁에 머문다. 그러나 그 거친 시간을 온몸으로 통과해 낸 사람만이, 자신만의 이야기를 완성하고 새로운 선물을 얻게 된다.

✳ Profile
반석교회 담임목사, 한국청소년퍼실리테이터협회 사무총장

포기하지 않는 몽골에서의 열정

박태웅

끝없는 초원에 운명을 건 사투가 벌어지고 있었다. 막막한 공간에서 일어설 것인가, 무너질 것인가가 결정될 순간이었다. 나뿐만 아니라 가족의 생계가 걸린 일이었다. 절박했다.

장비를 가져가려면 장비에 시동이 걸려야 했다. 시동이 걸리지 않으면 폐기처분해야 했다. 큰 지분이자 자산이었다. 회사의 운명이 걸린 일이었다.

2011년 3월, THB태흥상사는 LIG건설 몽골 도로공사 현장용으로 미국산 잉가솔랜드 진동롤러 2대를 납품했다. 대금으로 받은 어음은 LIG건설의 법정관리로 휴지조각이 되어버렸다. LIG건설 몽골 현지법인과의 재계약도 내부 사유로 파기되었다. 장비는 이미 몽골에 가 있었고 몽골 세관에서 "회수해 가라"는 통보만 받았다. 5년간 정직과 성실을 모토로 해온 회사가 존폐 위기에 직면했다. 이 상황을 해결하지 못하면 회사는 중도에 부도날 수밖에 없는 절망적인 상황이었다. 현지 전문건설사 월드예루나에서 장비를 인수하겠다고 해 원격 매매계약을 체결했으나, 이 역시 사기 계약이 되어 대금을 지급받지 못했다. 모든 것이 엉망진창이 되어버렸다.

한국에서 가만히 있을 수 없어 몽골로 향했다. 현지 한국계 무역회사 대표는 안타깝게 말했다. "아직까지 대금을 제대로 회수하고 돌아간 사람을 보지 못했습니다. 이 나라에서 물건을 먼저 넘겨주면 대금을 지급받기는 어려워요. 한국인들 돈 떼먹는 것을 당연하게 생각하는 것 같아요." 현지 사업가들은 이구동성으로 "무모한 싸움은 관두는 게 좋다"라고 조언했다. 장비대금뿐 아니라 출장비와 변호사 수임료까지, 모든 것이 비용이었다. 패소할 경우 회사 존립 자체가 위험한 상황이었다. 하지만 포기할 수 없었다. 여기서 물러서면 다음 일을 어떻게 도모할 것인가. 2011년 10월, 소송 위임계약을 체결하고 몽골어 번역과 공증을 거쳐 자료를 제출했다.

몽골 수도 울란바토르에서 SUV 차량으로 7시간이나 걸려 도로공사 현장에 도착했다. 200km 거리 운행 중 사막과 비포장도로 때문에 많은 시간이 소요되었다. 5월임에도 스산한 기운이 감돌았다. 초원 한가운데 아무런 시설도 없이 장비와 자재만 널브러져 있었다. 진동 롤러 2대와 고장난 굴삭기 1대가 보였다. 현장에서는 사전 협의가 된 듯 장비를 가져가라고 했다. 장비에 시동을 걸어 트레일러에 싣고 수도로 다시 보내야 하는데 장비 시동이 걸리지 않았다. 도대체 장비를 어떻게 사용했길래 거의 새것으로 납품한 장비가 이런 문제의 장비로 되어버렸을까? 한숨이 나왔다. 얼마나 오랫동안 이런 상태로 대기했는지 물었다. 장비관리자는 "한 달 정도"라고 답했다. "회사가 부도나면서 모든 장비가 반납되었으나 이 장비는 구매장비라 인수자가 없어 이런 상태로 있다"라고 했다. 현장 도착 후 밤새 노력했으나 장비 시동이 걸리지 않았다.

몽골 전통 숙소 '게르'에서 하룻밤을 보냈다. 양갈비국 냄새가 역겨워 한 술도 뜨지 못했다. 잠이 오지 않아 밖에 나오니 은하수가 쏟아질 듯 하늘을 가득 메우고 있었다. 배고픔도 잊고 멍하니 하늘을 바라보았다.
 다음 날 아침 맑은 공기 속에 초원이 멀리까지 보였다. 장비 시동이 걸려야 트레일러에 실을 수 있는데 꿈쩍도 하지 않았다. 기술자가 아닌 나는 발만 동동 굴렀다. 김 사장은 동분서주하며 현장 정비사와 장비 시동에 온갖 힘을 쏟았다. 나도 마음이 급했다. 하소연할 당사자도 없었다. 소통이 김 사장밖에 되지 않았다. 어쩔 수 없었다. 김 사장은 "연료 주입계통의 고장 같은데 부품을 찾고 있으니 조금만 기다려 달라"고 했다. 한편 고맙고 한편 미안했다. 그러던 중 한쪽에서 '부르릉'하며 엔진이 가동되는 소리가 들렸다. 하늘에서 날아온 운명의 소리 같았다. 김 사장이 뛰어오면서 "박사장님. 이제 되었습니다. 원인을 찾았고 부품도 있어 다행입니다"라고 했다. 추락할 수 있는 운명의 고난을 뚫고 나올 수 있는 반가운 소리였다. 몽골의 초원에서 장비를 가지고 운명과 한판 겨루기를 하고 있는 사연은 과거로 돌아간다.
 2011년 12월 12일, 영하 20도의 혹독한 추위 속 울란바토르 지방법원. 총 6명만 참석한 가운데 마지막 변론이 시작되었다. "피고 측에서는 원고가 불법적으로 장비를 인수하여 매각했으므로 매매계약 자체가 무효라고 하는데 맞습니까?" 어처구니없는 질문에 반박하려 하자 판사가 버럭 화를 냈다. "예, 아니오. 둘 중 하나만 대답하라"는 통역의 말에 간단히 "아니요"라고 답했다. 30분 만에 재판이 종결되었다.
 2012년 2월, 승소판결문을 받았다. 내용은 간단했다. '피고는 원고에게 대금을 지급하라.' 문제는 피고가 이미 부도난 상태라는 것이었다. 변호사는 승소했으니 수임료 잔금을 달라고 했다. 기가 찰 노릇이었다. 예루나 여사장 소유 아파트 2채 압류 소식을 듣고도 수개월간 아무런 진전이 없었다. 2012년 5월, 예루나 사장이 만나자고 했다. "회사가 부도나서 청산하려는데 아파트가 압류되어 처분할 수 없다"라는 것이었다. 그녀가 처음 한 말은 "미안하게 되었다"였다. 얼굴 표정 하나 바뀌지 않았고 미안한 기색도 전혀 보이지 않았다. 분노와 불안이 뒤섞였던 감정이 오히려 담담해졌다. 변호사는 "장비를 다시 회수하는 것 말고는 대안이 없다"라고 했다. 장비는 울란바토르에서 200km나 떨어져 있었다. 최종 해결 전까지 압류해제는 어렵다고 했다.

숙소에서 기도하던 중 갑자기 생각이 스쳤다. 근처에서 소형 장비 수리를 전문으로 하는 한국 업체가 떠올랐다. 업체 사장을 찾아가 자초지종을 털어놓았다. 삼겹살과 소주를 앞에 두니 그간의 여정이 파노라마처럼 지나갔다. "많은 한국인이 몽골을 찾지만 대금을 회수한 사례는 보지 못했습니다." 그래도 김 사장이라는 분을 소개해 주었다. 순박한 인상의 김 사장은 "자기가 아는 사람이 많으니 발 벗고 도와주겠다"며 현지 환치기로 자금을 마련하고 SUV 승용차로 출발하자고 했다.

다음 날 아침 일찍이 도로공사 현장으로 출발했다. 도로공사 현장에서 장비를 트레일러에 싣고 수도 울란바토르로 왔다. 한국 정비업체 소개로 장비 매각을 시작했다. 몽골에서 인기 있는 장비를 헐값에 매각한다는 소식에 매입 희망 업체가 나타났다. 변호사 사무실에서 예루나 사장을 매입업체와 같이 만났다. 변호사는 다행이라고 좋아했고, 예루나 사장은 압류해제서에 서명하며 재차 미안함을 밝혔다. 장비 시동에 어려움이 있었다는 내용을 밝히지는 않았다. 아무 소용없는 노릇이라 생각했다. 완전히 나의 몫이었다. 다만 울란바토르에서 만난 분들의 조언과 도움 없이는 장비를 회수하기 어려웠으리라 생각했다. 장장 1년 2개월간의 매매 사기극이 막을 내렸다. 포기하지 않는 열정 덕분에 회사는 부도 위기에서 벗어날 수 있었다.

십수 년이 지났지만 일면식도 없던 나에게 기꺼이 도움의 손길을 내밀어준 현지의 선한 사마리아인들에게 깊은 감사를 드린다. 그들이 보여준 따뜻한 인간애는 지금도 추운 몽골의 겨울보다 더 깊이 가슴에 훈훈하게 남아 있다. 수평의 몽골 들판에서 나는 수직으로 불끈 일어섰다.

✳ Profile
건설기계전문회사 THB 태흥상사(주) 대표이사, 서강대 및 서강 대학원 졸업,
현대건설 및 관련사 28년 근무, 한국디지털문인협회 회원

3부

박현문 • 노년의 열정
백선미 • 괄호 밖으로
손치근 • 이쁜 치매
심만섭 • 손주 수학 가르치기
안만호 • 책과 함께 글과 더불어 살다
안주석 • 일곱 색깔 명함
양영심 • 책으로 짓는 내 인생의 둥지
오순옥 • 오늘도 꿈을 디자인하고 희망을 깁는다
우종희 • 길 위에서 다시 만난 교실
원동업 • 지옥이 예정되어 있을지라도
유영서 • 열정의 불씨
유용린 • 내 삶의 열정

노년의 열정

박현문

사람의 인생에는 예기치 않은 고비가 찾아온다. 나에게도 그런 순간이 있었다. 뇌출혈이라는 이름의 위기가 불현 듯 찾아왔던 날, 다행히도 몸의 이상을 느끼고 골든 타임안에 앰뷸런스를 불러 병원으로 향할 수 있었다. 기적같은 구사일생이었다.

응급처치 덕분에 생명은 건졌지만, 왼쪽 목과 팔, 다리에는 4년 반이 지난 지금도 여전히 저림과 통증이 남아 있다. 걸음걸이와 손놀림 자체가 남들은 눈치채지 못할 정도이지만 예전처럼 쉽지 않다. 하지만 노년의 열정이란 다시 살아남은 자의 감사와 의지에서 피어난다. 본래의 정신과 육체의 기능을 회복하기 위하여 나 자신과의 싸움을 시작했다.

나는 매일 아침 6시부터 한 시간 반쯤 맨발로 흙길을 걸으며 땅의 기운과 자유전자를 발바닥으로 느끼며 하루를 시작한다. 대학 동기인 박동창 회장의 《맨발로 걸어라》는 책을 숙독하고 강의를 수차례 들었던 것도 큰 힘이 되었다. 맨발로 걷지 않으면 몸속에 활성산소가 가득 차 일부 마비가 되어서인지 찌뿌듯한데, 맨발로 걸으면 마비가 풀리고 통증도 가라앉는다. 하루도 빠짐없이 매일 하기가 쉽지 않다.

요즘 사람들은 백세 시대를 말하지만 나는 오래 사는 것보다 어떻게 사는가가 더 중요하다고 생각한다. 사람은 누구나 마음과 몸을 지니고 태어나지만, 그 마음과 몸을 제대로 쓰지 못해 스스로 건강수명을 단축하고, 고통 속에서 살아간다. 몸과 마음은 따로 존재하지 않는다. 마음을 어지럽히면 몸이 병들고, 몸을 혹사하면 마음이 시들어간다.

뇌출혈을 겪으며 마음과 몸을 제대로 쓰는 방법을 찾는데 혼신의 힘을 쏟고 있다. 혈액순환에 좋다는 일본 의사가 발명한 헬스트론을 활용하고 회사 근처에 있는 내과의원에서 혈관청소 클리닉을 가끔 받기도 하며 일주일에 한 번씩 PT와 요가 강습도 받으며 근육을 풀고 호흡과 마음을 다스리는 법을 배운다. 아내가 탄수화물을 대폭 줄이고 채소와 단백질을 늘려 식단도 완전히 바꾸는 등 많은 노력을 하고 있다. 그 마음이 내게는 어떤 약보다도 깊은 효험이 되고 있다.

사실 내 마음의 병은 오래전부터 시작된 것이었다. 어릴 적 유난히 예민하고 내성적이었다. 그로 인해 여러 가지 건강염려증으로 큰 혼란에 빠졌었다. 건강염려증이란 건강에 대한 일종의 심리적 장애다. 성불능, 한센병, 불면증 등 지금 생각하면 어이없는 상상들이었지만, 그 시절 그 어둠 속에서 길을 잃고 있었다.

성불능이라 믿게 된 고등학교 때부터 생활의 활기를 잃어버렸고, 꿈속에서도 색채를 잃어버리고 말았다. 나는 비참하게 굴러떨어진 나의 상을 바라볼 수밖에 없었고, 그렇게 혼돈과 무질서의 세월이 지나고 있었다. 한때는 철학 서적에서 얻은 공감으로 정신적인 기쁨이나 쾌락만으로도 이제 행복할 수 있다고 스스로를 위로해 보았지만, 얼마 가지 못했다. 나는 싸늘히 식어가는 자신의 상을 부둥켜안고 외로움에 떨며 썩은 의자 위에 앉아 있었다.

고등학교 3학년 가을, 친하게 지내던 친구의 갑작스런 신경쇠약증세로 병원을 같이 가게 되었다. 친구는 그 증세로 밤에 잠을 잘 못 잔다는 것이었다. 나는 집에 돌아오면서 '밤에 잠을 잘 자야겠다'라고 마음먹고 일찍 잠자리에 들었는데, 그날 밤 한숨도 자지 못하고 뜬 눈으로 지새웠다. 다음날이 예비고사를 치르던 날이었는데, 그때로부터 대학 본고사까지 무려 45일간 단 하루도 잠을 편히 못 들었다.

다행스럽게도 명문법대에 합격했지만, 심각했던 불면증의 후유증을 치료하지 않은 채 시작되어, 대학 생활은 실패작이었고 사법고시를 포기하는 등 나의 청춘은 엉망이 되어버렸다. 불면증으로 책을 읽으면 집중력과 암기력이 사라져 법학전공 서적 한 페이지를 읽는 데 30분이 걸려도 그 내용이 파악되지 않았다.

다행히도 여든 살의 오(吳) 전인(前人)을 만나 설법을 통하여 마음공부를 하면서 건강염려증의 원인이 무엇인가를 깨닫게 되었다. 구한 말 경성전문학교를 졸업하신 오 전인은 성리심법(性理心法)에 정통하여 깊고 높은 지혜를 가지신 분이었다.

"聖人調心 不調身 愚人調身 不調心"

성인(聖人)은 마음을 돌보고 몸을 돌보지 아니한다. 반대로 우인(愚人)은 몸을 돌보고 마음을 돌보지 아니한다.

마음이 나의 주인이니 마음을 잘못 쓰는 것을 살펴야 하고, 몸은 나의 주인이 아니니, 몸을 걱정하거나 돌보려고 하지 말라고 설파하셨다. 그 한마디가 번개처럼 내 마음을 때렸다.

아, 나는 몸이 나의 주인인 줄 알고, 혹시 잘못될까 봐 쓸데없이 걱정하고 그 걱정이 지나쳐 공포감으로 변하여 심성을 다쳐왔는데, 이는 그동안 마음을 잘못 써 왔던 것이 그 원인이었구나. 건강염려증도 탐심(貪心: 탐하는 마음), 진심(嗔心: 성내는 마음), 치심(痴心: 의심하는 마음) 중 치심의 일종이 아닌가 한다. 건강염려증은 결국 의심과 두려움이 만든 감옥이었다.

그러나 몸을 너무 소홀히 한 대가도 컸다. 계율생활을 하면서 영양실조로 대부분의 치아를 잃어버리고 50대 초반에 윗니 전체를 인플란트로 심게 되었고, 비만 상태를 오래도록 유지하면서 경계선상의 당뇨 증세와 고혈압이 왔음에도 약도 복용하지 않았다가 뇌출혈을 맞이하게 된 것이었다. 신경외과 의사는 그전에도 여러 차례 작은 뇌출혈이 있었던 흔적이 있다고 했다. 그 말을 듣는 순간, 나는 결심했다. 이제는 마음과 몸을 함께 돌보며 사는 삶을 택하리라.

이제 남은 인생이 얼마되지 않음을 느끼며 해야 할 일이 많다. 무엇보다도 대기업에서 32년 근무한 후 뒤늦게 창업한 회사가 아직 중소기업으로서 이제 15년째를 맞이하고 있다. 이 회사도 나의 분신이나 다름없다. 이제는 나의 열정과 경험을 후배들에게 나누어 스스로 굴러가는 조직, 유연한 경영시스템을 만드는 것이 남은 과제다. 그것이 나의 또 다른 열정이자, 삶의 보람이다.

금년부터는 '재경 밀성박씨 신기화수회장'을 맡았다. 도시화의 물결 속에 고향을 떠난 후손들이 점점 흩어지고, 조상 제사를 잇는 집도 줄어드는 현실이 안타깝다. 뿌리를 기억하는 한, 나무는 다시 잎을 틔운다고 나는 믿는다. 그래서 고려말 충신이셨던 송은 박익 선생의 문집을 다시 간행하고자 한다. 조선 개국의 부름에도 응하지 않았던 선조의 절의와 지조가 후손들의 가슴에 다시 살아 숨 쉬기를 바란다.

그 이외에도 핸드폰과 AI를 활용한 책 쓰기로 그동안 나의 지나온 경험을 공유하고 싶지만 아직도 중소기업을 경영하는 현역으로 시간 내기가 쉽지 않다. 그동안 뒷바라지해 온 내자는 더 늦기 전에 회사를 정리하고 해외여행을 떠나자고 한다. 가고 싶은 여행지를 10여 곳을 정하여 나이 팔십이 되기 전에 가서 보고 싶은 세상 풍경을 눈에 담고 싶다.

　삶이 언제까지 허락될지는 모르지만, 오늘을 온전히 사랑하는 법은 알고 싶다. 노년의 열정은 살아 있음의 감사요, 마음을 바로 세우는 기쁨이며, 다시 배우고 나누는 삶의 꽃이다.

✳ Profile
청조포럼(부산중고 청조경제인회 포럼) 회장 역임. 저서: 《청조포럼 300》

괄호 밖으로

✶

백선미

　창가에 앉아 오후 햇살을 받는다. 바람이 얇은 커튼을 흔들고, 무릎 위에는 빛바랜 사진첩이 놓여 있다. 사진 속 나는 신협 홍보부 첫 명함을 들고 환하게 웃고 있다. '사보 담당' 네 글자가 세상을 다 가진 듯했다. 그 명함을 몇 번이고 꺼내 보던 스물넷의 나.
　일상은 뜨거웠다. 작가들의 원고 봉투를 뜯을 때면 숨을 골랐고, 팩스가 지직거리며 문장을 토해낼 때면 심장이 먼저 뛰었다. 200자 원고지의 냄새, 펜으로 눌러쓴 문장들, 형광등 아래 빨간 펜으로 그어가는 교정의 밤들. 기획부터 취재, 원고 작성, 편집, 교정까지 모두 혼자였지만 좋았다.
　늦은 밤, 홀로 남은 사무실. 고개를 들면 건너편 빌딩의 불들이 하나둘 꺼졌다. 그래도 나는 계속 썼다. 쓰고 있으면 행복했다.
　첫 발행일, 인쇄소에서 막 나온 사보를 받아 들었다. 잉크 냄새가 코끝에 닿았다. 밤새 다듬은 문장들이 활자가 되어 있었다. 편집후기 한 구석에 내 이름이 있었다. 그러나 내가 쓴 글들은, 세상에 나갈 때 늘 다른 이름을 달고 있었다.
　결혼을 계기로 퇴사한 뒤, 프리랜서 교정 일을 했다. 더듬거리는 문장을 매끄럽게 다듬고 단락을 옮기고 흐름을 설계했다. 좋은 문장이 나올 때면 여전히 가슴이 뛰었다. 서점 진열대 앞에 섰을 때, 판권지를 넘기고 책날개를 펼쳤다. 내 손을 거친 책들. 표지 위에는 낯선 이름들만 빛나고 있었다.

아이가 태어나고, 나는 아이의 이름 뒤에 붙는 호칭으로 불렸다. "○○ 엄마" 놀이터에서도, 학교에서도, 동네에서도. 아이의 이름 뒤 괄호처럼 따라붙은 이름. 그 안에서 나는 안전했지만, 그 밖으로는 나갈 수 없었다. 아이가 "엄마"라고 부를 때, 그 한마디가 나를 일으켰다. 아이의 무대 위 빛나는 순간마다, 나는 객석 맨 뒤에서 조용히 박수를 쳤다. 행복했다. 하지만 그 행복조차 내 이름이 아닌, 누군가의 엄마라는 이름으로 느끼는 것이었다.

시간이 흘러, 나는 의류 브랜드 매장을 운영했다. 낮에는 고객을 맞이했고, 밤에는 재고장을 펴놓고 숫자와 씨름했다. 간판 위에는 커다란 브랜드 로고가 빛났고, 사람들은 매장 이름으로 나를 불렀다. 매장은 하나 둘 늘어났다. 사람들은 나를 성공한 여성이라 불렀다. 열정은 여전했지만, 환하게 빛나는 건 간판의 영문자뿐이었다.

그러던 어느 날 몸이 신호를 보냈다. 멈춰야 한다는 신호였다. 매장을 하나씩 정리했다. 차창 밖으로 도시가 흘러갔다. 매장도, 간판도, 사람들의 이름도 모두 지나가고 있었다.

세월이 흘렀다. 아침이 와도 서두를 이유가 없다. 전화기는 조용하고, 달력은 비어 있다. 쉰여덟의 아침은 이렇게 고요하다. 늦잠을 자고 커피를 마신다. 어색하다. 그러다 문득, 허전함이 밀려왔다.

책상 서랍을 열었다. 먼지 쌓인 대학 노트 한 권이 나왔다. 삼십 년 전의 메모가 희미하게 남아 있었다. '좋은 문장이란 무엇인가.' 그리고 그 옆에, 작은 글씨로 쓰인 또 하나의 질문. '나는 무엇을 쓰고 싶은가.'

노트북을 폈다. 키보드의 얕은 탄성이 낯설었다. 200자 원고지의 냄새는 사라졌지만, 첫 문장을 쓰는 설렘은 그대로였다. 손가락이 움직였다. 서툴렀지만, 멈추지 않았다. 사보에서, 편집실에서, 매장에서 쏟았던 시간들.

그때는 몰랐다. 그 시간들이 모두 내 문장으로 돌아올 거라는 걸. 발행인의 이름으로, 저자의 이름으로, 아이의 이름으로, 브랜드의 이름으로 쏟았던 익명의 열정이 비로소 이름을 찾는다.

쉰여덟의 오늘, 나는 첫 문장을 쓴다. 이번에는 내 이름으로. 이번에는 괄호 밖에서.

✳ Profile
한국디지털문인협회 회원

이쁜 치매

✸

손치근

　마음숲 시니어케어센터 3층 화실에서 백수를 며칠 앞둔 한 화백이 몰아(沒我)의 경지로 어린 생을 그리고 계셨다. 두 살 반 아이의 눈동자, 탯내의 빛을 닮은 곡선을 몇 번이고 긋고 지우며, 그분은 기억이라는 숲이 서서히 이름표를 잃어가는 순간에도 붓끝 하나로 생의 온도를 붙들고 계셨다. 아들을 알아보지 못하는 하루가 있고, 어제를 오늘로 가져오지 못하는 저녁이 있지만, 그럼에도 붓을 잡는 손에는 100년을 살아낸 열정의 결이 살아 있었다. 나는 그 앞에서 스스로에게 물었다. 일흔 해를 건너온 내 열정은 지금 어디에서 빛나는가.

　그 앞에서 나는 속으로 '아름다운 것들'을 흥얼거렸다. "꽃잎 끝에 달려있는 ~ 어디로 데려갈까." 문득, 아름다움이란 흠 하나 없는 완전함이 아니라 결핍 속에서도 빛나는 무엇이 아닐까 하는 생각이 들었다. 그분의 인생은 99세까지 팔팔하게 사신 뒤 다시 고요히 시작하신 것 같았다.

　치매와의 인연은 사랑의 다른 이름이었다. 은퇴를 앞두고 아내는 시니어케어복지를 공부하겠다며 다시 학생이 되었다. 서른 해 넘게 내 그림자를 가볍게 해준 사람, 세 아들을 키우며 지구촌 곳곳을 함께 옮겨 다닌 사람의 꿈이었기에 나는 외조를 기꺼이 내 삶의 중심에 놓았다. 아내는 일본 기타 나고야에서 회상요법을 전수받아 용인에 작은 요양원을 열었다. 나는 강단을 내려와 한국치매협회의 문을 두드렸다. 런던의 알츠하이머 유니버시티 코스를 밟고, 간호학 교과서를 다시 펼쳐 병원 실습복을 입었다.

회상요법은 기억의 숲을 함께 거니는 일이었다. 어르신들의 옛 사진을 보며, 젊은 날의 노래를 함께 부르며, 그분들의 과거를 현재로 불러오는 작업. 이름을 잊어도 표정을 기억하고, 길을 잃어도 햇살 아래 앉는 법을 아는 분들과 함께한 시간은 내게도 치유였다. 한국치매협회는 국제 알츠하이머협회(ADI)에 가입했고, 일본 치매협회와는 비를 피하는 한 우산처럼 서로의 어깨를 내주었다. 비원 산책길에서, 전경련 국제회의장의 긴 조명 아래에서, 우리는 환자와 가족의 손을 번갈아 잡았다.

나는 '이쁜 치매'라는 말을 조심스레 입안에서 굴려 본다. 국회 세미나실 '치매국가책임제' 도입 과정에서 질문을 받았다. 일본은 '인지증(認知症)', 대만은 '실지증(失知症)'으로 부르는데 왜 우리는 못 바꾸느냐고? 누군가 제안했다. 우리는 '사랑병'으로 하자고···. 역설적으로 들리겠지만, 치매는 때로 사랑을 더 순수하게 드러낸다. 복잡한 계산과 이해타산이 사라진 자리에 남은 것은 순수한 감정과 본능적 애정이다. 치매는 끝이 아니라 삶의 또 다른 얼굴이다. 손주를 알아보지 못해도 손주가 다가오면 미소 짓고, 딸의 이름을 부르지 못해도 딸의 손을 꼭 잡는다. 그분들의 하루는 금방 부서질 유리 같지만, 손등의 주름마다 강의 모래가 스며 있다.

'열정'을 떠올리면 영화 〈패션 오브 크라이스트〉가 떠오른다. 거기서 '패션(passion)'은 찬란한 불꽃이 아니라 견디며 건네는 사랑, 스스로를 소진해 타인을 비추는 등불의 다른 이름이었다. 그러니 나의 열정 또한 누군가의 기쁨을 채우는 일이어야 한다. "각각 자기 일을 돌볼 뿐더러 또한 다른 사람들의 일을 돌보아 나의 기쁨을 충만하게 하라"라는 성경 구절처럼, 진정한 열정은 자신을 태워 타인을 따뜻하게 하는 데 있다. 양주시 불곡산 자락의 마음숲 시니어케어에서 어르신들은 오늘도 텃밭을 가꾸고, 천국 대합실을 그리며 하루를 노래한다. 매일 아침 센터에 출근하며 어르신들의 얼굴을 마주할 때, 나는 내 열정이 어디에서 빛나는지 안다.

코로나 팬데믹이 모든 길을 닫았던 날에도 공공후견인제도라는 더 넓은 길이 열렸다. 법은 있었으나 방법이 없던 자리에 사람과 사람을 잇는 다리가 놓였다. 아쉬움도 남았다. 일본의 치매카페를 제대로 옮겨오지 못했고, 고령자 협동조합도 충분히 키우지 못했다. 그러나 오늘 화실의 백수 화백이 그린 아이의 눈동자처럼, 우리의 내일도 여전히 반짝인다.

34년 공직의 보람이 잎사귀처럼 풍성했다면, 치매로 향한 발걸음은 그 잎사귀에 머무는 이슬이었다. 작지만 맑고, 잠깐이나 영원한….

무엇이 이 숲속에서 이들을 데려갈까라고 노래는 묻지만 나는 이미 안다. 그것이 비이든 바람이든 시간의 손이든, 사랑은 데려가는 것이 아니라 함께 머물러 주는 일이다. '이쁜 치매'로 가는 첫걸음은 전통적인 '고치기' 방식이 아니라 현재의 감각에 초점을 맞춘 대화이다.

잠시라도 손을 잡고 눈을 마주치는 순간, 오늘의 몰입, 오늘의 배려, 오늘의 동행이 이 숲을 아름다운 것들로 가득 채운다. 이슬방울은 결국 흙으로 돌아가고, 나무들도 때가 되면 고요 속으로 스며든다. 그러나 오늘, 우리는 우리의 몫을 다한다.

아이의 눈동자를 그리고, 어르신의 지난날을 함께 되짚으며, 서로의 일을 돌보는 기이한 역설 속에서 기쁨을 누린다. 그것이 바로 내가 발견한 '이쁜 치매'의 진실이다. 결핍 속에서도, 아니 결핍 때문에 더욱 빛나는 사랑의 얼굴….

✴ Profile
현) 공익사단법인 한국치매협회 사무총장, 전) 카자흐스탄 알마티 총영사, 법학박사. 저서: 《형제국가 카자흐스탄》

손주 수학 가르치기

✳

심만섭

요즘 아이들은 유치원 때부터 바쁘다. 피아노, 태권도, 영어 등 여러 학원을 다니느라 일주일 내내 쉴 틈이 없다. 초등학교에 입학하면 한두 개 학원은 기본이고, 대부분 서너 개씩 다닌다. 우리 쌍둥이 손주들도 예외는 아니었다. 맞벌이하는 딸 내외에게 학원비는 만만치 않은 부담이었다.

어느 날 딸이 수학도 학원에 보내겠다고 한다. 나는 잠시 생각하다가 "내가 한번 가르쳐 볼까? 학교 다닐 때 수학을 아주 좋아했거든"라고 말했더니, 딸은 눈이 휘둥그레졌다. 아빠가 정말 가르칠 수 있을까 하는 의아한 표정이었다. 나는 자신 있게 말을 이었다. "다른 과목은 몰라도 초등학교 수학 정도는 자신 있어. 주말에 한 시간 반씩 하자. 이번 주부터 보내라." 같은 아파트 단지에 살아 데려오기도 편하고, 학원비도 절약되니 딸은 흔쾌히 찬성했다. 나 역시 손주들과 함께하는 시간이 기대되었다.

토요일 오전, 드디어 첫 수업이 시작되었다. 마침 집에 있던 차 탁자 두 개가 책상으로 안성맞춤이었다. 딸이 미리 사둔 문제집을 펼치고 덧셈과 뺄셈부터 차근차근 시작했다. 다행히 아이들이 집중을 잘했다. 며칠 후부터는 본격적으로 구구단을 시작했다. 큰 종이에 $2 \times 1 = 2$부터 $9 \times 9 = 81$까지 매직으로 크게 써서 벽에 붙였다. 손주들은 신기한 듯 벽에 붙은 종이를 쳐다보았다.

"구구단이라는 건 말이야, 같은 수를 여러 번 더하는 거란다. 2×3은 2를 3번 더한다는 뜻이지." 구구단의 원리를 쉽게 풀어 설명하니 고개를 끄덕이는 모습이 보였다. 이해하는 것 같아 기분이 좋았다. "자, 이제 할아버지 따라 해보자. 이일은 이, 이이는 사!" 복창을 몇 번 반복했다. 처음부터 너무 무리하면 안 될 것 같아 아이들이 지루해하는 기미가 보이면 재미있는 이야기도 들려주고, 과자와 과일을 먹으며 쉬는 시간도 가졌다. 손주들도 구구단을 외우면서 뭔가 새로운 걸 배운다는 즐거움을 느끼는 것 같았다. 공부하면서도 웃음꽃이 피었다. 매주 토요일마다 벽에 붙은 종이 앞에서 구구단을 반복했다. 한 달쯤 지나 9단까지 완전히 외우게 되었을 때는 정말 대견했다. 나는 귀가하는 손주들 손에 용돈을 쥐여 주며 머리를 쓰다듬었다. "참 잘했어. 우리 손주들, 정말 잘한다."

이제부터가 진짜였다. 곱셈과 나눗셈을 제대로 가르치기 위해 작은 칠판까지 주문했다. 분필로 문제를 쓰고 지우며 설명하니 훨씬 효과적이었다. 주로 토요일 오전에 수업했는데, 진도를 맞추려면 두 아이가 반드시 함께 참석해야 했다. 한 명이라도 다른 일이 있으면 일요일이나 주중으로 수업을 옮겼다. 일주일에 한 번은 꼭 한다는 약속을 지키기 위해서였다. 때로는 일요일 오후에, 때로는 평일 저녁에 수업이 열렸다.

1학년 여름방학이 지나갈 무렵, 나는 나름의 목표를 세웠다. '수학 학원보다 더 잘 가르치자. 학교에서 수학만큼은 상위권을 유지하게 하자.' 다행히 아이들이 너무나 잘 따라와 주었다. 내가 초등학교 다닐 때는 교과서 한 권으로 공부했지만, 요즘은 문제집도 다양하고 체계적이어서 가르치기 좋았다. 기본 개념 응용력 풀이 과정 예시 등이 자세히 설명되어 있다. 일주일간 숙제를 내주면 꼬박꼬박 해오는 손주들 덕분에 진도는 빠르게 나갔다. 학교 시험에서 100점을 맞아올 때마다 온 가족이 기뻐했고, 나는 보람을 느꼈다. 가족들도 많이 칭찬해 주었다.

이렇게 1학년을 마치고 4학년을 마칠 때까지 수업 진행과 시간 등이 맞지 않아 어려움도 많았지만 그래도 잘 견디어 왔다. 문제집도 여러 권 끝냈다. 나도 옛날을 떠올리며 수학의 재미를 다시 느꼈다. 수학 개념을 정리하고 손주들이 이해하기 쉽게 설명하다 보니 나 자신의 이해력도 높아지고 기억력도 좋아지는 기분이었다. 일종의 두뇌 훈련이 되는 셈이었다. 문제집의 난이도는 점점 올라갔다. 소수, 분수, 도형에서 부피, 합동까지. 5학년 수준은 결코 만만치 않았다. 하지만 그동안 기초를 탄탄히 다져왔기에 손주들은 새로운 개념도 빠르게 흡수했다.

학교에서도 좋은 점수를 받으며 수학에 자신감을 갖게 되었다. 처음에는 공부라는 게 막연했던 아이들이 이제는 스스로 풀고, 틀린 문제를 다시 풀어보며 왜 틀렸는지 생각하는 모습을 보였다. 수학이 재미있다 말하는 손주들을 보며 내 마음도 뿌듯했다. 6학년이 되자 문제집은 더욱 어려워졌다. 입체도형, 부등식, 방정식 등 거의 중학교 수준이었다. 처음 이 문제들을 봤을 때 나도 놀랐다. '요즘 초등학생들이 이런 걸 배우는구나.'

난이도 높은 문제를 풀 때는 나도 사전 준비를 해야 했다. 어떻게 설명하면 쉽게 이해할 수 있을지 많은 생각을 할 때도 있었다. 칠판 앞에서 입체도형을 설명할 때는 직접 종이로 만들어 보여주기도 했다. 확률 문제를 풀 때는 실제로 주사위를 굴리고 가위바위보도 하면서 개념을 익혔다. 손주들은 이런 실습 활동을 특히 좋아했다. 가끔 어려운 문제에 막히면 함께 고민했다. 나도 모르는 척하며 "이거 어렵네. 같이 생각해 볼까?" 하고 물으면 아이들이 더 적극적으로 참여했다. 그렇게 함께 풀어낸 문제는 오래 기억에 남았다.

6학년을 마칠 무렵 딸에게 중학교에 가서도 계속 가르치겠다고 말했다. 하지만 딸이 말렸다. "아빠, 6년 동안 정말 수고 많으셨어요. 이제는 너무 힘드실 것 같아요. 중학교부터는 학원에 보낼게요." 같이 공부하면서 가르칠 수는 있겠지만 더욱 전문적이고 깊이 있는 내용이라 학원에 보내는 것이 좋을 것 같다고 했다. 무엇보다 6년이라는 시간을 손주들과 함께 공부하며 충분히 기초를 다졌다고 생각했다. 그렇게 초등학교 6년간의 수학 수업은 마침표를 찍었다.

돌이켜 보니 지난 6년은 손주들만 배운 시간이 아니었다. 내가 학창시절 좋아했던 수학을 다시 열정적으로 해볼 수 있었고, 딸과의 약속을 끝까지 지켰다는 뿌듯함도 있었다. 무엇보다 손주들이 수학의 재미를 알고 자신감을 얻었다는 것이 가장 큰 보람이었다.

매주 토요일 오전이면 초인종 소리와 함께 "할아버지!" 하고 달려오던 손주들. 칠판 앞에 앉아 연필을 깎고, 문제를 풀고, 맞았다고 환호하던 모습들. 그 모든 순간이 내 인생의 소중한 추억이 되었다.

이제 손주들은 중학교에 간다. 그동안 배운 것을 밑거름 삼아 앞으로도 수학을 잘했으면 하는 바람이다. 비록 내가 직접 가르치지는 못하지만, 할아버지의 작은 칠판 앞에서 함께 웃고 고민하던 그 시간이 언젠가 따뜻한 추억으로 남아 힘이 되어주길 바란다.

✳ Profile
　현) 강원대학교 최고경영자과정 전임강사, 전) 삼성생명서비스 대표이사

책과 함께 글과 더불어 살다

안만호

칠순을 바라보는 지금도, 나는 매주 한 번은 교보문고에 간다. 책장을 넘기면 내 마음은 소년 시절의 그 도서관으로 향한다. 책과 글은 내 인생을 함께한 벗이고 스승이며, 도서관은 영혼이 쉬어가는 성역이다.

내 책 사랑의 씨앗은 화봉초등학교 3학년, 김대길 선생님의 한마디에서 시작되었다. "월말 시험 1등에게는 '어깨동무'와 만화책 두 권을 선물로 준다." 그 순간 내 가슴 속에 불꽃 하나가 타오르기 시작했다. 매월 손에 쥔 만화책, 동화책들은 시골 소년을 미지의 세계로 이끄는 마법의 문이었다. 3학년 2학기, 선생님께서 "만호에게 책 5천 권을 선물해야겠다"라며 나를 학교 도서관 최초의 학생 사서로 임명해 주셨다. 그날부터 도서관은 내 삶의 놀이터이자 성역이 되었다. 새벽 안개 속에서 홀로 책장을 넘기던 고요한 시간, 석양이 교정을 물들일 때까지 책 속에 파묻혀 지내던 황홀한 나날들. 3년 동안 나는 그곳의 모든 책과 영혼의 대화를 나누었다.

그 시설의 녹서는 단순한 지식 탐구가 아니었다. 나는 책 속에서 스코틀랜드와 스위스를 여행했고, 링컨과 노예 해방을 논했으며, 에디슨과 함께 기차 안에서 실험하다 쫓겨나기도 했다. 도서관은 한 소년의 영혼을 빚어내는 성소였다. 책 한 권 한 권이 내 안에 차곡차곡 쌓여가면서, 나는 누구인가? 우리가 살아가는 세상은 어떤 곳인가? 우리는 무엇을 하면서 살아야 하는가? 하는 인류 보편적 진리와 가치관을 통해 내 인생의 철학과 나침반을 만들어갔다. 그때 형성된 세계관과 가치관은 세월이 흘러 깊이와 넓이는 더해갔지만, 그 본질은 지금도 변함이 없다.

중학교에 진학했지만 도서관이 없어 책에 대한 갈증은 더욱 간절해졌다. 전남 해남 화원면의 책 소장자들을 찾아 나선 나에게, 그분들은 귀한 보물 같은 책을 아낌없이 빌려주며 격려해 주셨다. 그 과정에서 나는 깨달았다. 책을 사랑하는 마음은 세상을 하나로 잇는 보이지 않는 다리라는 것을. 고등학교에서 마침내 자유로운 독서의 날개를 펼칠 수 있었다. 어느 국어 시간, 칸트의《순수이성비판》에 빠져있던 나를 발견한 이성후 선생님의 해결책은 놀라웠다. 나를 교무실로 불러 꾸중 대신 특별한 선물을 안겨주셨다. "안만호, 앞으로 국어 시간마다 읽은 책을 2분 발표하라." 그 한마디가 내 독서 열정에 더 큰불을 지폈다.

서른다섯이 되어 고흥 앞바다 거금도에서 목회하던 어느 날, 우연한 계기로 글쓰기가 시작되었다. 선배의 부탁으로 작성 중이던 원고가 출판사 편집국장의 눈에 띄었고, 아이들 둘을 휴학시키고 있던 섬마을 목회자에게 "원고료를 넉넉하게 준다"라는 달콤한 유혹에 넘어가, 생업을 위한 글쓰기가 시작되었다. 그렇게 시작된 글쓰기는 30년 동안 100권이 넘는 책으로 열매를 맺으면서, 그 분야의 전문가로 성장하면서, 글쓰기는 독서와 함께 내 삶을 관통하는 또 다른 열정이 되었다.

생업으로 시작한 글쓰기는 점차 내 삶을 풍요롭게 이끌었다. 그것은 넓은 세상과 교류하면서, 내 마음속 깊은 샘물을 길어 올려 세상과 나누는 신성한 의식이었다. 한 줄 한 줄 써 내려가면서 나는, 다양한 세상, 많은 이들과 만나면서 나 자신과 마주했고, 내 글이 누군가의 어둠을 밝히는 작은 촛불이 된다는 사실에서 삶의 의미를 발견했다.

60세 이후, 나의 독서와 글쓰기 역사는 다른 이들과 나누는 일로 향하고 있다. 지인들의 요청으로 개설한 글쓰기학당을 통해, 글쓰기를 경험한 적이 없고 두려워하던 사람들이, 시간이 흐르면서 자신만의 이야기를 완성해 나가는 과정을 지켜보는 것은 새로운 기쁨의 원천이었다. 시간이 흘러 그들 중 일부는 문단에 발을 내딛으며 자신만의 문학적 목소리를 세상에 울려 퍼뜨리기 시작했다.

2000년에 시작된 코로나19 팬데믹과 미얀마 내전이 기약 없이 계속되면서, 한국어 글쓰기를 배우고 싶어하는 미얀마 청년들과의 만남은 내게 특별한 의미로 다가왔다. 한국디지털문인협회 가재산 회장과 함께 개설한 한글글쓰기학교에서 그들을 가르치며, 성장을 지켜보며, 나는 어린 시절 책장을 넘기며 느꼈던 그 황홀한 전율을 다시금 맛볼 수 있었다. 그들의 글 속에는 조국에 대한 그리움, 평화에 대한 간절함, 그리고 꿈을 향한 뜨거운 갈망이 펄펄 살아 숨 쉬고 있었다. 내가 건넨 작은 불씨가 누군가의 가슴에서 타오르며 새로운 희망의 빛을 만들어내는 순간들을 목격하는 것은 내 삶에 더없는 보람을 선사했다.

칠십을 향해 가는 지금도 나는 매일 책을 읽고 글을 쓴다. 어린 시절 화봉초등학교 도서관에서 처음 만난 그 작은 불꽃이 평생을 타오르며 나를 이끌어왔다. 이제 그 불꽃은 나를 넘어 다른 영혼들에게 번져가며 더 큰 빛을 만들어내고 있다. 책과 글을 통해 나는 꿈을 품었고, 그 꿈들을 하나씩 현실로 꽃피워 왔다. 그리고 오늘도 나는 그 아름다운 여정을 이어가고 있다. 지금도 기다리고 있는 이야기를 향해.

✳ Profile
  누리나래선교협회 대표

일곱 색깔 명함

✳

안주석

　인생은 하나의 색깔로만 살기에는 너무 아깝다. 어떤 이는 한 가지 색만 고집하며 안전한 테두리 안에 머물지만, 어떤 이는 과감히 일곱 색깔 무지개를 꿈꾼다. 나이란 단지 세월이 쌓아놓은 경험의 깊이일 뿐, 새로운 색깔을 포기할 이유는 없다.

　"너는 박사는 아니잖아!" 아버님의 말씀이 평생 가슴에 묻혀 비활성화된 채로 자리잡고 있었다. 대기업에 들어갔다고 나름 자부심을 한 아름 안고 시골에 갔을 때였다. "건너마을 강 씨네 아들은 박사가 되어 대학에서 강의한다더라.", "제 친구인데요, 지금 보따리 강사래요."

　35년이 물처럼 흘렀다. 말단 사원으로 시작해서 임원이 되었고 마침내 계열사 대표이사까지 올랐다. 승진이나 보직이 바뀔 때마다 받았던 새로운 명함들은 각각 인생의 이정표였다. 오랜 세월 쌓여온 직장인 명함들. 세상을 향해 내놓은 첫 번째 정체성이자, 무지개의 첫 번째 색깔인 빨강이었다. 뜨겁고 치열했던 젊은 날의 열정이 각각의 종이 한 장에 고스란히 녹아 있었다.

　직장 생활의 종점! 그 단어만으로도 마음 한 편이 허전해졌다. "그때가 되면 뭐 하지?"라는 알람이 머릿속에서 끊임없이 울렸다. 4년마다 다른 테마로 60년간 공부를 지속했다는 사람이 있다. 피터 드러커다. 그는 망설이던 나의 등을 떠밀었다.

퇴직 몇 년 전 관광경영학 석사과정의 문을 두드렸다. 독수리 타법으로 파워포인트를 작성하고 외워도 외워도 가물가물한 전문용어들과 밤마다 씨름했다. 직장에서 쌓은 경험과 학문적 이론이 만나는 순간 그 통찰의 번개는 젊은 시절엔 느낄 수 없었던 깊이 있는 기쁨을 선사했다.

석사를 마치자 내 안의 열정은 더 높은 곳 박사과정으로 이끌었다. 박사과정 첫날, 강의실 문 앞에서 한참을 망설였다. 손끝에서 가벼운 떨림이 전해왔다. 산의 정상에 올랐을 때 발밑의 전경을 훑어보기 직전의 느낌이랄까?

박사 공부는 미지의 대륙이었다. 수업 출석과 리포트 작성, 중간과 기말시험을 거쳐 필요한 학점을 따야 했다. 박사 자격시험을 통과하고 전문 저널에 소논문도 게재해야 했다. 가장 높은 산은 학위논문이었다.

매 순간이 전쟁이었다. 새벽 2시, 3시는 보통이고 때로는 4시, 5시까지 세상이 잠든 시간에 홀로 책상 앞에 앉아 논문과 치열하게 대화했다. 수많은 국내외 논문의 바다에서 진주를 찾듯 자료를 건져 올렸다.

"그 나이에 박사는 따서 뭘 하겠다는 거야?" 드디어 올 것이 왔다. 아내의 불만이 폭발한 것이었다. 은퇴하면 도란도란 함께 많은 시간을 보내며 행복을 찾아보겠다는 생각을 했던 것 같다. 현직 때도 그랬지만 은퇴 후에도 집안일과 가족은 안중에도 없고 혼자만 바쁘게 돌아다녔기 때문이다.

스스로도 "이게 맞나?" 의구심이 짙은 안개처럼 밀려왔다. 박사 따고 나면 "다음은 뭐지?" 막연한 생각도 들었다. 하지만 어려울 때마다 직장에서 단련된 끈기가 나를 일으켜 세웠다. 실패를 두려워하지 않고 끝까지 해내는 힘, 그 힘이 언제나 나를 일으켜 세웠다.

매년 추석 전 가는 벌초 길, 9월 중순은 아직 여름 잔향이 남은 햇살이 따가웠다. 잡초 무성한 묘소를 정리하며 부모님과의 대화가 시작되었다. 갓 베어낸 풀들의 초록 내음과 바람이 어우러져 어머니의 미소처럼 느껴졌다.

검은 박사 가운을 입고 박사모를 썼다. 아버님과 어머님의 묘소 중간에 학위기와 논문집을 정중히 놓았다. 까만 표지 위 금색 글씨가 햇빛에 반짝였다. '박사학위논문'이라는 글자와 아래쪽에 새겨진 내 이름이 낯설면서도 가슴 벅찼다.

술잔을 채우고 큰절을 올리며 속삭였다. "아버님, 어머님, 늦었지만 해냈습니다." 그 순간 40년 동안 가슴에 웅크리고 있던 무언가가 봄볕에 눈 녹듯이 스르르 풀려나갔다. 눈시울이 뜨거워졌지만, 그것은 슬픔이 아니었다. 오랜 숙제를 마친 아이처럼 홀가분했다.

박사학위는 나의 두 번째 정체성이 되었다. 나이는 숫자일 뿐이고, 진짜 나이는 열정이 식는 순간부터 시작된다는 것을 깨달았다. 주황색같이 따스하면서도 희망찬 새 출발의 상징이었다.

박사학위를 받고 4년간 대학 강단에 섰다. 처음 2년은 코로나라는 예상치 못한 복병과 마주해야 했다. 비대면 강의, 녹화, 업로드, 25분짜리 강의 3개를 녹화하기 위해 여섯 시간이나 씨름하며 컴퓨터 화면 앞에서 절망의 나락을 경험했다. 하지만 화면 너머 학생들의 간절한 눈빛이 나를 붙잡았다.

특히 2년간 자신의 나라를 벗어나지 못한 유학 신입생들, 꿈꿔왔던 캠퍼스 생활 대신 자기 방에서 강의를 들어야 했다. 그들의 외로움이 모니터를 통해 절절히 전해졌다. 세 번째 명함은 이렇게 햇살 같은 노란색으로 물들었다.

　동시에 또 다른 열정이 시작되었다. 조직의 울타리를 벗어나 1인기업을 설립하는 것이었다. 인터넷을 뒤지고 선배 기업가들을 만나 자문을 구했다. 가족을 설득하고 투자를 이끌어 내는데 시간과 노력이 필요했다. 끈질긴 인내가 답을 주었다.

　1인기업 대표라는 네 번째 명함은 내 안에 잠재된 역량을 끌어올리는 자극제가 되었을 뿐 아니라 삶의 주도권을 온전히 내 손에 쥘 수 있었다. 비로소 내 삶의 키를 손에 쥔 느낌이었다. 초록색같이 싱싱하고 생동감 넘치는 새로운 시작이었다.

　올해 봄, 기적이 일어났다. 7년간 미뤄뒀던 자기계발서 《닥치고 버텨라》가 마침내 세상의 빛을 보게 된 것이다. 직장 생활의 노하우와 인생철학을 한 권에 담았다. 글을 쓴다는 것은 상상조차 못했던 일이 현실이 되었다.

　퇴직 후 받았던 책 쓰기 코칭이 떠올랐다. 매일 50개씩 제목을 만들어 메일로 제출하라는 숙제는 고문에 가까웠다. 새로운 제목에 따라 한 글자씩 써 나가기 시작했다. 때로는 한 줄도 써지지 않아 좌절했고 때로는 밤새 공들인 원고가 저장되지 않아 한순간에 사라지기도 했다.

　유명서점 진열대에서 내 책을 발견한 순간, 시간이 멈췄다. 손끝으로 책을 어루만지며 밀려오는 감정의 쓰나미를 감당할 수 없었다. 코끝이 찡해왔나. '삭가'라는 다섯 번째 명함에 드디어 다가선 것이다. 파란색같이 광활하고 깊은 성취감이 가슴을 가득 채웠다.

　메리 케이 애시는 《열정》에서 진정으로 행복한 사람은 아직 자신의 무지개 끝을 좇지 못한 사람이라고 했다. 어쩌면 내가 진정 행복한 사람인지도 모르겠다. 아직 좇을 무지개 두 개가 저 멀리서 나를 기다리고 있기 때문이다.

　아침에 일어났을 때 할 일이 남아있다는 것, 매일 아침이 설렌다는 것, 이보다 소중한 것이 또 있을까? 인생은 완성된 작품이 아니다. 매일 새로운 조각을 맞춰가는 진행형이다. 나이가 들수록 더욱 깊어지는 것은 주름이 아니라 삶의 농도다. 일곱 색깔 명함. 그것은 목표가 아니라 열정이다. 그리고 나의 무지개는 아직 끝나지 않았다.

※ Profile

**롯데케미칼 근무, (주)씨텍 대표이사 역임, 관광학박사, KH대학 관광학부 강의
저서: 《닥치고 버텨라》 외 공저 3편**

책으로 짓는 내 인생의 둥지

✳

양영심

지난여름 종로구 청운문학도서관에서는 '길 위의 인문학' 강좌가 열렸다. 10회 동안 우리 고전문학의 숨결을 따라 가는 여정이었다. 구비문학과 판소리, 전래동화, 전 세계를 강타하는 케데헌에 이르기까지 고대 설화의 뿌리를 더듬어 가는 시간, 잊고 있던 우리말과 글의 생명력을 새삼 깨우치는 기회였다. 그 무더운 여름을 견디게 해준 것은 에어컨 바람이 아니라, 강사들의 뜨거운 열정과 지식의 향기였다. 즐겁고 유익한 여름이었다. 도서관이 단지 책이 있고 독서하는 장소만은 아님을 보여주었다. 시대의 흐름에 따라 기능이 확장되고, 사람과 사람, 생각과 생각을 잇는 살아 있는 문화의 터전으로 거듭나고 있다는 것을 실감하였다.

도서관은 나에게 쉼터이자 출발점이다. 그곳에 앉아 있으면 사계절이 모두 봄이 된다. 세상의 먼지와 무게가 잠시 걷히고, 내 마음이 푸르러진다.

내게 도서관은 몇 가지 추억과 함께 특별한 의미가 있다.

첫 발령지는 서울 변두리의 한 여자중학교였다. 나의 업무는 도서실 담당이었다. 교실 두 칸 크기의 도서실은 서가와 열람실로 나누어 사용하였다. 삼천여 명이 넘는 학생들에게 열람실의 좌석 수는 절대적으로 부족하였다. 공부방이 따로 없던 학생들은 수업이 끝나자마자 도서실로 몰려왔다. 열람실은 일곱 시까지 개방하였다. 퇴근 시간은 다섯 시였으나, 나는 매일 일곱 시까지 남았다. 입시 철이 되자 어둠은 빨리 왔고, 난로를 피워야 했다. 교장에게 아홉 시까지 도서실을 개방하겠다고 요청했다. 처음에는 화재 위험이 따른다는 이유로 허락하지 않았다. 그러자 세 명의 교사가 돕겠다고 나섰다. 그들은 각자 요일을 정하여 나와 함께 근무하였다. 도서실은 아홉 시까지 담임교사의 추천을 받은 학생들로 가득 채워졌고, 두 명의 교사가 화기와 학생 안전을 위해 관리했다. 초과근무수당이 있다는 사실도 몰랐다. 4년 동안 오직 신임교사의 풋내기다운 열정만이 있었다. 방학에는 학교의 장서를 방출하여 '1인 1권 이상 대출'을 시행하였다. 고교입시에 매달리던 시대였지만 학생들의 독서 교육 활동에 땀을 쏟았다.

공공도서관이 거의 없고, 사설 독서실이 드물게 생겨나던 그때, 도서실은 특수고인 '여상'을 목표인 학생들에게는 절실한 공간이었다. 당시 '도서실 근로 장학생'으로 함께했던 제자들은 그 시절을 '책과 함께 누린 특권의 시간'으로 기억한다. 나는 그 말을 들을 때마다 마음이 뿌듯하다. 내 교직 생활에서 가장 빛나는 날들이었던 것 같다. 도서관은 그렇게 내 삶의 귀한 둥지가 되었다.

두 번째는 작은 도서관을 꿈꾸었던 기억이다. 우리 집 아이들이 유년기를 보낸 전셋집에서 싹튼 꿈이었다. 우리가 살던 집은 오십 평 남짓한 단층 주택이었다. 집집마다 손주들이 골목에 나와 놀았다. 우리 집 대문 앞도 골목의 사랑방이 되어 날마다 정겨운 풍경이 벌어지곤 했다. 반지하 전셋집에는 초등학생들이 있었다. 동네 아이들은 우리 집에 자주 놀러 왔다. 서재에는 아이들이 읽을 만한 책도 제법 있었다. 그때 나는 생각했다. "이 집을 사서 작은 도서관으로 꾸밀 수 있다면!"

여윳돈이 있는 것은 아니었지만, 틈만 나면 책을 사 모았다. 빌려 읽은 책이 좋다 싶으면 새 책으로 구매했다. 지인들도 읽은 책을 찬조해 주었다. 그러나 9년간 전세로 살던 그 집을 사지 못하게 되어 동네 작은 도서관의 꿈은 접어야 했다.

도서관 꿈은 계속되었다. 은퇴하던 해 봄, 이사를 하게 되었다. 삼십여 년 동안 주말 농사를 지어 온 용인의 밭에 컨테이너를 들여 책장을 짜고, 옆에는 황토방을 지었다. 동네 아이들을 위한 작은 도서관으로 이용할 계획이었다. 내 퇴직금을 모두 쏟아부었다. 그런데 도서관이 마무리되어 갈 무렵 남편이 병원 신세를 지게 되었다. 여러 겹 비닐로 덮어 보관해 둔 책 정리는 미루어졌다. 다섯 해 만에 책 짐을 열었을 때, 책들은 이미 물에 젖어 종이 덩어리가 되어 있었고, 쥐들의 낙원이었다. 내 꿈 조각들이 통째로 사라져 버리다니 허탈했지만, 이내 마음을 달랬다. 책이 물리적으로 훼손되었을 뿐만 아니라 활자체와 문법이 많이 바뀌었기 때문에 이제 그 생명을 다한 것이다. 게다가 세상은 종이책의 시대를 벗어나고 있지 않은가. 멀쩡히 폐지로 버려지는 것보다는 미련을 털어내기에 '차라리 잘된 일이다'라고.

그렇다고 나의 도서관 꿈이 끝난 것은 아니었다. 다만, 터전이 파주로 옮겨졌을 뿐이다. 농사를 새롭게 시작하기에는 너무 늦은 나이가 아니냐는 주변의 만류가 어찌 없었으랴. 우리의 의지는 '우공이산(愚公移山)'. 가족들의 전폭적인 응원을 받아가며 다시 농막을 짓고 서가를 짰다. 농사와 책 읽기, 몸이 움직이는 한 멈출 수 없는 나와의 약속이다. 우리가 심어놓은 느티나무 그늘 아래에서 "책이 있어서 잠시 머물렀다"라고 하는 누군가가 있다면, 그것이 나의 기쁨이고 보람일 것이다. 문득 이것은 열정인가 집착인가 싶기도 하면서.

콩밭 둑에 앉아 여뀌, 방동사니, 바랭이와 어린 메뚜기를 가만히 들여다보노라면, 도서관에서 책을 읽는 것 같다. 밭은 나의 도서관이고, 도서관은 내게 곡식을 키우는 밭이자 봄의 정원이다. 농작물이 흙에서 자양분을 끌어올리듯 나의 정신은 도서관에서 가을처럼 풍요로워진다.

장 지오노의 《나무를 심은 사람》을 책으로 읽은 아이들과 애니메이션으로 본 아이들을 비교한 실험을 본 적이 있다. 인지력이 발달하는 청소년기까지는 뇌의 발달에 '어떤 것도 독서를 대체할 수 없다'라고 독서의 필요성을 강조하는 프로그램이었다.

AI가 모든 것을 해결해 주고 디지털 정보가 넘쳐나더라도, 도서관의 가치는 결코 줄어들지 않을 것이라 믿는다. 책이 꽂혀 있는 작은 카페도 도서관이 된다. 나이가 들어 책을 읽는 일은 새로운 것을 만나고 묵은 것을 되돌아보는 일, 삶을 사랑하는 방법이자 깊어지는 시간의 그늘 아래에서 쉬는 일이다. 오늘도 나는 도서관에서 작은 불을 켠다. 그 불빛이 나를 비추고, 또 다른 누군가의 길을 밝혀 주기를 바라며.

✳ Profile
　한국디지털문인협회 회원, 서울 중등 교원 퇴직

오늘도 꿈을 디자인하고 희망을 깁는다

오순옥

"얘야, 이젠 살맛이 나질 않는구나. 꿈이 없으니, 하고 싶은 것도 먹고픈 것도 없다."

아흔아홉 해의 세월을 살아오신 시아버지께서 병상에서 유언처럼 공허한 눈빛으로 허공을 응시하며 하시던 말씀은, 5년이 흐른 지금도 제 가슴을 울리고 있습니다. '삶의 마지막 길목에서 아버님은 무엇을 가장 원하셨을까?' 그 물음은 제 삶의 항로에 무겁게 내려진 닻이 되어, '무엇이 내 심장을 다시 뛰게 하는가'라는 묵직한 화두를 던졌습니다.

어느 날 제 물음에 대한 답을 찾았습니다. 십 년이 넘도록 미친 듯이 섬기고 있는 미얀마, 아이들의 깊고 투명한 눈망울 속에서 쿵쿵거리는 제 심장을 발견했습니다. 언젠가부터 저는 기도로 새벽을 깨웁니다. '하나님, 오늘 하루도 제 마음을 다해 제가 만나는 미얀마 아이들의 꿈을 섬기게 하소서.' 그들의 꿈은 제 심장에 이식된 또 하나의 꿈이 되었고, 그 꿈이 저를 살아있게 하는 서뭇한 양식이 되었습니다.

아이들을 만날 때마다 인사처럼 묻습니다. "네 가슴을 설레게 하는 꿈이 뭐니?" 아이들 마음속 깊은 곳, 그 누구도 발견하지 못했던 꿈이라는 원석을 캐내고, 정성껏 닦아내어 빛을 비추는 일. 그 꿈이 현실이라는 옷을 입고 세상에 펼쳐지는 길을 함께 걷는 것이야말로, 제 삶을 가장 뜨겁게 불타게 하는 에너지입니다.

　5년 전, 양곤의 뜨거운 햇살 아래, 많은 학생 중, 유난히 반짝이는 눈빛을 가진 소녀 '애라'를 만났습니다. 2년간 한국어를 익힌 열다섯 소녀에게 꿈을 묻자, 한 치의 주저함도 없었습니다. "제 이름으로 된 브랜드를 가진 디자이너가 되고 싶어요." 재봉사 부모님으로부터 어깨너머로 익힌 재봉 기술이 전부라, 비싼 디자인 학원비는 넘을 수 없는 벽이었다는 고백이 뒤따랐습니다.

　지난 25년 동안 누군가의 고단한 밤을 포근하게 덮어줄 이불을 지어온 저에게, 소녀의 당찬 포부는 잊고 있던 내 젊은 날의 꿈처럼 선명하게 다가왔습니다. 그날 이후, 애라의 꿈은 저를 통해 시작되었고, 제 마음의 재봉틀 위에서 한 땀 한 땀 정교하게 수놓아졌습니다. 1년간의 디자인 교육을 우수한 성적으로 마친 애라는, 꿈을 꾸기만 하던 소녀에서 자신의 가능성을 증명해 보이는 단단한 청년으로 여물어 가고 있었습니다.

　저는 애라에게 물었습니다. "네가 받은 이 빛을, 이제 다른 아이들에게 나누어 줄 수 있겠니?", "선생님 그렇게 하고 싶어요." 배움은 나눌 때 증폭되고, 꿈은 전염될 때 더 위대해진다는 것을 믿고 있기 때문입니다. 이제 애라는 미싱 교실과 디자인 교실을 열어 또 다른 꿈의 씨앗들을 뿌리고 가꾸고 있습니다. 꿈을 이룬 소녀가, 다른 이들의 꿈에 불을 붙여주는 사람이 된 기적의 현장이었습니다.

　교실 안에서 또 다른 애라들이 무럭무럭 자라고 있습니다. "한국어 선생님이 되고 싶어요. 컴퓨터로 더 넓은 세상과 만나고 싶어요. 선생님처럼 소설가가 될 거예요." 아이들의 목소리에 실린 생생한 열정은 그대로 저에게 건너와, 제 심장을 두근거리게 합니다. 저는 아이들의 꿈을 먹고, 아이들은 저의 열정을 자양분 삼아 쑥쑥 자라고 있습니다.

시아버지께서 그토록 그리워했던 '살맛'은 바로 이 '꿈'과 '열정'이었을 겁니다. 나이가 얼마이든, 처한 현실이 어떻든, 가슴속에 자신만의 별 하나를 품고 있다면 매일 아침은 설레임으로 가득하고, 내일이 간절히 기다려진다는 것을 저는 이제 압니다.

오늘도 저는 미얀마 아이들의 꿈과 현실 사이에 징검다리를 놓는 '꿈순이'로 살아갑니다. 저는 새벽 기도를 드릴 때마다 한 그루의 꿈나무가 뿌리내려 또 다른 나무를 키워내고, 마침내 울창한 꿈의 숲을 이룰 그날을 선명하게 그려봅니다. 새벽의 첫 기도처럼, 오늘 마주할 또 다른 꿈나무의 얼굴을 떠올리는 이 설렘은, 아흔아홉 해의 시간을 넘어 저에게 주어진 눈부신 유산이자, 제 삶을 힘껏 밀어 올리는 거룩한 열정입니다.

✴ Profile
　미코커뮤니케이션 대표, 빛과나눔장학협회 사무총장, 심리학박사

길 위에서 다시 만난 교실

우종희

　새벽녘 학교에 들어서자 차가운 공기와 갓 깎은 풀 냄새가 코끝을 스쳤다. 교실 문을 열자 분필 가루 냄새와 막 닦아낸 바닥의 물 냄새가 섞여 올라왔다. 교탁 앞에 서자 아이들의 눈빛이 일제히 나를 향했다. 창밖의 까치 울음도 잠시 멎은 듯했고, 교실 안의 숨소리까지 또렷했다. 내 심장 소리가 교실 가득 울리는 것 같았다. 교사의 열정은 단순히 지식을 전하는 것이 아니라 아이들의 마음에 불씨를 켜주는 일이라는 것을 그날 알았다. 하지만 그 불씨는 쉽게 타오르지 않았다. 아이들의 마음을 알기까지는 많은 시간과 기다림이 필요했고, 때로는 실패와 좌절도 함께 겪어야 했다.

　학교의 아침은 언제나 분주하다. 창문 사이로 들어오는 빛이 복도를 따라 번지고, 아이들의 웃음이 교정을 가득 채운다. 그 속에서 교사들은 또 하루의 수업을 준비한다. 책상 위의 교과서보다 먼저 펼쳐지는 것은 아이 한 사람 한 사람을 향한 마음이다. 2009년 개교한 우리 학교는 소수의 교사가 근무하였다. 그들은 숫자로는 적었지만, 한 사람 한 사람이 멘토 멘티가 되어 서로 교과의 전문가이자 교육의 동반자로서 열정을 다하였다. 서로의 강점을 살려 함께 수업을 만들고, 함께 학생을 교육하는 일이 우리 학교의 시작이었다. 그들이 나눈 신념은 간결했다.

"교육은 혼자의 열정이 아니라, 함께 이어가는 불빛이어야 한다."

자연에서 배우는 창의, 사람과 나누는 인성의 첫 실천은 한탄강 지질공원 탐사 프로젝트 활동이었다. 버스로 이동하여 현장에서 교장선생님의 설명을 듣는 아이들은 바위를 손으로 만지고, 현무암 절벽을 스케치하며 반짝이는 눈으로 질문하였다.

"선생님, 돌이 아니라 시간이 보이는 것 같아요." 한 학생의 말에 교사들의 마음을 울렸다. 탐사 후에는 과학·미술·국어 교사가 연계한 프로젝트 수업이 이어졌다. 과학 시간에는 암석 분석, 미술 시간에는 단면화 그리기, 국어 시간에는 탐사일기 쓰기를 한 흐름으로 엮었다. 교과가 만나고, 교사가 연결되며 배움이 확장된 순간이었다.

밤이면 학교 옥상에 망원경을 세웠다. 야간 천체관측 활동은 과학과 국어 교사가 함께 만든 융합 수업이었다. 학생들은 별자리를 관찰하고, 별자리 신화를 발표했다. 별빛을 바라보며 배우는 수업 속에서 지식은 감동이 되고, 감동은 다시 사유가 되었다.

옥상 한쪽에는 작은 텃밭 교실이 있었다. 기술·가정 교사와 과학 교사가 함께 만든 수업이었다. 아이들은 흙을 만지며 식물의 생장을 기록했고, 직접 수확한 채소를 나누며 협동의 기쁨을 배웠다. 그 텃밭은 교과서보다 더 깊은 교실이었다.

또한 언어로 세상을 잇는 우리 학교는 이후 영어 리더 학교로 지정되었다. 언어를 시험이 아닌 사람과 세계를 연결하는 경험의 언어로 가르쳤다. 학생들은 영어 원서를 읽고 연극·시·인터뷰 영상으로 재창작했다. 국제교류 활동을 통해 탐사 영상을 영어로 발표하고, 화상 토론을 통해 서로의 문화를 나누었다.

"문법은 교과서에서 배웠지만, 마음은 대화에서 배웠어요"라는 학생의 이 말은 우리 학교의 교육 철학을 가장 잘 설명해 주었다. 이렇게 탐구하고 창작하는 활동을 하던 우리 학교는 100대 교육과정 최우수교로 표창을 받았고, 교육부 지정 창의 인성 모델학교가 되었다. 창의와 인성을 교과 안으로 깊이 스며들게 하는 좋은 사례로 인정을 받은 것이다. 과학·사회·미술 교사가 함께 만든 '기후변화와 지속 가능한 미래 프로젝트'에서 학생들은 탄소 배출을 조사하고, 시와 포스터, 그래프 등 다양한 방식으로 발표했다. '마을 공원 디자인 프로젝트'에서는 학생들이 노약자와 어린이를 위한 쉼터를 설계했다. 아이들의 도면에는 배려와 상상 그리고 함께 살아가는 힘이 담겨 있었다.

교사들은 매 학기 서로의 교실을 열어 공동수업을 연구하고 나누었다. 그때 나는 알았다. 진정한 열정은 혼자의 불꽃이 아니라, 모두가 함께 지켜내는 불빛이라는 것. 누군가는 바람막이가 되고, 누군가는 물을 길어 불씨를 살린다. 교사와 학부모, 학생이 함께 둘러앉을 때 학교의 불빛은 꺼지지 않는다.

오늘날 학교는 그때보다 훨씬 복잡하다. 학부모의 개입은 늘어나고, 교권 침해 사건은 사회 문제로 번졌다. 젊은 교사들은 민원과 신고, 인터넷의 비난 글에 시달린다. 그 소식을 들을 때마다 마음이 무거웠다. 학교는 싸움터가 아니라 아이를 함께 키우는 마당이어야 하지 않은가. 그래서 아이들과 이런 이야기를 나누어 보았다. "만약 네 선생님이 학부모 항의 때문에 힘들어한다면, 너희는 어떻게 하고 싶니?" 아이들은 잠시 웃다가 진지해졌다. "선생님도 힘든 거 알죠. 근데 얘기도 들어줘야 해요."

나는 그들에게 역할 바꾸기 토론을 시켰다. 한 명은 교사, 다른 한 명은 학부모 역할을 맡았다. 말다툼하듯 주고받다가 마지막에는 아이들이 말했다. "서로 너무 몰아붙이면 다 상처받을 것 같아요. 기다려 주는 게 필요해요." 그 말을 듣는 순간 나는 깨달았다. 아이들도 알고 있다. 교육은 강요가 아니라 기다림이라는 것을. 우리가 지켜야 할 교육은 사람을 세우는 교육이다. 억지로 먹이는 교육이 아니라 스스로 하고 싶은 것을 하도록 하는 교육, 질책이 아니라 마음을 읽어 주는 교육, 교사를 무너뜨리는 교육이 아니라 교사와 학부모가 신뢰하는 교육이다. 그리고 나는 알게 되었다. 이런 교육적 열정은 교사 혼자의 힘으로는 오래 타오르기 어렵다는 것을. 열정은 외로운 불꽃이 아니라, 모두가 둘러앉아 지키는 불빛이어야 한다. 누군가는 바람막이가 되고, 누군가는 물을 길어 불씨를 살려야 한다.

학교는 그 불빛을 함께 지키는 곳이어야 한다. 교사는 안내자, 학부모는 협력자, 아이는 주체로서 그 안에서 성장한다. 모두가 동반자가 될 때 비로소 교육적 열정은 지치지 않고 오래 타오를 수 있다.

정년퇴직한 지금, 그때 그 시절 함께한 우리는 DMZ 평화의 길을 걷는다. 그 시절 교장선생님은 지질 생태 강의를 해주신다. 풀잎의 이슬이 신발을 적시고, 아침 바람이 땀 냄새를 씻어 준다. 자갈길을 밟을 때마다 사각거리는 소리가 마음 깊은 곳을 울린다. 걷는 동안 나는 지난 교직의 길을 떠올린다. 실패와 성공, 좌절과 기쁨, 그 모든 과정에서 나를 버티게 한 힘은 결국 함께한 사람들, 동반자들이었다. 교육적 열정은 결국 '함께 걷는 길'이다. 혼자가 아닌 우리 모두의 길. 나는 그 길 위에서 오늘도 다짐한다. 아이들이 걸어갈 길 위에 나의 작은 불빛 하나 보태고, 그 불빛을 더 많은 이들이 함께 지켜주는 세상을 만들겠다고.

결국 사람들이다. 함께 걸어준 동반자들이었다. 교육은 혼자의 열정으로 완성되지 않는다. 교사와 학생, 학부모와 지역이 함께 걸을 때 그 길은 진정한 교육의 길이 된다. 아이들이 걸어갈 길 위에 나의 작은 불빛 하나 보태고, 그 불빛을 더 많은 이들이 함께 지켜주는 세상을 꿈꾼다.

✶ Profile
현) 한국디지털문인협회 회원, (사)DMZ생태관광협회 회원, 전) 중등교장

지옥이 예정되어 있을지라도

＊

원동업

지옥은 예정되어 있다. 나는 두려웠다. 이 몸으로는 가능한 일이 아니었다. 미리 약속해 놓았다지만, 행하지 않아도 누가 뭐랄 사람이 어디 있겠는가? 하지만 처음이니까. 누구나 할 수는 있다지만, 아무나 다 해낼 수는 없는 일이니까. 해내면 흡족할 것 같았다. 내가 나에게 한 약속이니까, 지키고 싶었다. 무엇보다 마나님이 먼저 하겠다는 거 아닌가. 생전 처음 도전이라는데, 남편인 내가 질 수는 없지, 절대로.

때는 2019년 늦은 시월이었다. 다음해 세상을 덮칠 코로나 같은 것은 예상도 못한 때. 개인적으로 나는 지옥을 예상하고 있었다. 내일 10월 27일, 생애 첫 마라톤 풀코스가 예정된 터였다. 그런데 아직 몸이 준비가 안 됐다. 조금 무리해 뛰면 왼쪽 종아리에 쥐가 올랐다. 근육이 막대기로 변하는 느낌. 딱 잡아서 팽팽히 당기는 그 순간, 땀이 삐질삐질 솟았다. 오른쪽 무릎도 시큰시큰, 삐걱삐걱, 덜커덕덜커덕 했다. 약도 사양하고, 병원은 죽어야만 가는 데인 줄 알던 아버지 피를 받은 게지. "병원 따위 가지 않아!" 나도 그 신조였다. 달리지 않을 땐 아프지 않으니, 평소엔 아픈 걸 잊기도 하는 날들이었다.

잠이라도 잘 잤나? 아니었다. 발행인 겸 편집인으로 있는 동네 잡지 《성수동쓰다》의 마감이 닥쳐있었다. 예정했던《직업을 말해줘》책 발간 마감도 겹쳐 있었다. 이슥한 밤까지 꼬박 일한 지 일주일을 넘기고 있었다. 왜 하품은 자꾸 나는가? 여러분도 아시는지. 앉아만 있으면 다리 살이 뱃살로 올라가는 충격적인 경험을 하게 된다. 안녕, 잘 가라. 허벅지~ 장딴지~ 나의 근육들이여. (아! 근손실!) 안녕, 만나서 슬프구나. 나의 뱃살들(오, 배둘레햄)이여. 삭감하기로 예정됐던 몸무게는 줄지 않은 채였다. 어깨에 돌원숭이가 앉았나? 몸은 왜 이렇게 무거운가. 나에게 지옥은 예정되어 있었다.

뛰는 장소는 춘천이었다. 날이 추웠다. 옷을 껴입자니 뛸 수가 없다. 뛰면서 벗어던질 수는 없는 일이다. 단벌 신사가. 세탁을 맡기면 전달해 주는 비닐우에 몸을 넣고 기다린다. 하나님, 부처님, 공자님, 이 불쌍한 중생을 살리소서. 기도가 절로 나온다. 오, 무릎 관절은 괜찮다. 뛰는 동안 쥐도 나지 않았다. 아이고 감사합니다. 그러는 중에도 옆 사람들은 치고 나간다.

"어허! 빨라. 너무 빨라! 천천히. 천천히! 보내, 보내, 사람들! 다 보내. 천천히 천천히!"

뛰는 내내 내가 되뇌인 주문은 이것이었다. 6시간 안에만 들어오면 되는 거였다. 시속 7km. 걷는 속도가 4km 아닌가. 7km는 빨리 걷기보다 조금만 더 힘을 내면 되는 거였다. 비록 쉬어선 안 된다는 조건이 있지만. 애초 목표를 낮게 잡자 한없이 마음도 편해졌다. 그 외에 나는 몇 가지 '요령'도 부렸다. 파닥파닥 하는 백조의 발짓이었다.

첫째, 나는 길가에 준비돼 있는 음료 중 물은 사양하고, 이온음료로만 보충했다. 둘째, 바나나와 초코파이도 제공됐는데, 그것들도 계속 껍질을 벗기고 속을 섭취했다. 셋째, 맨소래담 로션과 안티푸라민과 스프레이 파스 같은 것 역시 기회가 닿는 대로 계속해 종아리와 관절에 바르거나 뿌렸다. 나중에는 허벅지까지.

내 꼼수의 절정은 곡선인 도로가 나올 때였다. 길의 최단 거리를 따지고 목표를 정해 그곳으로 곧장 달리는 거였다. 어차피 통제된 거리. 트랙을 벗어난 것도 아니었다. 꼭 무리 안에서 뛰어야 하나? 이젠 그럴 수도 없었다. 달리기의 행렬은 아주아주 길게 늘어졌다.

고백하자면, 그래선 안 될 짓도 했다. 음료 대 근처에 수없이 떨어져 있던 에너지젤 껍질들 사이에서, 나는 통통한 놈을 발견해 내는 신통력을 발휘했다. 공공 공급물이 아니었다. '싸제(私製)'였다. 땅에 떨어진 걸 주워먹을 수는 없지……는 않았다. 내 다리는 이미 그곳으로, 내 허리는 이미 숙여졌고, 내 손은 그걸 주욱 하고 찢고 있었다. 에너지젤을 빨 때의 내 입술은 츄르를 탐하는 고양이의 그것과 닮았었을 것이다. 오! 나를 아는 모든 나여. 원기옥을 보내주시오! 나는 간절했다.

이야기는 해피엔딩이다. 4시간대는 아니지만, 여섯 시간을 넘기지는 않았다. 내 뒤로도 많은 이들이 들어왔다. 마나님이 거기에 있었다. (승자의) 박수를 쳐주었다. 속으로 말하면서 (내가 이겼어! 이겼다구!) 나는 아내를 안았다.

이렇게나 많은 군중과 가까이 있게 되는 건 집회나 시위 현장이다. 그 현장에 갈 때마다 늘 깃발들을 살핀다. 문자 활자 중독 증상이다. 2016년 겨울 촛불집회에서, 2024년 겨울 응원봉 집회에서, 나는 늘 문구들 안에서 즐거웠다. '강아지 발냄새 연구회', '전국계란은완숙협회', '제발 아무 것도 안 하고 싶은 사람들의 모임'이 여기까지 왔으니 그건 얼마나 절실한 문제였겠나? 마라톤 현장도 그렇다. "새는 날고, 물고기는 헤엄치고, 사람은 달린다.", "여기까지 오려고 여기까지 온 건 아니잖아!", "6개월 전에는 이게 멋진 생각 같았어!" 하하하. 여기는 공감의 자리다.

유모차를 끌고 나온 젊은 부부도 있다. 머리가 허연, 키 작고 바싹 말라 장작 같은 할머니도 준비운동 중이다. 굴러가야 할 것 같은 뚱뚱이도 있고, 슈퍼맨 복장에 날개 단 아저씨도 보인다. 달리기 시작하면 잊히는 얼굴과 문구들이지만, 그것들은 내 마음에 스며있다. 그것들이 내 머리와 마음과 몸에 전류를 흘려보낸다. "이 재미난 것을 포기하지마. 함께 하고 있잖아." 불은 켜지고, 끝날 때까지 꺼지지 않는다.

마라톤에 필적하는 몸쓰기라면 발에 흙 밟고, 곁에 풀과 나무들 두고, 건물들로 잘리지 않은 하늘을 천장에 두는 트레일도 있다. 한양도성 20여 km, 북한산 둘레길 80여 km, 서울둘레길 160여 km. 제주 올레길이나 지리산 둘레길이나, 충주나 대관령 옛길도 있다. 천왕봉으로 대청봉으로 백록담으로 향하는 산행도 굳이 안 해도 될 수고를 자청하는 시간이다. 거기에 내 몸을 던짐으로서만 시작되고 완성되는 서사를 흙과 나무들 속에서 몸으로 밀고 나간다. 그럴 때, 힘은 땅으로부터 온다. 얼스(地球), 땅기운이다. 나무들도 에너지를 켜준다. 산소는 몸 안의 지방을 불꽃으로 태운다. 햇살은 모든 것에 공평하게 내려앉는다. 세상은, 열정을 가지라지만, "열정 같은 소리 하고 있네!" 당찬 반발도 있다. 무한한 열정을 가졌던 수많은 혁명가는 또 얼마나 뜨거운 남의 피를 흘리게 했었나? 열정은 스스로에게만. 자연과 인간에 무해하게. 거위의 배를 가르는 조급함 말고, 알을 기다리는 설렘으로만. 핵폭탄처럼 '빵' 말고, 핵 추진 잠수함처럼 천천히. 그럴 때, 예고된 지옥이라도 걸을 만하다? 아마, 뛸 만도 할 거야!

✳ Profile
 《성수동쓰다》 편집장, 스튜디오 〈3개의 풍경〉 운영

열정의 불씨

✳

유영석

　새벽 다섯 시, 아버지 리어카의 등불이 홍제동 문화촌 골목의 어둠을 깨웠다. 밀가루를 반죽하고 찐빵을 만들어 파는 일은 소박하지만, 아버지의 하루는 그렇게 시작되었다. 어린 나는 그 뒷모습을 바라보며 가슴 한편에 뜨거운 기운이 스멀스멀 피어오르는 것을 느꼈다. 훗날에야 그것이 열정이라는 것을 알게 되었다.
　중학교를 졸업하자 모든 것이 막막했다. 어쩔 수 없이 상업고등학교에 진학했다. 선생님이 되고 싶었지만, 집안 형편상 꿈을 접어야 했다. 꿈 하나가 바스락거리며 회색빛으로 변해갔다. 그러나 아버지는 말씀하셨다. "길은 하나만 있는 게 아니야." 그 말씀에서 다른 열정의 길을 보았다. 열정은 때로 우회하는 용기였다.
　파릇파릇한 나이에 회사 관리부서에 첫발을 내디뎠다. 펜글씨가 비교적 단정했던 탓에 상사들의 보고서를 대필하는 일이 내 몫이었다. 손가락이 부르트도록 글씨를 써 내려가며 "매사 성실하라"는 아버지의 가르침을 되새겼다. 회사 경영을 배울 기회라고 스스로 달랬지만, 대필이나 문서 정리 같은 끝없이 밀려드는 단순 업무에 지쳐갔다. 대졸 중심의 조직에서 고졸인 내가 있을 자리는 없었다.
　어느 날 밤, 야근으로 불이 켜진 사무실에서 또다시 상사가 남겨둔 보고서 더미 앞에 홀로 앉았다. 문득 자신에게 물었다. 일한 만큼 대우

받을 수 있을까? 미래는 있을까? 푸른 꿈을 품었던 한 청년이 자존심의 상처와 막막한 앞날 앞에서 덧없이 흔들리고 있었다. 퇴사를 고민했지만, 아버지를 대신한 장남으로서 짊어진 가장의 무게가 발목을 잡았다. 가난의 굴레에서 벗어나고 싶었다. 벽 앞에서 좌절하는 것이 아니라 그것을 넘어서는 길을 찾고 싶었다.

그 어둠 속에서도 작은 불씨 하나가 꺼지지 않고 있었다. 새로운 목표가 생겼다. 학벌 중심의 직장에서 고졸인 나만의 존재 이유를 찾으며 배움으로 성장하는 사람이 되고 싶었다. 그런 연유로 사회에 첫발을 내디딘 지 10년 만에 방송통신대에 입학했다. 낮에는 직장에서, 밤에는 책상 앞에서 하루를 보냈다. 몸은 낡은 책장처럼 삐걱거렸지만 배움에 대한 갈증은 식지 않았다. 지하철에서 졸다가 종점까지 가기도 했고, 책 위에 엎드린 채 새벽을 맞은 적도 있었다. 일본 주재원 발령으로 학업이 끊기면서도 제적과 편입을 거듭하며 졸업까지 18년을 걸었다. 길은 늘 비탈을 품고 있었다.

그보다 더 뒤늦게 알게 된 사실이 있다. 방통대 시절, 주경야독하며 공부할 때 양가 부모님이 매일 기도해 주셨다는 것이다. 모르는 곳에서 누군가가 나를 위해 간절히 손을 모으고 있었다. 그 기도가 열정의 밑불이 되어주었다. 혼자였던 순간이 실은 가장 사랑받던 때였을까. 열정에도 보이지 않는 뿌리가 있다.

뒤늦게 또 다른 공부 길에 들어섰다. 50대 중반에 박사과정을 시작했다. 방송통신대 졸업으로는 여전히 배움이 부족하다고 느꼈다. 회사에서 처한 환경도 나아지지 않았다. 실무 경험에 이론을 더해 온전한 전문가가 되고 싶었다. 주변에서는 왜 그 나이에 굳이 그런 길을 가느냐고 물었다. 확신이 서지 않았다. 늦은 출발이 용기일까, 욕심일까.

연구에 몰두할 때는 행복했지만, 문득 이것이 진정한 열정인지 의심스러웠다. 나이는 핑계가 되는가, 아니면 이유가 되는가. 혹시 외형적인 결과에만 매달리고 있는 것은 아닌지, 내 안을 제대로 채우지 못하고 있는 것은 아닌지….

50대 후반 어느 날 아내로부터 각당 복지재단 호스피스 봉사상 소식을 나중에야 들었다. 10년 넘게 이어온 봉사였지만, 아내는 "어찌하다 보니"라며 수줍어했다. 서랍 깊숙이 숨겨둔 아동 후원 기관의 감사 편지가 떠올랐다. 오랫동안 모르고 있던 후원이었다. 아내에게 봉사는 보상이 아닌 호흡이었다. 그렇게 커튼을 친 병실에서도 묵묵히 손을 내밀고, 죽음 앞에서 미소 짓는 이들에게서 오히려 삶을 배웠다고 했다. 아내는 그렇게 보이지 않는 곳에서 누군가의 등불이 되어주었나 보다.

그런 깨달음 속에서 어찌어찌해 뒤늦게 박사학위를 받고 60세에 대학교수가 되었다. 어린 시절 선생님의 꿈이 뒤늦게 피어났지만, 진정한 성취였을까. 대학 교목실의 요청으로 채플 시간에 초롱초롱한 눈망울들 앞에서 '긍정의 힘'을 이야기했다. 자랑이 아닌, 넘어지고 일어서기를 반복했던 생생한 경험을. "끝날 때까지 끝난 게 아니다"라고 말하면서도, 수없이 포기하고 싶었던 순간들이 떠올랐다. 학생들에게 디딤돌을 놓아주고 싶은 마음이 간절했지만, '그들에게 진정한 길잡이가 될 수 있을까?' 하는 의문도 들었다. 학생들한테 들려준 말이 사실은 나 자신에게 건네는 다짐이었다. 결과보다 어떻게 변해왔는지가 더욱 중요했다. 하지만 참다운 열정은 따로 있었다.

정년을 맞은 어느 날, 디지털 교육을 받고 블로그를 개설했다. 가슴에 품었던 일기장을 꺼내며 지나온 삶을 돌아보고 내일을 그려보고 싶었다. 한 편 두 편 글이 늘어나면서 빈 서랍이 채워지는 기분이었다.

글들을 모아 에세이집을 냈다. 가까운 지인으로부터 "왜 이런 글로 나를 힘들게 하는가?"라는 뜻밖의 말을 들었을 때, 펜 끝에서 돋아난 가시가 가슴을 찔렀다. 그 아픔이 나를 더 단단하게 만들었나 보다. 누군가 내 글을 읽고 긍정적으로 변했다고 말할 때, 비로소 진정한 열정을 맛보았다. 그것은 혼자만의 열정이 아니라 함께하는 열정이었다. 시나브로 제2의 삶이 시작되었다.

열정은 어떤 얼굴을 하고 있을까. 어떤 이는 큰 꿈을 향한 의지라 하고, 어떤 이는 불굴의 투지라고 한다. 하지만 내가 본 열정은 조금 달랐다. 그것은 화려한 성취가 아니었다. 매일 아침 일어나 오늘 하루를 어떻게 살 것인가를 묻는 조용한 마음가짐이었다. 우리는 언제부터 질문을 멈추었을까.

지금 돌이켜 보니 열정이란 불꽃처럼 활활 타오르는 것만이 아니었다. 때로는 잿더미 속에서도 꺼지지 않는 작은 불씨였고, 때로는 촛불처럼 조용히 타는 따스한 빛이었다. 아버지의 리어카, 아내의 헌신, 나의 더딘 걸음까지도 모두 각자만의 불빛이었다. 열정은 저울에 올리는 것이 아니라 마음을 담아 헤아리는 것이었다.

세상은 눈부신 성취에만 박수를 보낸다. 하지만 진짜 열정은 보이지 않는 곳에 있다. 성공 뒤에는 수많은 실패가 숨어 있다. 포기하고 싶었던 밤들도. 나를 견디게 해준 것은 커다란 목표가 아니었다. '오늘만은'이라는 작은 다짐 하나였다. 오늘도 나는 그 작은 열정의 불씨를 품은 손으로 하루를 시작한다.

✳ Profile

    수필가, 시조시인, 한국디지털문인협회 이사, 한국산문작가협회 이사, 한국시조협회 국제PEN한국본부 회원, 한신대학교 초빙교수. 수필집:《바다를 꿈꾸는 개구리》

내 삶의 열정

유용린

인생은 선택의 연속이고, 그 선택 속에서 열정의 불씨가 피어난다. 지금까지 나의 삶을 돌아보면, 우연이든 필연이든 수많은 만남과 경험 속에서 선택의 순간이 필요했고, 치열한 고민 끝의 결정들이 모여 오늘의 나를 만들었다. 그 모든 선택의 이면에는 하나의 공통된 힘이 있었다. 그것은 바로 열정이다. 강의실에서는 내 강의를 듣는 청중들의 호기심 가득한 눈빛과 마주하고, 코칭을 통해 누군가의 인생을 풀어가며, 출간을 앞둔 원고를 수정하면서 나는 살아있음을 느낀다. 그리고 내 안에 있는 열정을 한 번 더 확인한다. 나의 열정은 단순한 에너지가 아니라 삶을 지탱하는 뿌리이고, 나를 내일로 이끄는 불씨이다.

교수로서의 길은 단순한 직업이 아니라 세상을 비추는 불빛으로 살아가고자 하는 나의 사명이다. 강단에 서는 순간, 나는 또 한 사람의 인생에 불을 지필 수 있는 기회를 얻는다고 생각한다. 새로운 지식을 전달하는 것 이상으로, 그들의 가능성을 일깨우고, 스스로 성장의 길을 걷도록 돕는 것이 내게 주어진 소명으로 받아들인다. 매 학기마다 진행하는 종이다리 프로젝트는 제한된 시간 내에 주어진 자원을 활용하여 고객의 요구사항을 만족시키기 위해 팀별로 토론하고 나름의 작품을 만들게 한다. 그래서 나는 강의실을 단순한 학습의 공간이 아니리 '꿈을 발견하고 가능성이 깨어나는 무대'로 활용한다. 종종 두려움과 혼란 속에서 자신의 미래를 고민하는 그들에게 나는 지식을 전하는 자를 넘어, 길을 함께 걸어가는 안내자의 역할도 한다. 진정성 있는 한마디의 격려가 그들의 인생에서 결정적인 전환점이 되는 순간, 나는 한 사람의 꿈을 다시 쓰게 하는 평생학습자이자 교육자로서의 열정을 더욱 깊이 확인한다.

전문강사로서의 나의 열정은 식을 줄 모른다. '마을공동체', '주민리더', '도시재생', 'AI활용', '소통', '리더십', '전략', '동기부여', '프레젠테이션' 등 다양한 주제로 1년에 약 40,000km를 운전하며 방방곡곡을 누비는 시간은 오히려 즐겁고 기대된다. 그 덕분인지 이번에 큰 맘 먹고 새 차를 샀다. 그동안 나의 손과 발이 되어 고락을 함께해 준 차를 다른 주인에게 보내며 조금은 짠한 마음이 들었지만, 한편으로는 고마움을 느꼈다. 강의 시작하면서 아이스브레이킹이나 스팟 퀴즈로 집중시키고, 강의 진행하면서 중간중간 아재 개그도 하면서 분위기도 파악하고, 또 강의 후에는 텔레파시 게임을 통해 저자 사인이 들어 있는 책을 선물하는 것도 이제는 제법 익숙해졌다. 지금도 나를 찾는 연락이 오면 기꺼이 달려가겠다는 대답을 한다. 그게 무엇이든, 언제 어디서든 전문강사로서 나의 숨길 수 없는 열정이다.

코칭과 컨설팅은 나의 또 다른 열정의 영역이다. 코칭은 고객 안에 이미 존재하는 해답을 발견하도록 돕는 과정이다. 나는 지금까지 2,000시간이 넘는 코칭 대화를 통해 사람들은 자신조차 몰랐던 힘을 발견한다. 스스로 해답을 찾아가는 과정 속에서 눈빛이 달라지는 순간을 나는 숱하게 목격했다. 그것은 마치 새싹이 땅을 뚫고 나오는 순간과 같다. 나의 역할은 그 토양을 기름지게 하는 것, 그리고 빛과 물을 비추는 것이다. 이런 순간이야말로 내가 코치로서 존재해야 하는 이유다. 나는 단순한 문제 해결자가 아니라, 사람이 자기 안의 가능성을 믿고 삶을 다시 설계하도록 이끄는 동반자다. 컨설팅의 자리에서는 조금 더 전략적이고 체계적인 시각을 제공한다. 나는 단순히 문제를 해결하는 것을 넘어, 지속 가능한 성장을 설계하게 한다. 최근 모 대학의 창업캠프에서는 지난 5월에 출간한 《MYSELF부터 STARTUP까지》라는 책을 바탕으로 '나만의 창업여정'을 찾아가는 1박 2일 동안의 워크숍을 진행하면서 학생들의 '추상적인 꿈'을 '실행 가능한 계획'으로 바꾸는 시간을 가졌다. 코치이자 컨설턴트로서, 나는 개인과 조직이 스스로 미래를 창조할 수 있도록 기꺼이 동행하며 돕는다. 그동안의 경험과 이론적 탐구를 하나로 모아 "CoachSulting"이라는 개념으로 이론과 실제 활용 도구를 정리한 책도 출간했다. 나의 또 다른 열정을 느낀 순간이었다.

내 열정의 또 다른 무대는 글쓰기다. 시간과 공간을 넘나 들며 나는 글을 통해 또 다른 열정을 불태운다. 글쓰기는 사색이자 창조이며, 동시에 대화이다. 글을 쓰는 시간은 나와 나 자신이 깊이 만나는 시간이고, 동시에 독자와 마주하는 시간이다. 책을 집필할 때마다 나는 새로운 도전 앞에 선다. 주제를 정하고, 구조를 세우고, 자료를 연구하고, 문장을 다듬는 모든 과정은 내 삶의 정수를 담아내는 여정이다. 강의실에서는 즉각적인 반응을 마주하지만, 글쓰기는 시간과 공간을 넘어선 울림을 만든다. 독자가 내 글을 읽고 마음이 움직였다면, 그것이 바로 글쓰기의 열정이 빛나는 순간이다. 가끔씩 저자 특강을 준비하면서 새로 만나게 될 독자들의 기대감을 미리 생각해 보는 시간을 갖기도 한다. 4년째 스터디 모임을 이어가는 전문코치들과 Renewal Coaching 시리즈를 번역하고 있는 중이다. 앞으로 나는 나만의 '코칭 대화 모델'과 '창의적 교수법', 그리고 '자기 이해와 공감', '지역사회 기반의 창업코칭'이라는 주제를 중심으로 글을 써 내려가려 한다. 그것은 단순한 지식 전달이 아니라, 삶의 방향을 제시하는 나침반이 될 것이라 믿는다. 이 또한 아직 남아있는 나의 열정이 아니겠는가?

내 삶의 열정은 과거에 머물지 않고 미래를 위한 도전과 다짐으로 나는 언제나 '다가올 시대'를 향해 눈을 둔다. 새로운 시대는 빠르게 변하고, 인공지능과 같은 도구는 삶과 교육의 방식을 근본적으로 바꾸고 있다. 그러나 어떤 시대이든, 본질은 변하지 않는다. 기술은 도구일 뿐, 중요한 것은 사람의 성장과 가능성이다. 나는 AI를 교육과 코칭에 접목하여 더 많은 사람들이 자기 주도적으로 배우고 성장할 수 있도록 돕고 싶다. 인간의 가능성을 깨우고, 서로를 이해하며, 더 나은 내일을 향해 나아가는 길은 늘 존재한다. 나는 몇 가지 실천을 계획하고 있다. 첫째, 대학생과 청소년을 위한 'MYSELF-LOCAL-STARTUP 진로·창업 코칭 프로그램'을 완성하여 전국적으로 보급한다. 둘째, 직장인과 군인을 대상으로 '자기 인식과 공감 훈련' 교재를 제작해 현장에서 활용한다. 셋째, 'AI활용코칭전문가 양성과정'을 열어 미래 교육자와 코치들이 새로운 시대를 준비하도록 돕는다.

이것들은 단순한 목표가 아니라, 내가 살아온 길과 앞으로 걸어갈 길이 만나는 지점이다. 나의 열정은 곧 다른 이들의 삶을 밝히는 등불이 된다. 꺼지지 않는 나의 열정이 고스란히 녹아 있는 나만의 내일을 준비하는 모습은 상상만으로 힘이 생긴다. 내가 살아온 길을 돌아보면, 모든 선택의 순간마다 열정이 나를 이끌었다. 그리고 앞으로도 열정은 나의 삶을 움직이는 가장 큰 힘이 될 것이다. 내가 가진 불씨는 결코 꺼지지 않을 것이다. 그것은 교육자의 길, 코치의 길, 작가의 길, 그리고 미래를 준비하는 모든 길 위에서 더욱 타오를 것이다. 삶의 열정은 단순한 에너지가 아니라, 존재 그 자체의 이유라 생각한다. 그것은 나 자신을 넘어, 타인의 가능성을 밝히는 불꽃이다. 내가 살아가는 이유, 내가 앞으로도 계속 걷고자 하는 이유는 분명하다. 나는 배우고, 가르치고, 쓰고, 나누며 살아갈 것이다. 그 길에서 만나는 모든 이들과 함께, 나는 나의 열정을 끝없이 이어갈 것이다.

✽ Profile
국민대학교 산학협력단 전임연구교수, 한국기업코칭협회 대표이사, 국제코칭연맹 코리아챕터 기획위원장

4부

유희숙 • 승진 대신 열정을 택하다
윤석구 • 하늘나라에서 온 감사편지
윤채영 • 열정이라는 씨앗이 피운 나만의 정원
이규성 • 산, 나의 긴 여정
이옥희 • 열정, 삶을 지탱하는 불꽃
이일장 • 큰 바위에 올라 키운 호연지기
이창섭 • 열정이 낳은 결실
이현숙 • 8각 배지
이형하 • 잿빛 분노가 희망으로
장동익 • 두려움을 넘어선 '최초'의 도전 정신
전계숙 • 앙싱힌 훈징
전윤채 • 꽃 같은 삶의 길 위에서

승진 대신 열정을 택하다

유희숙

　지난 35년의 직장 생활을 지탱한 힘이 '열정'이었다면, 그 열정은 과연 어떤 대가와 조건을 요구했는지 물어본다. 나의 35년은 그 조건을 인지하고, 때로는 현실 앞에서 주저했으며, 결국 가장 중요한 순간에 그 대가를 치른 끈기의 기록이다.

　1985년, 대학 졸업 당시 여대생을 공개 채용하는 기업은 거의 없었다. 평점 4.2가 넘는 우수한 성적도 사회적 제도가 여성 앞에 쌓은 장벽 앞에서는 무의미했다. 능력과 기회가 분리되는 부조리 앞에서 좌절을 맛보았다. 100 대 1의 경쟁률을 뚫고 공기업인 A사에 높은 시험 점수로 합격했을 때, 나는 25명 동기 중 유일한 여성이었다. 회사는 나를 채용했지만, 대졸 여직원에게 업무를 시키고 경력을 관리할 준비가 전혀 되어 있지 않았다. 이러한 조직의 미비함 자체가 나를 가로막은 첫 번째 벽이었다. 내가 입사한 공개채용 직군은 모두 남자 선배들로 채워져 있었고, 나는 조직 내에서 '예외'이자 '희소성'의 대상일 뿐이었다. 나에게 쏟아지는 관심은 기대가 아닌 호기심이었고, 곧 고독감으로 변했다. 나는 회사의 첫 공채 여직원 채용 시도였으며, 나의 실패는 회사의 실패로 기록될 것이라는 심리적 부담감을 안고 살았다.

　정신없던 수개월이 지나고, 냉정히 나의 앞날에 대해 생각해 보니 전혀 그림이 그려지지 않았다. 어렵게 연락이 닿은 사직한 여자 선배는 조직 내 여성의 미래에 대해 "해줄 말이 없다"라는 부정적인 말만 남긴 채 전화를 끊었다. 그 말인즉, 시스템의 침묵 속에서 홀로 버텨야 한다는 잔인한 예고였다. 이 시기부터 나는 직장 내 여성 차별과 소외감, 그리고 비공채 출신 여직원들의 질시 등 수많은 불합리와 싸워야 했다. 하지만 더 큰 싸움은 '이런 투쟁을 감수하면서까지 나는 무엇을 얻으려 이 직장을 다니고 있는가'라는 내적인 회의였다.

이 내적 투쟁의 핵심에는 '해외 근무'가 있었다. 공채 직원들에게만 주어졌던 해외 근무는 개인 차원에서는 해외 생활 경험이라는 커다란 혜택이었을 뿐 아니라 승진과 핵심 업무 보직을 위한 필수 코스이기도 하였다. 당시 사내 규정에는 '가족(배우자)을 동반해야만 해외 발령을 받을 수 있다'라는 조항이 있었다. 이는 사실상 여성 직원의 경력 발전을 구조적으로 봉쇄하는 매우 견고한 제도적 벽이었다. 당시에는 결혼 후 회사에 다니면 남편이 무능하거나 여성이 극성이라는 사회적 편견이 지배적이었다. 게다가 자녀를 출산하고 남편을 실직자로 만들면서까지 해외에 동반한다는 것은 그야말로 가당치도 않은 일로 취급되었다. 물론 이럴 경우 회사 조직 내에서도 심각하게 왕따가 될 각오를 해야 했다. 이러한 규정 앞에서 나의 진로에 대한 답답함은 극에 달했다.

입사 2년 만에 한 임원으로부터 해외 발령은 어렵지만, 대신 특정 직무에서 고민 없이 오래 근무할 수 있는 안정적인 부서로 옮기는 것이 어떻겠냐는 제의를 받았다. 해결책이 없는 진로 고민을 끝내고 싶은 마음에 나는 그 제의를 수락했다. 이는 열정을 향한 길에서 잠시 물러선, 현실과의 고통스러운 타협이었다. 다음 해 결혼과 임신, 출산이 이어졌다. 1988년 당시 실내 흡연은 일상이었고, 후배가 임신했다는 것을 알면서도 바로 옆자리의 남자 선배는 사무실에서 온종일 담배를 피워댔다. 게다가 새로운 직무 공부를 위해 다녔던 대학원에서는 시위와 최루탄 가스 때문에 언덕 위의 강의동 옆 개구멍으로 뛰어내려야 하는 무모한 상황도 벌어졌다. 출산 직후 딸아이의 손가락 수가 정상이라는 것을 확인하던 순간의 안도감은, 그 시대의 열악한 환경 속에서 일과 생명을 지켜내야 했던 어머니이자 직장인의 처절한 노력을 함축하고 있었다. 회사에서 당연히 누려야 할 진로의 문은 잠시 좁혀졌지만, 삶의 치열함은 계속되고 있었다.

시간이 흘러 상황도 변했다. 1995년 말, 결국 '가족 동반' 규정이 삭제되면서 나를 짓눌렀던 제도적 벽에 균열이 가기 시작했다. 여성 후배가 배우자와 자녀를 국내에 두고 단신으로 해외 근무를 떠나는 것을 보며, 나의 오랜 염원을 되돌아보았다. 나도 고민이 컸지만, 당시 현 직무에서 승진이 코앞에 있었고 두 아이와 떨어져 혼자 해외에 가거나 데리고 가는 것 모두에 대한 부담이 컸다.

1997년 여름, 회사에서는 겨울 정기 인사에서 승진을 시켜주겠다고 하며, 대신 현재의 해외 발령 대상 직군이 아닌 전문직으로 직군을 전환해야 한다는 조건을 달았다. 나는 이 조건을 단호하게 거절했다. 앞으로 승진을 못 할 수도 있다는 두려움이 컸지만, 그것은 내가 진정으로 원하는 열정의 길, 즉 '해외 근무'라는 경험을 실현하기 위해 반드시 치러야 할 조건이라고 판단했기 때문이었다. 오랜 기간 제도에 막혀 포기해야 했던 열망이 코앞의 승진이라는 현실적 보상보다 우위에 있었다. 회사 임원과 인사팀이 나의 판단에 대해 회의적인 시각을 표했지만, 나는 두려움을 떨쳐내고 나 자신의 판단을 믿고 나아갔다. 그 해 가을 아이들과 함께 해외 근무를 향한 첫발을 내디뎠다. 이 결정은 가장 큰 현실적 보상인 승진을 포기함으로써 나의 진정한 열정을 완성하겠다는 선언이었다.

해외 생활은 아이들의 고생과 여직원으로서의 이중고가 뒤따랐다. 아이들은 낯선 문화와 엄마의 잦은 야근 그리고 의무화된 회식 참석에 적응해야 했다. 부인이 자녀 양육을 전담하는 남자 직원들은 오히려 자녀 문제를 상사와 상의할 수 있었지만, 정작 나는 여직원으로서 '아이 때문에 일을 소홀히 한다'라는 평가를 받을까 봐 동료나 상사에게 일절 말도 꺼내지 못했다. 근무 시간 중 엄마 손이 필요한 일에는, 좁은 한인 사회에서 이상한 소문이 날까 극도로 조심하며 이웃에게 금전적인 보상을 확실히 한 후 도움을 받았다. 나는 회사 내 최고참 여자 선배로서, 후배들에게 본이 안 될까 노심초사하며 매사를 조심했다. 이는 선구자로서의 피할 수 없는 짐이었다. 이때부터 수년이 지나 후배들이 해외에서 임신과 출산을 하는 등 사회 인식이 급변한 후 돌이켜 보니, 내가 너무 많은 부담을 지고 소심하게 살았다는 생각이 들기도 했다. 하지만 나의 고투로 개척한 이 길이 후배들에게 보다 넓은 도약의 발판을 마련해 주었으리라 확신한다.

코앞의 승진이라는 가장 확실한 현실적 보상을 포기하고 해외 근무를 택했던 것은, 단순한 무모함이나 감정이 아니었다. 그것은 시대와 제도에 굴하지 않고 나의 성취를 이루겠다는 확고한 소신이었다. 나는 그동안 나를 짓눌렀던 열정의 조건, 즉 가장 큰 희생을 치렀고, 그 길을 완성했다. 두려움과 맞섰고, 스스로에게 가장 무거운 조건을 부여하여 관철했다. 그 오랜 궤적 끝에 이 길을 완성한 나 자신에게 진정한 칭찬을 건넨다.

✳ Profile

전) 대한무역투자진흥공사(KOTRA) 근무

하늘나라에서 온 감사편지

✳

윤석구

2010년 10월, 우리은행 상암동지점의 오후는 언제나 분주했다. 분주한 일상 속에서도, 그날은 유난히 기억에 남는다. 문을 열고 들어온 어머니와 아들의 얼굴에는 남다른 간절함이 서려 있었다. 장기전세임대아파트 일명 '시프트'. 서울 변두리 땅이지만 서민들에게는 인생을 바꿀 기회였다.

"저희 아들 아빠 명의로 시프트에 당첨됐는데요…." 하지만 어머니의 다음 말에 사무실 공기가 무거워졌다. 옆에 있던 아들이 "아버지가 몸이 많이 편찮으셔서 거동도 못 하시고, 언어 등 인지불능으로 인해 대출계약서에 서명도 어렵습니다." 대출약정서는 반드시 본인이 직접 서명해야 한다. 절대 양보할 수 없는 금융의 철칙이다. 어머니도 그걸 알고 계셨기에 그 눈빛은 더욱 절망적이었다. 어쩌면 이 철칙 하나가 한 가족의 인생을 바꿀 기회를 앗아갈 수도 있는 순간이었다. 어머니는 아들 옆에 앉아 그저 간곡히 말씀하셨다. 나는 망설이지 않았다. "제가 직접 찾아뵙겠습니다. 아비님이 계신 곳으로 기서 대출서류에 손을 붙잡고 서명을 도와드리겠습니다." 어머니의 눈에 눈물이 고였다.

며칠 후, 차가운 바람 속 푸른 한강을 바라보며 성수동으로 향했다. 약속한 시간에 맞춰 좁은 골목길을 걸어 들어갔다. 작은 집의 문을 열고 들어서자 침대에 누워계신 남편 곁을 지키는 박정희 사모님이 계셨다. "어서 오세요, 지점장님." 10년째 남편의 곁을 지키며 눈만 깜빡이는 그분을 간병하신다고 했다. 사모님의 얼굴에는 긴 세월의 피로가 새겨져 있었지만 눈빛만은 맑았다. "그래도 이 사람이 곁에 있다는 것만으로도 저는 행복합니다." 사모님이 조용히 말씀하셨다. 24시간 온 힘을 다해 간호하지만 남편이 계신 그 자체가 너무도 소중하다고. 그 덕분에 시프트에 당첨되었고, 오늘처럼 지점장이 직접 방문해 대출까지 받을 수 있게 되었다고 하셨다.

나는 대출약정서를 펼쳤다. 침대에 누워계신 아버님은 자필 작성 자체가 힘드셨다. 사모님이 아버님의 한쪽 손을 조심스럽게 들어 올리시며 당신의 오른손으로 감싸셨다. 나는 그 손을 함께 받쳐 들고, 종이 위에 한 획 한 획을 그었다. 잉크보다 뜨거운 것은 손끝에서 전해진 체온이었다. 온 힘을 다하시는 남편을 바라보는 어머님의 얼굴에 땀방울이 송송 맺혔다. 사모님의 땀과 아버님의 온 힘이 종이 위에 한 글자 한 글자 새겨졌다. 비록 비뚤비뚤했지만, 이름 석자와 금액 여섯 자, 세상 그 어떤 서명보다 무겁고 진실한 서명이 완성되었다. 방 안에는 고요한 감동이 흘렀다.

그날 이후 나는 다짐했다. 이런 경우가 많을 것이라는 생각이 들면서, "제가 찾아뵙겠습니다"라고 했다. 그렇게 나는 발품에 마음과 정성을 다했다. 그리고 지점을 찾아오시는 모든 분께는 작은 선물을 준비했다. 우리은행 시집 한 권 그리고 라면 두 봉지, 친필 사인을 넣은 시집과 함께. "면발은 장수를 상징한다고 하잖아요. 새 집에서 복 많이 받으세요." 덕담도 드렸다. "대출받으면서 라면 선물 받기는 처음이에요." 입주식 후 이렇게 후기를 남겼다.

"名不虛傳(명불허전), 역시 우리은행 상암동지점과 대원군 지점장님(네

이버 인터넷카페 필명). 가난하고 소외되고 정말 한 푼이 새로운 사람들에게 따뜻한 말 한마디가 큰 용기가 된다는 그 마음 잊지 마시고….”

"라면처럼 굵고 길게 부자 되라는 뜻으로 받아들이고 오늘 점심은 라면으로 해결했습니다." 작은 선물이었지만, 그것이 누군가에게는 큰 위로가 되었다. 숫자로는 단순한 대출 건수였지만, 한 분 한 분은 각자의 사연을 안고 온 소중한 이웃이었다.

지점장으로 재임한 6년. 인터넷에 시프트 대출 카페를 만들고 블로그를 운영했다. 시프트 대출 즉 장기임대전세대출 2,685건. 서민금융 지원 총액 1,299억 원. 하지만 내게 중요한 건 숫자가 아니었다. 직원들과 함께 2,600여 번의 상담과 악수, 2,000권의 우리은행 시집. 2,000봉지의 라면. '어려운 이웃'이라는 말은 추상적인 구호가 아니었다. 그것은 내 앞에 앉은 구체적인 얼굴이고, 떨리는 손이고, 간절한 눈빛이었다. 그 사람들을 만날 때마다 나는 생각했다. '이것이 내가 은행원이 된 이유구나.' 혼신의 열정과 성심을 다했다. 그것이 나의 신명이었고 나의 길이었다.

그 뜨거웠던 순간들이 일상에 묻혀갈 무렵이었다. 2010년 10월의 그날로부터 9년 가까운 세월이 흐른, 2019년 2월의 어느 날. 휴대폰에 문자가 도착했다. "인지능력이 전혀 없던 남편의 엄지손가락을 잡고 대출을 해주신 윤 지점장님… 상암동에서 10년간 행복했습니다. 남편과 함께 있는 이 하늘나라에서도 늘 지점장님의 건투를 기원하겠습니다." 손이 떨렸다. 하늘나라에서 온 문자였다. 그 짧은 문장 속에는 한 세대의 삶과 사랑이 응축되어 있었다. 사모님도, 그 남편분도 이미 이 세상 사람이 아니었다. 그런데 9년 전 그 작은 도움을 기억하고, 마지막 순간에도 감사의 마음을 전해주셨다. 눈물이 흘렀다. 슬픔도 기쁨도 아닌, 경외감이었다. 사람의 마음이 이렇게까지 아름다울 수 있구나. 진심이 이렇게까지 오래 남을 수 있구나.

지금 이 글을 쓰는 2025년 10월, 나는 다시 생각한다. 열정이란 무엇인가. 거창한 목표? 눈부신 성과? 화려한 숫자? 아니다. 진짜 열정은 이런 것이다. 누군가를 위해 한 발 더 다가서는 마음. 불편함을 감수하고 찾아가는 발걸음. 작은 선물 하나라도 정성스럽게 준비하는 세심함. 규정보다 사람을 먼저 생각하는 용기. 그것이 열정이다. 그것이 진심 어린 섬김이다. 그리고 그 열정은 시간을 건너 반드시 돌아온다. 9년이 걸려도, 저세상에서라도, 돌아온다. 하늘나라에서 온 문자 한 통이 그걸 증명했다.

2010년 10월, 성수동 그 작은 집에서 나는 한 사람의 손을 잡았다. 그 손은 떨렸지만 따뜻했고, 그 온기는 15년이 지난 지금도 내 안에 살아 숨 쉰다. 2,600번의 악수 중에서 특별히 기억되는 한 번의 악수. 그것이 내 인생의 열정이었다.

'박정희 사모님 그리고 아드님. 차가운 겨울 돌고 돌아 다시 맞이한 봄처럼 그날의 감정과 사랑의 기억이 지금도 내 가슴에 살아 숨 쉽니다. 그 어머님의 소중한 사랑을 대했기에, 나는 오늘도 누군가를 향해 한 걸음 더 다가갑니다.'

나는 또다시 온 마음을 다해 누군가의 곁으로 달려갈 것이다. 그것이 내가 살아온 방식이었고, 앞으로도 그럴 것이다. "진정한 열정은 누군가의 삶에 작은 온기 하나를 보태는 것이며, 그 온기는 시간을 건너 하늘을 넘어 반드시 돌아온다."

✴ Profile

　삼성물산, 우리은행 우리종합금융 근무, 경영학 박사. 저서:《내 마음의 은행나무》

열정이라는 씨앗이 피운 나만의 정원

윤채영

"다이어트는 실패할 수밖에 없어." 중2 시절의 나는 이렇게 단언했다. 그때 나는 객관적으로 봤을 때 통통한 편이었다. 사실 중1 때까지는 그리 의식하지 않았지만 중2 때부터 외모에 점점 관심을 가지게 되었고 결국 다이어트를 결심하게 되었다. 그때 나는 다이어트를 매우 무리하게 했다.

밥을 계속 굶었으며 하기 싫은 운동을 하루에 몇 시간씩 해서 다음 날에는 전혀 기운이 없을 정도였다. 그럼에도 살은 잘 빠지지 않았다. 그때의 나는 단기간에 살이 빠질 것을 원했기에 너무 짜증이 나서 다이어트를 포기해 버렸다. 사실 이 다이어트는 거의 강박 때문에 한 것이어서 실패하는 게 당연했을지도 모른다.

아무튼 그 이후로는 늘어나는 몸무게 때문에 스트레스를 받고 무리한 다이어트를 하다가 실패하는 것의 연속이었다. 그렇게 정말 지쳐갈 즈음에 유튜브에 영상이 하나 떴다. 바로 무리하지 않으면서 하는 다이어트에 관한 영상이었다. 그 영상이 바로 내 눈길을 끌었고 나는 그 영상을 열심히 보며 다이어트를 어떻게 무리하지 않고 할 수 있는 방법들을 배웠다. 솔직히 이런 방법들로 살을 뺄 수 있다는 게 그리 믿어지지는 않았지만 나는 한번 속아 보자는 심정으로 그 영상이 시키는 대로 하기로 했다.

일단 먼저 시작한 것은 일주일에 두 번 이상 밖으로 나가서 걷는 것이었다. 빠르게 걷지도 뛰지도 않고 그저 천천히 걸으며 바깥의 풍경을 보았다. 그런데 신기하게도 그저 걷기만 했는데 땀이 비 오듯 주르륵 흘렸다. 처음에는 조금 찝찝하고 귀찮았는데 새로운 길을 걷고 새로운 풍경을 보며 흘리는 땀은 내가 예상했던 것보다 훨씬 더 의미 있고 짜릿했다.

그리고 두 번째로 한 것은 각종 간식거리를 끊는 것이었는데 이건 사실 앞서 말했던 걷기보다 훨씬 어려웠다. 내가 워낙 간식을 좋아해서 눈앞의 간식을 무시한다는 것은 정말이지 비통한 일이 아닐 수가 없었다. 그래도 예전과 비교해서는 그럭저럭 참을 만했고 몸이 깨끗해지는 것 같아 꽤 나쁘지 않았다.

그리고 마지막으로 한 것은 습관을 고치는 것이었다. 밥을 먹고 5분 이상 서있거나 아침에 따뜻한 물을 마시는 것 등 아주 간단한 일들이었다. 사실 이건 처음에는 딱히 변화가 없는 것 같았는데 점점 습관화가 되어가면서 변화를 확실히 느꼈던 것 같다.

나는 이 세 가지를 무리하지 않고 실행하며 살이 빠지는 것뿐만 아니라 몸이 건강해지는 것을 확실히 느끼게 되었다. 게다가 점점 속아 보자며 했던 이 행위들마저 지금 아직도 실천 중인데다가 재미까지 있었다. 물론 간식을 끊는 것은 지금도 고통스럽지만 말이다. 어쨌든 지금은 걷는 것이 뛰는 것으로 바뀌었고 땀은 전보다 훨씬 늘었다.

내 인생의 일부분이 되었다고 해도 과언이 아니다. 참 신기하다. 그저 다이어트로 걷는 것으로 시작했다는 것이 뛰는 것이 되다니. 나는 열정도 마찬가지라고 생각한다. 솔직히 나는 그리 열정적인 인간이 아니다. 처음부터 쭉 열정을 가지고 가는 것은 정말 힘들며 좀 지나면 귀 찾아한다. 하지만 이런 나에게도 열정적인 경험들이 있다. 그 경험 중 대표적인 것이 위에서 말한 운동 경험이다.

그럼 이런 내가 어떻게 열정을 가지고 행동할 수 있었던 걸까. 답은 바로 걷기다. 열정을 가지지 않고 했던 걷기에 열정을 가지며 그것이 달리는 것으로 변한 거다. 이것은 무엇을 하던 간에 별반 다르지 않다. 그저 교과서로만 하던 공부에 열정을 가지며 문제집을 풀고 짧게만 썼던 글에 관심을 가지며 시를 쓰고 소설을 쓴다.

이렇듯이 열정은 생각보다 그리 거창하지 않다. 작디작은 씨앗이 점점 영양분을 흡수하며 큰 나무가 되듯이 열정은 작은 것에서부터 시작해 자라난다. 그렇게 자라난 열정은 또 다른 열정과 경험이라는 열매를 우리에게 준다. 중3이 된 지금도 그 열정의 경험은 나에게 도움을 주고 있다.

지금 현재 난 곧 고등학생이 된다는 생각에 억지로라도 공부를 하는 중이다. 공부를 할때는 너무 힘들고 어차피 이미 늦은 것 같다는 생각이 저절로 드는데 그럴 때마다 나를 일으켜 세우고 위로해 준 것은 바로 그 작은 열정의 경험들이었다. 모든 경험과 열정은 작은 것에서부터 시작한다는 가르침 덕분에 나는 일어날 수 있었다. 그런 경험에서 흘렸던 눈물로 나는 위로받았다.

결국에는 다시 공부에 열정을 가지고 계속할 수 있게 한 것이다. 지금도 나는 힘들 때면 언제든지 그 경험들을 생각한다. 나를 빛나게 하는 그 찬란하고도 아름다운, 정말로 소중한 경험들. 나는 살아가면서 계속 새로운 순간들을 마주치게 될 것이다. 그럴 때마다 나는 그 경험들을 떠올리며 일단 부딪혀도 보고 눈물도 흘려보며 엄청나게 기뻐도 할 것이다.

그리고 마침내 그것들이 새로운 경험이자 열정이 되어 꽃과 나무를 피우게 된다면, 나는 그것들로 인해 다시 새로운 경험을 하게 될 것이다. 이 과정들을 반복하고 반복하다 보면 내 마음에 쏙 드는 나만의 정원이 생길 수 있지 않을까.

✴ Profile
정신여자중학교 재학 중

산, 나의 긴 여정

✸

이규성

    고등학교 1학년 가을, 북한산의 단풍과 맑은 계곡물을 만난 그날, 나의 산행이 시작되었다. 그 이후 반세기가 넘는 세월 동안 산에 대한 열정은 내 인생을 관통하여 지속되고 있다.
    처음에는 서울 근교의 명산들을 오르며 성취감을 맛보았다. 산악회에 가입하고 동료들과 함께 땀 흘리며, 점차 경기도의 천 미터급 산들을 정복해 나갔다. 산림청이 선정한 한국의 명산 100좌를 5~6년에 걸쳐 완등하면서, 각각의 산이 가진 고유한 표정을 하나씩 읽어나갔다.
    그러다 나는 산을 점이 아닌 선으로 바라보게 되었다. 백두대간을 두 번 종주하고 한북정맥과 낙동정맥을 걸으며, 한반도의 등뼈를 온몸으로 느꼈다. 정맥과 대간을 걷는다는 것은 산을 시리즈로, 하나의 서사로 경험하는 일이었다. 그 긴 여정 속에서 산과 산이 서로 연결되어 있고, 그 연결 속에서 생명이 흐른다는 것을 깨달았다.
    시야는 해외로 확장되었다. 중국에서 백두산 정상에 올라 천지를 내려다보았고, 말레이시아의 코타키나발루 4,100m 고지에서 열대의 산을 경험했다. 히말라야 안나푸르나 베이스캠프 4,150m, 칼라파타르봉 5,600m에서 에베레스트를 조망하며 세계의 지붕을 밟았다. 알프스의 삼대 미봉, 몽블랑과 마터호른, 융프라우를 트레킹 하며 유럽 산의 아름다움도 만났다.

어느 순간부터 나는 산행 후 반드시 산행기를 쓰고 사진을 정리하기 시작했다. 처음에는 단순한 기록이었지만, 글을 쓰다 보니 정상에서 느낀 감정, 힘든 오르막에서의 생각, 저녁 노을의 경이로움 같은 내면이 담기기 시작했다. 사진을 정리하며 같은 산도 계절과 마음 상태에 따라 다르게 보인다는 것을 깨달았다.

이런 습관은 자연스럽게 산악문학에 대한 관심으로 이어졌다. 산행기가 산의 외면을 기록한다면, 시는 산과 마주한 나의 내면을 탐구하는 일이었다. 에세이를 쓰며 산이 준 깨달음을 정리하고, 시를 쓰며 산이 일깨운 감성을 표현했다. 지금도 산악문학 그룹에서 동료들과 작품을 나누며 활동하고 있다. 육체로 산을 오르고, 마음으로 산을 느끼고, 글로 산을 되새기는 이 삼위일체가 나의 산행을 완성한다.

산은 내게 많은 것을 주었다. 무엇보다 건강이다. 칠십 대 중반의 나이에도 여전히 산을 걸을 수 있는 것은 수십 년간 산이 단련시켜 준 몸 덕분이다. 산은 자신감도 주었다. 불가능해 보이던 정상에 오를 때마다 내가 생각보다 훨씬 강한 사람임을 깨달았고, 그 자신감은 삶의 모든 영역에서 나를 지탱해 주었다. 거대한 자연 앞에서 겸손을 배우고, 동시에 그것을 품을 수 있는 용기도 배우며 호연지기를 길렀다. 그리고 산은 언어를 주었다. 산행기와 시를 쓰며 내 경험을 타인과 나누는 방법을 배웠다.

나를 산으로 이끈 것은 미지의 세계에 대한 동경이었다. 고갯마루 너머에 무엇이 있을까? 저 정상에서는 어떤 풍경이 펼쳐질까? 그 호기심이 나를 계속 앞으로 나아가게 했다. 글쓰기도 마찬가지다. 빈 종이 앞에 앉을 때마다 미지의 세계로 들어간다. 산행과 글쓰기는 둘 다 탐험이며, 미지를 향해 나아가며 새로운 자신을 발견하는 여정이다.

이제 나는 칠십 대 중반이다. 나이가 들면서 산행의 강도를 낮추고 주로 둘레길을 걷는다. 어떤 이들은 이것을 후퇴라고 생각할지 모르지만, 나는 그렇게 생각하지 않는다. 둘레길은 정상을 향한 수직 상승이 아니라 산자락을 따라 걷는 수평 여행이다. 정상에서는 볼 수 없었던 것들, 산자락의 들꽃, 계절마다 변하는 숲의 색깔, 산 아랫마을의 삶을 이제는 본다. 젊었을 때는 오로지 정상만 보고 달렸다면, 이제는 길 위의 모든 것이 소중하다.

둘레길을 걸으며 쓰는 시들도 달라졌다. 거창한 도전이나 성취보다는 작은 발견과 고요한 관조가 담긴다. 이파리의 이슬, 산길의 다람쥐, 나뭇가지 사이 햇살. 이런 것들이 이제는 시가 된다. 인생의 전반부가 무언가를 향해 치열하게 올라가는 시간이었다면, 후반부는 그동안 놓쳤던 것들을 천천히 음미하는 시간이다. 속도를 늦추는 것은 포기가 아니라 성숙이다.

산은 여전히 나를 부른다. 비록 예전처럼 높이 오르지는 못하지만, 나는 여전히 산을 걷고 쓴다. 북한산의 단풍과 맑은 계곡물로 시작된 이 긴 여정은 아직 끝나지 않았다. 내가 걸을 수 있는 한, 내가 쓸 수 있는 한, 산은 나의 스승이자 친구로, 그리고 뮤즈로 남을 것이다.

산이 준 가장 큰 선물은 어쩌면 이것이 아닐까. 삶은 목적지가 아니라 여정이라는 것, 그리고 그 여정의 매 순간이 소중하다는 것. 산은 나에게 그것을 가르쳐 주었고, 나는 글로써 그 가르침을 전한다. 이것이 내가 산에게 줄 수 있는, 가장 작지만 가장 진심 어린 답례다.

✳ Profile
울산대학교 명예교수, 등단 시인, 한국산서회 감사

열정, 삶을 지탱하는 불꽃

✶

이옥희

　인생을 돌아보면 선택과 포기의 순간이 늘 있었다. 하지만 그 모든 갈림길에서 나를 다시 일으켜 세운 힘은 언제나 열정이었다. 젊은 날에는 그것이 무엇인지 몰랐지만, 세월을 건너온 지금 나는 안다. 열정은 단순한 욕망이 아니라, 삶을 지켜주는 내면의 불꽃이라는 것을.

　성공했다고 말하는 경영자 중에 고난을 이겨내지 않은 사람은 단 한 명도 없다. 그들은 실패를 두려워하지 않았다. 수많은 좌절 속에서도 "실패한 것이 아니라, 되지 않는 방법을 알아낸 것"이라 말하며 묵묵히 다시 길을 걸어갔다. 그들의 집념과 열정이야말로 좌절을 이겨내는 진짜 힘임을 보여준다.

　역사 속에서도, 문화 속에서도 열정은 언제나 인류를 움직이는 동력이었다. 빈센트 반 고흐는 생전에 단 한 점의 그림밖에 팔지 못했지만, 끝내 붓을 놓지 않았다. 고독과 가난 속에서도 그는 매일 해질 무렵 노란빛 하늘과 해바라기를 그렸다. 세상은 그를 이해하지 못했지만, 그의 그림에 깃든 열정은 세월을 건너 지금도 수많은 사람의 마음을 울린다. 열정은 이렇게 시간마저 뛰어넘는 힘이다.

　열정은 거창한 이름 속에만 있는 것이 아니다. 동네 빵집 주인이 새벽 세 시에 일어나 반죽을 치대는 모습, 손님이 많지 않아도 묵묵히 오븐을 달구는 손길 속에도 열정은 깃들어 있다. 작은 불꽃이지만, 그 열정이 세상을 따뜻하게 한다. 나는 그 작은 불꽃들이 세상을 움직이는 진짜 힘이라고 믿는다.

평창동계올림픽 개·폐막식 총감독이었던 송승환 감독은 이렇게 말했다.

"한국인을 나타내는 키워드는 열정입니다."

그의 말처럼 한국 사회의 기저에는 언제나 열정이 흐르고 있었다. 한강의 기적이라 불린 경제 발전도, 가난과 전쟁의 폐허 속에서 하루하루 땀 흘린 사람들의 열정이 없었다면 불가능했을 것이다. 평창올림픽 개막식 무대에서 한국인의 역사를 '열정'으로 풀어내고자 했던 송 감독의 강의를 듣고 내 삶을 겹쳐서 생각해 보았다.

돌아보면 내 삶 역시 열정으로 이어졌었다. 한참 회사가 어려웠던 시절, 나는 직원들보다 늘 먼저 출근하고 늦게 퇴근했다. 여름이면 출근하자마자 에어컨을 켜 시원한 공기를 먼저 채워두었고, 겨울이면 이른 새벽 온방을 돌려 따뜻한 사무실을 만들어 놓았다. 직원들이 바로 업무에 임할 수 있도록 하는 일은 작은 배려였지만, 나에게는 내 사업에 대한 불꽃 같은 열정의 표현이었다. 회사가 흔들릴수록 나는 더 진심으로 그 열정을 지켜내려 애썼다. 그렇게 지켜낸 시간이 결국 위기를 넘기게 했다.

십 년 주기로 학업에 도전한 것도 같은 맥락이었다. 오십 대에는 배움의 갈증으로 대학 강의실을 찾았고, 육십 대에는 연구자의 길을 기웃거렸다. 많은 이가 "이 나이에 무슨 의미가 있느냐"라고 물었지만, 나를 붙잡은 것은 배움에 대한 열정이었다. 박사학위를 마쳤을 때, 나는 확신했다. 열정은 나이를 가리지 않고 언제든 새로운 출발을 가능하게 만드는 힘이라는 것을.

멘탈 코치로 활동하며 많은 사람을 만났다. 그들 중 상당수는 실패와 상실로 마음이 무너진 이들이 많았다. 그들에게 코칭으로 열정을 쏟았다. 그 결과 무너진 마음이 서서히 회복되었다. 그것은 거창한 목표가 아니었다. 그저 오늘 하루를 버티고, 내일을 향해 한 걸음을 더 내딛게 하는 힘이었다. 열정을 심으면 인생은 다시 빛을 찾는다.

최근에는 DMZ 평화의 길을 걷는 사람들과 한 달에 한 번 함께 한다. 그 길을 걷는 이들의 얼굴에는 땀방울이 맺혀 있었지만, 한 발 한 발 내딛는 표정은 환하게 빛났다. 단순한 걷기가 아니라, 평화를 염원하고 자신을 단련하고자 하는 열정이 그들을 움직이고 있었다. 열정은 이처럼 일상의 작은 행위 속에서도 세상을 바꾸는 기운으로 자라난다.

이제 나는 칠십을 향해 가는 길목에 서 있다. 젊은 날에는 알지 못했던 것을 이제는 조금 알 것 같다. 열정은 삶을 화려하게 장식하는 장식품이 아니다. 그것은 고난을 견디게 하고, 무너진 마음을 다시 세우며, 평범한 일상에 의미를 불어넣는 힘이다.

내 안의 열정을 꺼뜨리지 않으리라. 그것은 내가 살아 있다는 증거이며, 후세에 남길 수 있는 가장 값진 유산이 될 것이다. 나의 삶이 다하는 그날까지, 나는 열정의 불꽃을 지켜내고 싶다. 그것이야말로 나의 삶이 누군가에게 작은 울림으로 전해지는 길이라 믿기 때문이다.

✳ Profile
경영학박사, 엘제이테크(주) 대표이사

큰 바위에 올라 키운 호연지기

✦

이일장

　여수 돌산도 평사리, 그 작은 어촌마을에서 태어난 나는 어릴 적부터 가난이라는 무거운 짐을 짊어지고 살았다. 우리 집은 논 600평, 밭 1,300평의 빈농이었기에 끼니는 보리쌀에 고구마가 반쯤 섞인 밥이 우리 가족의 일상이었다. 그 시절 대부분의 집이 그랬듯이 우리 또한 가난이라는 굴레 속에서 하루하루를 버텨나가고 있었다.
　열 살이 되기도 전부터 어머니를 따라 집안일을 도와야 했다. 특히 학교에서 돌아오면 책 보따리를 던져두고 산과 들에 나가 소꼴을 베어 와야 했다. 소는 우리 집의 생계였다. 소와 함께 보내는 시간이 많아 자연스레 그 순한 눈빛을 닮아갔다. 소의 투명한 눈망울을 보면 어린 나이에도 불구하고 알 수 없는 부끄러움과 연민을 느꼈다. 나는 그 소를 바라보며 언젠가는 이 가난을 벗어나야겠다고 다짐했다.
　집에서 학교 가는 길은 좀 험한 길이었는데, 필통에 연필을 넣고 책보를 허리춤에 둘러매고 달려가면 딸랑딸랑 하는 소리가 났다. 그 소박한 소리가 지금 생각해 보니 얼마나 정겨운 추억인지 모른다. 당시 우리 또래 아이들은 모두 그런 소리를 내며 학교에 다녔다.
　가방이라는 것은 꿈도 꿀 수 없었고 책과 공책을 보자기에 싸서 허리에 동여매는 것이 전부였다. 신발도 운동화 대신 검정 고무신이었다. 그래도 그 딸랑거리는 소리는 우리에게 배움을 향한 설렘이었고 미래에 대한 희망의 종소리였다. 어린 내 정강이는 풀에 쓸려 상처가 나기도 했지만, 그보다 더 깊이 남은 것은 '장남 콤플렉스'였다. 언제나 가족의 짐을 짊어져야 했고, 그 힘겨운 운명을 받아들여야 했다.

할아버지는 내게 지게까지 맞춰주시며 말씀하셨다. "너는 집안을 이끌어야 하는 장남이니 농사꾼이 되어야 한다." 그러나 왜 그토록 농사꾼이 되기 싫었을까? 평생 농사를 지어도 발전하는 게 없어 보였고 가난이라는 굴레는 영원히 벗어날 수 없는 숙명처럼 느껴졌다. 나는 직접 목격했다. 아무리 열심히 농사를 지어도 나아지는 것 하나 없다는 현실을.

그런 나에게 공부는 유일한 희망이었다. 어릴 적 숫자를 모르던 촌뜨기에게 산수 시간에 가장 신기했던 것은 2분의 1이 0.5라는 사실이었다. 그 간단한 사실을 알게 되었을 때 온몸에 전율이 흘렀다. 그런 호기심이 공부에 취미가 붙는 계기가 되었다고 할까. 그 이후 공부가 급격히 쉬워 보였고 공부하는 즐거움을 알게 되었다. 그런 조그마한 깨달음 때문에 공부에 재미가 있었고 공부를 하고 나면 내가 가야 할 길이 있다는 것도 알게 되었다.

우리 마을 근처에는 꽤 높은 산이 있었다. 그 산의 큰 바위에 올라 멀리 바라보는 것이 나의 일상이었다. 아침저녁 소에게 풀을 먹이러 가면서 호연지기를 키우곤 했다. 이 산은 상당히 높은 산이어서 큰 바위에 올라서면 먼 곳에 배가 다니고 시내가 보이는 그런 산이었다. 그 지평선을 바라보며 나는 꿈에 대한 열정을 키웠다. 거기서 나의 꿈에 대한 정열을 키우며 호연지기를 키우곤 했다.

중학교 시절 교과서에서 만난 호손의 《큰 바위 얼굴》은 내 삶에 큰 영향을 미쳤다. 가난한 농촌 소년 어니스트가 '큰 바위 얼굴'을 닮은

위인을 기다리며 성장하는 이야기를 읽으며 스스로 큰 바위 얼굴이 되리라 다짐했다. 그 소설 속 주인공처럼 나도 언젠가는 이 좁은 농촌을 벗어나 더 넓은 세상에서 뜻을 펼치고 싶었다. 큰 바위 위에서 펼쳐진 광활한 지평선을 바라보며 더 넓은 세상을 향한 열정을 키워갔다.

초등학교를 졸업한 후 할아버지께 1년 동안 빌어야 했다. 농사꾼이 되라는 할아버지의 뜻을 거스르고 중학교에 진학하겠다고 말씀드리기까지 얼마나 많은 용기가 필요했는지 모른다. 그러나 나는 포기하지 않았다. 공부를 계속해야만 가난을 피할 수 있다고 믿었기 때문이다. 지금 생각하면 용감하고 당돌한 생각이었는지 모른다. 그런데 그때 그런 용기가 없었다면 지금의 나는 없었을지도 모른다. 한낱 촌부였지 않았을까.

마침내 여수 시내의 부설중학교에 합격했을 때의 그 기쁨을 어찌 잊을 수 있으랴. 비록 가족과 떨어져 객지 생활을 해야 했지만 그 배를 타고 가는 길은 내 인생의 새로운 출발이었다. 그때부터 타향살이의 신세가 되었지만 그 선택이 오늘의 나를 만들었다. 꿈이 달성될지 안 될지도 모르는 미래를 위해서 열정을 쏟을 수밖에 없는 나의 처지였다.

힘든 환경에서도 열심히 공부했다. 새벽부터 밤늦게까지 책과 씨름하며 농촌 현실에서 벗어나고 싶은 간절한 열정만이 나를 지탱해 주었다. 총명하다거나 머리가 좋은 편은 아니었지만 단지 열정만은 누구에게도 지지 않았다. 농촌 현실에서 벗어나고 싶은 열망뿐이었다. 그 열망이 축적되어 새로운 삶의 문을 열어주었다.

세월이 흘러 현대그룹에 입사한 후 임원을 거쳐 계열사 사장까지 오를 수 있었던 것도 결국 그때의 열정이 축적되어 발휘된 '축적의 힘' 때문이었다. 나이가 들어 지금 뒤돌아보니 그 어린 시절의 열정이 모든 것의 출발점이었음을 깨닫는다. 큰 바위에 올라 지평선을 바라보며 품었던 그 꿈들이 하나씩 현실이 되어갔다. 그 시절 책보에서 나던 딸랑거리는 소리가 결국 나를 이곳까지 이끌어왔다.

루소는 "인간은 자유롭게 태어났으나 어디서나 쇠사슬에 묶여 있다"라고 했지만, 나에게는 열정이야말로 그 쇠사슬을 끊는 유일한 열쇠였다. 이제 나는 세상에 작은 무엇 하나라도 되갚으며 살아가야 한다는 생각을 한다. 가난한 농촌 소년이 꿈꾸었던 그 열정이 오늘날까지 나를 이끌어왔듯이 이제는 그 경험과 지혜를 후배들에게 전해주고 싶다.

지금 나는 예기치 않은 암과의 투병으로 일 년 넘게 병상에 누워 있다. 하지만 이 또한 내게 주어진 또 다른 시련일 뿐이다. 어린 시절 가난이라는 굴레를 벗어나기 위해 품었던 그 뜨거운 열정, 큰 바위에 올라 지평선을 바라보며 키운 호연지기가 지금도 내 가슴속에 살아 숨쉬고 있다. 그간 쌓아온 열정의 에너지로 반드시 이 병마를 이겨내고 다시 일어설 것이다. 76년을 살아오며 겪었던 모든 시련이 그랬듯이 이번에도 나는 포기하지 않을 것이다. 큰 바위에서 바라본 그 지평선이 아직도 내게 남은 길이 있음을 말해주고 있기 때문이다.

✽ Profile
전) 현대오토넷 대표이사, 현대자동차연구소 총괄기획본부 부본부장, 기아자동차 재무팀장. 저서:《멈춰서서 뒤돌아보니》외 1권

열정이 낳은 결실

이창섭

  인생에서 초심의 유지가 얼마나 중요한가? 초심은 삶의 긴 여정에서 열정을 가지는 원동력이며, 우리를 성공으로 인도하는 횃불이며 길잡이이다.
  어린 시절 나는 과학이 그렇게 좋았다. 새로운 단원이 시작될 때마다 내가 몰랐던 자연과 세계에 대한 과학적 진리가 나를 수업에 열중하게 하였다. 학교에 계시던 아버지께서 미국 학생들이 수업에서 사용하는 과학실험 세트를 가지고 오셨다. 60년대 후반에 국내에서는 사용하지 않던 교육용 자료라 신기하여, 이 실험 도구로 밤새 실험하고 또 하였다. 내가 과학에 관심을 보이는 것을 대견하게 보셨던지, 이번에는 위대한 과학자들의 전기와 과학의 궁금증을 풀어주는 과학 도서를 가지고 오셨다. 초등학교 때 즐겨보던 동화책이 과학 도서로 바뀌는 순간이었다. 이때부터 나의 장래 목표는 자연스럽게 과학자가 되었다.
  고등학교에 진학하고 나서, 2학년 초에 맞은 첫 화학 수업은 나의 인생 목표를 더욱 확실하게 해주는 계기가 되었다. 당시에 수업을 담당했던 화학 선생님은 자신이 화학을 무척 좋아하셨으며, 근본적인 차원에서 화학의 매력을 느끼게 해준 분이셨다. 만약 선생님이 화학은 암기하는 과목이라는 인상을 심어주셨다면, 나의 진로는 또 어떻게 되었을지 모른다. 선생님의 열정적인 화학 수업으로, 나는 공부하는 것이 인간을 행복하게 할 수 있다는 것을 처음으로 체험하였다. 일주일의 화학 수업이 지나고, 나는 드디어 화학 연구자나 교육자로 진로를 결정하였다. 이 경험으로 학생들이 과목에 대한 흥미를 느끼거나 장래 진로를 결정하는 데 선생님의 역할이 얼마나 중요한지를 알게 되었다. 지금도 나는 학생들에게 화학은 암기하는 학문이 아니라, 이해와 개념을 바탕으로 공부를 해야 진정한 화학의 맛을 느낄 수 있다고 강조한다.

대학원을 졸업하고 입대를 하여 육군제3사관학교 교수부 화학 교관으로 발령을 받았다. 1983년대 당시에 3사관학교는 19기를 마지막으로 생도 시스템의 장교 양성 과정이 종료되고, 초급장교의 학사학위 위탁 과정을 운영하는 군사대학 시스템으로 바뀌어 있었다. 3사관학교는 대학 교육경력이 인정되는 곳이며, 1년에 한 편씩 논문도 내야하는 곳이라, 나의 전문경력은 여기서부터 시작되었다. 내가 하고 싶었던 화학교육을 하고 연구도 할 수 있었으니, 3사관학교의 교관 생활이 군 복무인지 연구 생활인지 구분이 되지 않았다. 교관 생활을 하면서 유학 준비도 여기서 하게 되었고, 마침 교수부장의 추천서를 받아 원하는 미국대학에 입학하게 되었다.

유학을 마치고 나서는 다행히 나의 학문적 기반인 대구에 있는 학교로 발령을 받았다. 여기서 교육과 연구를 동시에 할 수 있었으니, 그야말로 나에게는 행운이었다. 처음 연구실을 마련했을 때는 장비도 제대로 없는 실험실에서 학생들을 다독거려 가며 같이 실험했다. 세미나를 하면서 밤늦게 토론했던 초임 시절에는 부족한 것을 느낄 새도 없이 의욕만으로 모든 것을 밀고 나갔다. 이후 지역협력연구센터에 창립 회원으로 합류하여 연구플랫폼을 만들고 나서는, 비교적 안정적으로 연구를 할 수 있었다.

연구에 조금 탄력이 붙고 나서는, 연구하는 것이 재미있어서 연구에 많은 시간을 쏟아부었다. 새로운 연구과제가 될 때마다 의욕이 넘쳤다. 학생들과 밤을 새워 실험할 때는 시간 가는 줄도 몰라, 날이 훤히 샐 때까지 하기도 하였다. 새벽에 해장국집에서 이른 아침을 먹으면서도 실험 결과를 토론했다. 이때는 힘들다는 생각보다는 "우리가 세상에 없는 연구 결과를 처음으로 낼 수도 있겠다"라는 기대감으로 부풀었다. 또 그 결과로 유명 국제학술지에 논문을 투고하고서, 게재가 확정되었다는 연락을 받았을 때는 가슴 벅찬 희열을 느꼈다.

나의 리튬 이차전지 연구는 독일 연구년에서 시작되었다. 독일에 가서 무슨 연구가 좋을까 하고 찾다가, 마침 바이로이트 대학에서 하는 탄소나노섬유와 이차전지 음극재 연구에 관심이 갔다. 당시에는 세계적으로 에너지 문제에 관심이 높을 때라, 이차전지라는 분야가 마음에 끌렸다. 이때 한 연구가 10년 후에 나의 연구를 이렇게 풍요롭게 해주리라고는 당시에는 생각하지 못하였다.

연구년을 마치고 귀국해서 첫 번째 한 일은 한국연구재단에 이차전지를 주제로 연구비 신청을 한 것이었다. 당시 국내에서는 탄소나노섬유를 하는 연구자가 거의 없었기에, 뭔가 새로운 것으로 생각했던 모양이다. 새로운 과제를 받고 연구비도 확보했으니, 학생들과 신이 나서 밤늦게까지 실험하였다. 3년 과제를 마치고 나서 얻은 데이터를 바탕으로 또 연구비를 신청하였더니, 이번에는 더 큰 과제를 받게 되었다. 우리 학교가 주관기관을 맡고, DGIST와 엘앤에프를 참여 기관으로 하였다. 이 무렵 세계적으로 이차전지 연구가 관심을 끌기 시작했는데, 이차전지가 국가적인 이슈로 되고 나니, 연구 예산이 이쪽으로 쏠리기 시작했다. 우리 실험실에서도 성과가 나니, 연구과제가 이중 삼중으로 연결이 되었다. 학생들도 취업이 잘 된다고 생각했는지 계속 찾아왔다. 연구과제를 마무리하고 학생들을 졸업시키느라 말년의 한가함은 어디론지 사라지고 말았다.

정년 후 몇 달 동안 여유로운 시간을 보내고 있는데, 두 개의 회사에서 찾아왔다. 인터넷에 올라온 나의 연구자료와 홍보 동영상을 보고 왔다고 하였다. 내 연구자료를 설명해 주었더니, 모 대기업에서 연구 발표를 해달라는 연락이 왔다. 발표 후, 그 기업에서 우리 시료의 성능이 궁금하다며 보내 달라고 하였다. 이후 성능이 좋았던지 나의 특허 기술을 회사로 이전하자고 하였다. 현재 이 회사에서는 내 기술을 바탕으로 산업화를 하려고 생산 설비를 구축하여 양산준비를 하고 있다. 이 회사는 세계적인 이슈인 에너지저장장치 연구로 새로운 도약기를 마련하겠다고 의욕이 넘친다.

내 후반기 인생에 휴식이 사라졌다. 아직은 새로운 연구를 더 하고 새로운 도전을 하고 싶다. 열정을 가지고 연구개발을 하다 보면, 앞으로의 여정이 더욱 흥미진진할 것이다. 나이는 숫자에 불과하며 70세는 후반기 인생의 시작이다. 내가 하고 싶은 일에 열중하다 보면, 어느새 100세가 눈앞에 다가와 있지 않을까?

✴ Profile
수필가, 한국디지털문인협회 영남본부장, 계명대학교 명예교수
저서: 《아름다운 변신》

8각 배지

✴

이현숙

서랍 속 조그만 통을 열자, 배지 하나가 보인다. 여중, 여고의 백합꽃 배지도 아니고, 학문을 상징하는 대학의 신비로운 보랏빛 배지도 아니다. 졸업장을 받은 것도 아니지만, 이 배지가 기억의 돌다리를 건너오며 나에게 말을 건다.

"통일!"

'절도 있게 경례를 붙이겠지. 상기된 얼굴로 나를 반기겠지' 하던 기대는 무너졌다. 멀뚱멀뚱 어리벙벙한 얼굴이었다. "괜찮다"라고 등을 다독여 주었다. "신입생 수업만 들어가니, 나를 모를 수 있겠다"라며.

용대리에서 걷기 시작한 산길은 세 시간 거리라고 했다. 야영 배낭까지 짊어진 참이었지만, 걷다 보니 등의 무게도, 발바닥의 착지감도 점점 없어진 듯했다. 뭉게뭉게 구름같이 지천으로 핀 이름 모를 꽃들이 온몸을 받쳐주었던 듯싶다. 난데없이 그 애를 만난 곳은 백담사 근처의 도라지꽃 무더기에서였다. 사관생도같이 특이한 녹색 교복을 보자 반가움의 에너지가 화산같이 폭발했다. 처음 부임하여 교실과 연애에 빠졌던 1학기를 마친, 첫 여름 방학이니 그럴 만도 했다. 방학 후 받은 편지들은 당혹감과 순수함 사이에서 경계가 모호했다.

"나의 베아트리체!"

편지는 그렇게 시작되었다. 교무실 책상 위에 놓인 그것들을 다른 사람이 먼저 볼세라 긴장되었다.

"난데없이 그 녀석이 돌아왔어요. 1년 동안 백담사에서 '스'하다가, 뭔 일인지 이번 학기 복학했다는군요."

2학년 문과생이 입산했다던 이야기를 들은 적이 있었다. 기대했던 학생의 고집스럽던 휴학과 이번 복학 이야기로 교무실은 잠시 술렁거렸다.

기다린다는 독일빵집엔 나가지 않았다. 편지에는 '베아트리체를 만났고, 이튿날 하산했다'라고 적혀 있었다. 산속에서 우연히 마주쳤던 날이 공교롭게도 입산한 지 1년 만에 모처럼 교복을 꺼내 입어본 날이라고 했다. 커다란 은행나무 앞의 빵집은 학교와 거리가 있어 학생들의 눈에 띌 일은 없었다. 하지만 언젠가 교무실로 찾아왔던 학생 하나가 학생과로 끌려갔던 일이 생각났다.

"제깟 놈이 무슨 시를 써! 어디서 베껴왔겠지!"

보이진 않았지만 내 주변에 울타리가 둘러쳐진 것 같았다. 그날 이후 수업 시간 외 학생을 따로 만나지 않는다는 원칙을 세웠다. 더구나 그 빵집에 간다는 것은, 한여름 물이 불어난 천불동 계곡을 건너는 일처럼 위험하게 느껴졌다.

천불동 계곡은 무서웠다. 백담사에서 산을 더 올라가 야영했던 그날 밤, 갑작스레 폭우가 쏟아져 봉정암 산장으로 대피해야 했다. 이튿날 산 정상 대청봉에 오르면서는 안개 덩어리를 만났다. 바람은 안개를 뭉쳐서 사정없이 내 몸으로 던졌다. 내장과 온몸을 낱낱이 훑듯, 나를 통과하는 두툼한 안개는 친구를 덮쳐 존재가 사라지게 만들곤 했다. 바람에 날아가는 정신을 붙잡으며 꼿꼿이 몸을 세우려 애썼으나, 번번이 넘어졌다. 게다가 기막힌 절경이라며, 언제 또 와보겠냐며, 금지령을 무시하고 천불동 계곡 코스로 하산한 건 목숨을 건 일이었다. 내려갈수록 계곡물은 괴물같이 으르렁거렸다. 굉음으로 넘실대는 위협 속에 아름다움은 실종되고 없었다. 살아서 내려간다면, 삶에서 단연코 화채봉 능선 코스를 선택하리라. 삶이 다소 지루하더라도! 다짐했다. 온몸으로 체험한 천불동 계곡의 위험은 한 번으로 족했다.

 계곡물같이 위험한 열정에 그 아이 스스로 삼켜지지 않기를. 열정에 침몰하지 않기를 바랐다. 편지 속의 문장은 간절함과 알 수 없는 환상으로 가득했다. 어디를 가나 그 눈동자가 좇아오는 것 같았다. 눈동자가 격랑에 익사하지 않기 위해선, 내가 더 똑바로 걸어야 한다고 생각했다. 진지해야 했고, 절도 있어야 했다. 내 안의 나를 당당히 세우려 애썼다. 학생과 수업을 진심으로 대하는 것이 교사가 할 수 있는 가장 아름다운 모습이라 여겼다. 안개 뭉텅이에 휩쓸려 내동댕이쳐지지 않으려 기를 쓰고 바위를 붙들었듯, 책상과 교탁을 붙들었다.

 이듬해 3학년 교실의 분위기에 귀가 동굴같이 열려 있었다. 간혹 교무실에서 그 학급의 출석부를 열어보곤 했다. 출석은 하는 건지, 혹시 산속으로 돌아간 것은 아닌지. 나의 작은 몸짓이 타인의 삶을 전환할 수도 있다는 생각이 늘 전광석같이 등에서 뜨겁게 번쩍였다.

 교무실 초록색 칠판 위에 진학 상황이 붙어 있었다. 철학과에 진학한 학생은 그 아이 한 명이었다. 창밖 운동장에 하얗게 쌓인 눈이 바람에 솟구치더니, 무엇인가 반짝거렸다. 문득 내 키가 한 뼘이나 큰 것 같았다. 누구에겐가 베아트리체가 될 수 있고, 누군가를 베아트리체로 간직할 수도 있다는 사실이 삶의 아름다움으로 다가왔다.

 봉정암으로 향하던 조붓한 오솔길, 깊은 산중의 외로운 사슴에게 말을 걸다니! 한없이 밝고 천진스럽게 사랑을 담은 눈길로. 더구나 땀과 함께 어두움은 다 빠져나가고, 들꽃 향기로 버무린 몸짓이었으니, 얼마나 꿈결 같은 목소리였을까. 교무일지의 '날씨'라는 좁은 칸에 한사코 '복숭아 꽃잎이 날림', '뭉텅이 안개', '등꽃이 불을 켬'이라고 쓰던 시절이었다. 이 배지의 학교에서 나는 비로소 어른이 된 것 같았다. 졸업장을 얻었던 다른 배지들 못지않게 성장했다고 할까. 삶을 성숙하게 하는 열정의 시간에 경배한다. 8각 배지는 오랜 시간이 지났어도 바래지 않고 여전히 빛을 낸다.

✳ Profile
    수필가, 인간과문학작가회, 한국디지털문인협회 회원

잿빛 분노가 희망으로

✳

이형하

　새벽 공기는 매캐한 최루탄 가스 냄새로 가득했다. 코끝을 찌르는 매운 기운은 눈시울마저 뜨겁게 만들었다. 폭력 사태가 진압된 뒤의 회사 풍경은 전쟁터를 방불케 했다. 뒤엉켜 나뒹군 집기와 산산조각 난 컴퓨터, 깨진 유리창들이 그날의 분노를 증언하고 있었다. 억눌린 울분이 이성을 마비시키자, 오직 폭력만이 난무했다. 최루탄 연기 자욱한 공장 마당은 그야말로 생지옥이었다. 아침 햇살이 스며들자, 밤을 지새운 노동자들의 몰골이 처절하게 드러났다.

　기계는 멈췄고, 공장은 침묵했다. 권위의 위세는 흔적도 없이 사라졌고 직원들의 얼굴에는 깊은 절망감만이 내려앉았다. 회사는 길을 잃은 배처럼 허둥대며 표류했다.

　그 시절은 민주화의 물결이 낡은 질서를 흔들던 격변기였다. 공장은 쇠와 땀, 분노가 뒤엉켜 또 다른 전쟁터로 변했다. 밤을 새우며 절규하던 노동자들의 외침은 하늘을 찔렀고 회사는 강경 대응을 선언하며 맞섰다. 물러섬 없는 대치 속에서 노사 갈등은 너욱 깊어졌다.

　파업의 불길 속에서 노동자들은 더 이상 기계의 부속품이기를 거부했다. 길고 지루한 협상 끝에 비로소 단단히 닫혀 있던 소통의 문이 조금씩 열리기 시작했다. 그때 나는 모든 것을 길고 신뢰와 소통이라는 보이지 않는 그릇을 조심스레 빚어내야 했다.

노사 분규의 최전선에서 내 역할은 분쟁으로 늘어나는 파업 일수와 매출 손실, 고객 불만을 실시간으로 보고하는 일이었다. 그러나 보고만으로 사태가 풀릴 리 없었다. 고육지책이라 불러야 할 해법은 의외의 곳에서 찾아왔다. 그것은 바로 자연 속에서의 화합이었다.

회사와 대립의 한복판에 있던 노동자 다섯 명을 선발해 3박 5일 설악산 산행을 함께 떠났다. 모두를 놀라게 한 결정이었지만, 다른 길은 없었다. 대청봉으로 향하는 길은 단순한 등산이 아니었다. 관계 회복을 위한 고행의 길이었다. 무거운 배낭은 어깨를 짓눌렀고 가파른 마등령 능선을 오르며 온몸의 기력이 빠져나갔다. 숨이 턱 끝까지 차오른 어느 순간, 함께 걷던 노동자가 묵묵히 내 배낭을 받아들었다. 그는 무게의 절반을 나누어졌다. 짊어진 것은 단지 짐만이 아니었다. 내 마음속에 켜켜이 쌓여 있던 갈등의 짐까지 덜어낸 것이었다.

땀과 웃음으로 뒤섞인 산길의 대화는 엉켰던 관계의 실타래를 풀어내는 첫걸음이었다. 배낭의 짐을 나눈 덕분에 마침내 정상에 올랐다. 신분과 직책을 잊은 채 모두가 하나 되어 환호성을 질렀다. 함께 부른 애국가는 북받치는 감정으로 절반은 목소리가 나지도 않았다. 회사와 노동자 사이의 높은 벽이 조금씩 허물어지기 시작한 순간이기도 했다.

산행이 끝난 뒤에도 나는 멈추지 않았다. 퇴근 후에는 노동자들의 가정을 찾아다니며 회사의 정책을 설명했고 그들의 삶을 귀담아들었다. 가족을 뒤로한 채, 맨투맨(man to man)이라는 이름으로 나의 청춘을 쏟아부었다.

어느 여름날, 어린 딸을 둔 한 노동자의 집을 방문했다. 작은 학용품 세트와 수박 한 통을 들고 갔다. 그는 회사에 대한 애착이 깊었지만 고단함이 얼굴에 묻어 있었다. 대화가 길어지자 그의 아내는 국수 한 그릇을 내어주었다. 멸치 육수에서 오르는 뜨거운 김은 회사에서 오가던 차가운 말과는 달랐다. 따뜻한 정성의 국수 한 그릇은, 인간 대 인간으로 서로를 마주하게 했다. 방안의 온기가 우리 사이의 간격을 좁히는 강력한 매개체가 되었다.

노사 관계는 언제나 아슬아슬한 외줄 타기 같았다. 회사 정책을 지지하는 30%, 격렬히 반대하는 30%, 그리고 침묵하는 40%가 있었다. 바로 그 40%의 마음이 기울어지는 방향에 따라 조직의 운명이 갈렸다. 그들을 설득하는 일은 논리 싸움이 아니었다. 불안을 걷어내고 상처 난 신뢰를 봉합하는 섬세한 작업이었다. 침묵의 다수가 희망으로 기울 때, 조직 전체의 무게중심도 미래를 향해 움직였다.

젊은 날의 나는 가정보다 회사를 앞세웠다. 불만을 잠재우는 소방수로, 회사를 대변하는 외교관으로, 내 청춘을 전부 불태웠다. 갈등 속에서도 공동체의 불씨를 지켜내려는 고독하고 뜨거운 투쟁이었다.

땀과 열정으로 빚어낸 그릇은 마침내 열렸다. 잿빛 분노는 서서히 사라지고 노사 화합이라는 희망의 씨앗이 자라기 시작했다. 설악산에서 나눈 짐의 무게와 노동자의 집에서 나눈 국수 한 그릇은 조직 전체에 번져 새로운 문화의 씨앗이 되었다.

경영진은 노동자를 단순한 직원이 아닌 가족으로 대했고 노동자들은 회사의 가장 든든한 동반자가 되었다. 회사는 그들의 땀을 인정하고 보답했다. 마음을 터놓자 비로소 우리는 하나가 되었다.

진정한 노사 화합은 서로를 잇는 다리를 놓는 일이었다. 회사는 정책과 의사결정을 투명하게 공개했고 노동자의 목소리를 경영에 반영했다. 공정한 보상과 인간적인 존중이 신뢰의 토대가 되었다. 그 위에서 노동자들은 주인의식을 갖고 헌신했다. 노와 사가 서로를 비추는 다리가 되었을 때 비로소 하나의 운명 공동체로 미래를 향해 나아갈 수 있었다.

작은 변화들이 모여 새로운 노사 문화가 뿌리내렸다. 노동자는 기계의 부속품이 아니라 존중받는 동반자가 되었고 관리자는 권위의 상징이 아니라 소통의 다리가 되었다. 격랑의 시대에 흘린 나의 땀방울은 헛되지 않았다. 수많은 땀방울이 모여 조직의 가치를 바꾸고 회사를 넘어 사회 전체가 성숙한 선진국으로 나아가는 길을 열었다.

나는 지금도 그 길 위에 흘렸던 열정의 땀방울을 가슴 깊이 간직하며 살아간다. 그것은 잿빛 분노가 희망으로 바뀌던 나의 가장 뜨겁고 눈부신 청춘의 기록이다.

✳ Profile
현우회 글쓰기모임 회원, 현대차 그룹 임원 역임. 저서:《낮달이 머문 정원의 속삭임》

두려움을 넘어선 '최초'의 도전 정신

✱

장동익

　돌이켜 보면 내 삶의 열정은 '최초'라는 단어와 깊은 관련이 있었다. 세상 모든 '최초'의 순간이 그렇듯, 내 도전 앞에도 늘 두려움이라는 짙은 안개가 드리워져 있었다. 아무도 가보지 않은 길, 누구도 시도하지 않았던 방식 앞에서 성공에 대한 확신보다 실패에 대한 불안이 먼저 고개를 들었다. 하지만 그 두려움의 경계선을 넘어 담대하게 첫발을 내딛는 열정의 길을 택해왔다.

　그 도전은 삼미그룹이라는 안정된 울타리 안에서 시작되었다. 1980년대, 국내 자동차 부품업계가 애프터서비스용 납품에만 머물러 있던 시절, 나는 세계적인 자동차 제조사 포드(Ford)에 OEM Original Equipment Manufacturing 방식으로 부품을 수출하는 국내 '최초'의 성공 사례를 만들었다. 당시에는 상상하기 힘든 도전이었고, 이는 한국 자동차 부품 산업의 기술 수준을 세계적으로 인정받게 한 사건이었다. 누군가 "두 번째로 북미 대륙을 발견한 사람은 누구인가?"라고 물으면 아무도 대답하지 못하지만, 첫 번째 발견자인 콜럼버스는 모두가 기억하는 것처럼, '최초'라는 단어가 갖는 힘이 큰 동력이 되었다.

　한국과 중국의 수교 이전, 마카오를 통해 대중국 사업의 문호를 '최초'로 여는 임무를 맡았다. 살아있는 원숭이의 두개골을 먹어야 하는 문화적 충격과 예측 불가능한 사업 환경 속에서도 신뢰를 쌓으며 새로운 교역의 길을 열었다. 이후 캐나다의 유일한 특수강 업체를 인수하기 위한 자금 확보 작업을 시작했다. 총 2억여 달러의 소요 자금 중 5천만 달러는 당시에는 국내에서 한 번도 발행한 적이 없었던 해외 신주인수권부사채 발행으로 도전하였다. 스위스 제네바를 시작으로 독일 프랑크푸르트, 프랑스 파리에 이어 영국 런던에서 마친 투자설명회를 거쳐 당시까지는 가장 낮은 년리 1.25%의 성공적인 자금조달이었다. 실패의 위험성을 무릅쓴 새로운 길이었다. 이러한 경험들은 단순히 주어진 과업을 수행하는 것을 넘어, 미지의 영역에 대한 두려움을 기꺼이 마주하는 삶이었다.

지리적 경계를 넘나들던 나의 여정은 기술의 미개척지로 향했다. 1993년, 삼미그룹을 떠나 렉스켄이라는 IT 회사를 설립하며 새로운 도전을 시작했다. 10년 후 2003년, 한국에 '클라우드'라는 개념조차 생소하던 시절, 미래 가능성을 확신하고 국내 최초로 세계 최상위 관련 솔루션을 도입했다. 미래의 지도를 손에 쥐고 있었지만, 현실의 법은 굳게 닫힌 성문과 같았다. 당시 한국의 모든 학교와 공공기관에서 클라우드를 활용하는 것이 불법이었고, 내 신념은 10년이 넘는 긴 시간 동안 시장의 냉대와 규제의 벽 앞에서 처절하게 좌절해야 했다. 결국 22년간 열정적으로 일군 회사는 2015년, 큰 손실과 함께 내 손을 떠나야 했다. 모든 것이 무너져 내린 잿더미 위에서, 나의 열정은 꺼지는 듯했다.

하지만 신학자 C.S. 루이스가 말했듯, 때로는 가장 큰 시련이 '변장된 축복(Disguised Blessing)'의 모습으로 찾아온다. 사업 실패 후 어쩔 수 없이 선택했던 대부도의 삶, 그리고 새로운 일터인 피플스그룹의 양재동 사무실까지 왕복 6시간이 걸리던 고된 출퇴근길은 역설적으로 내게 새로운 경계를 넘을 기회를 주었다. 긴 출근길을, 클라우드 기술을 기반으로 하는 스마트워킹 기법들을 깊이 있게 파고드는 연구실로 삼았다. 스마트폰 하나로 언제 어디서든 일할 수 있는 환경, 말로 하면 글이 되고 사진을 찍으면 문자가 되는 인공지능의 경이로운 기술들 속에서 나는 기술이 단지 효율의 도구가 아니라 인간을 시공간의 제약에서 해방시키는 자유의 도구임을 온몸으로 체감했다. 실패의 경계를 넘어선 후에야 비로소 기술의 본질을 꿰뚫어 국내 최초로 새로운 기술들을 소개할 수 있었다.

이제 칠십을 훌쩍 넘긴 나의 도전은 마지막 경계를 향하고 있다. 그것은 바로 세대 간의 깊은 골, '디지털 격차'라는 이름의 벽을 넘는 것이다. 아프리카 속담에 "노인 한 명이 죽으면 도서관 하나가 불타는 것과 같다"라는 말이 있다. 반세기 만에 기적적인 성장을 이룬 대한민국 시니어 세대의 머릿속에는 수많은 도서관이 잠들어 있지만, 컴맹, 폰맹이라는 이유로 그 지혜는 세상에 나오지 못한 채 사라질 위기에 처해있다. 스마트워킹 기법과 챗GPT와 같은 생성형 AI는 바로 그 도서관의 문을 열어주는 열쇠다. 타이핑이 어려운 시니어도 말로 하면 글을 쓸 수 있고, 흩어진 기억의 조각들을 AI와 대화하며 체계적인 이야기로 엮어낼 수 있다. 나는 지금 그 방법을 전하는 '디지털 월드행 마지막 열차'의 늙은 차장이다. 수많은 시니어가 디지털 기술과 생성형 AI의 도움으로 생애 첫 책을 내는 기적을 접할 때 내 인생의 열정이 마침내 가장 의미 있는 다리를 놓고 있음을 느낀다.

돌이켜 보면 내 인생 최고의 열정은 부와 성공이라는 단 하나의 목적지를 향하지 않았다. 그것은 미지의 땅을 향해 끊임없이 도전하고, 단절된 세상 사이에 다리를 놓으며, 낡은 세계와 새로운 세계를 연결하려는 치열한 몸부림이었다. 지리적, 문화적, 기술적, 그리고 이제는 세대적 경계까지, 그 경계선 위에서 겪었던 수많은 실패와 좌절은 나를 무너뜨린 것이 아니라, 오히려 내가 넘어야 할 다음 경계가 어디인지를 알려주는 이정표가 되었다. 이 땅의 마지막 도서관이 사라지기 전에, 그 안에 담긴 소중한 이야기들이 다음 세대로 무사히 건너갈 수 있도록, 오늘도 기꺼이 마지막 다리를 놓는 열정이 내 인생 최고의 열정이라고 생각한다.

✶ Profile
한국디지털문인협회 자문위원, 디지털책쓰기코칭협회 고문,
세종로국정포럼 스마트워킹 교수부장, 감사나눔연구원 디지털연구소장

앙상한 훈장

✦

전계숙

　고온에 들뜬 침대는 밤마다 몸을 욱신거리며 웅크렸다. 아무도 듣지 못할 귀퉁이에서, 그것이 조용히 속삭였다. 한 생의 무게를, 암의 그림자를, 그리고 치열한 생존의 기록을 품은 침대였다. 그 위에는 한 여자가 조심스레 몸을 누이고 있었다. 수술의 흔적이 옷 아래 수술 자국이 아직 뜨겁게 남아 있었다. 가릴 수 없는 부피로. 야광처럼 빛나던 눈은 희미해졌고, 하늘을 향하던 귀는 늘어진 채 침묵에 잠겼다. 한때 골목을 자유롭게 누비던 그녀는, 가장 평범하고 가장 따뜻했던 일상을 잃었다. 햇살 아래 머리를 말리던 오후, 계단을 뛰어오르던 저녁, 달빛 아래 조용히 사색하던 밤. 인생이란 한 치 앞도 볼 수 없는 길이라는 것을 그제야 깨달았다. 바람처럼 물처럼 흘러가던 시간이 멈췄다. 그녀는 암이라는 고요한 폭풍 속에 홀로 남겨졌다.

　림프액이 차오르면 온몸이 부풀어 올랐고, 숨 가쁜 고열이 턱 끝까지 차올라 입안은 쓰고 약 냄새는 금속 같았다. 그녀는 눈을 가늘게 뜨고, 천천히 호흡을 늘리고 있을 뿐이었다. 무뎌진 손끝엔 무명 실타래 같은 기도가 걸려 있었다. 살아 있음의 증거는 고통 속에서만 발견되었다. 하지만 그녀는 포기하지 않았다. 고단한 여정, 쉬어도 될 터인데 그녀는 오히려 담대하게 맞섰다.

　"시간이 지나면 이 또한 지나갈 것이다. 새살이 돋고, 수술 자국도 사라지리라."

믿음은 그녀의 등을 쓰다듬는 손길이었다. 낮은 자세로, 무릎을 꿇은 채, 그녀는 하늘의 뜻을 이해하고자 했다. 삶은 또 다른 시작점이 되었다. 긴 항암의 시간은 고요한 전쟁이었다. 하루가 기도로 시작해서 기도로 끝났다. 기도란 어쩌면 상처를 핥는 고양이의 습관처럼, 자신을 다독이는 행위였는지도 모른다. 처지를 탓하지 않고, 그저 지금의 고통을 껴안으며 하루를 견디는 것. 그렇게 오랜 시간을 견디는 것. 무엇보다 제일 고통스러운 것은 머리를 감을 때마다 제초기 날에 잘린 삘기처럼 흘러내리는 머리카락이었다. 검고 윤기 나는 머리카락이 보기 싫게 빠지기 전에 스스로 밀어버리겠다고 결심했다. 오랜 시간 머리를 관리해 주던 미용사를 찾았다. 조심스레 가위를 들었지만, 선뜻 머리카락을 자르지 못했다. 미용사의 손은 망설임으로 떨렸다. 그녀는 울지 않았다. 차라리 울고 싶으면 울라고 했다. 그녀의 표정은 파노라마처럼 흔들렸다.

"밀어!"

순간 정적이 흐르고 날카로운 가위 날이 머리카락을 자르기 시작했다. 금속성과 함께 머리카락이 떨어지고 바닥이 검게 물들었다. 지금껏 살아온 나는 없다는 선언 같았다. 그 순간, 마치 무거운 외투를 벗어 던진 것처럼 홀가분 했다. 가위 소리가 귀를 베듯 스쳐 지나갈 때마다, 과거의 집착들도 함께 떨어져 나갔다. 아름다움에 대한 미련, 타인의 시선에 대한 두려움, 온전한 몸으로 살아야 한다는 강박. 그 모든 상실감이 검은 머리카락과 함께 바닥으로 추락했다. 거울에 비친 낯선 자신을 마주하며 생각했다. 암은 그녀의 머리카락을, 살을, 일상을 벗겨냈다. 그러자 그 아래 숨어있던 뼈대가 보였다. 그것은 생각보다 단단했다.

민머리의 여자는 우스꽝스러울 수도 있었다. 하지만 빛은 어느 때보다 또렷했다. 살갗 위로 드러난 수술 자국, 앙상한 몸의 윤곽, 그 모든 것이 치욕이 아니라 훈장처럼 느껴졌다. 미용사는 마지막 머리카락을 잘라내고 조용히 그녀의 등을 쓰다듬었다. 그녀는 대답 대신 고개를 끄덕였다. 그리고 천천히 입을 열었다.

"고통은 나를 무너뜨리지 못해. 봐, 나는 잿더미 위에서도 여전히 서 있잖아."

민머리 위로 바람이 날카롭게 지나갔다. 차갑고도 이상하게 따뜻했다. 세상이 달리 보였다. 앙상한 가지 위의 새싹처럼, 그녀는 다시 시작하고 있었다. 비워야 채울 수 있듯 그녀는 이제 텅 비어 있었다. 머리카락은 다시 자랄 것이다. 하지만 그녀는 이미 알고 있었다. 다시 자라날 머리카락은 예전의 것과 다를 거라는 것을. 성글고, 희끗하고, 솔직한 민낯으로 돌아올 거라는 것을. 그날 밤, 침대에 누워 천장을 바라보며 속삭였다.

"나는 아직 살아있어. 그것만으로 충분해."

"병마가 우리를 약하게 만들지는 못해 다만 우리를 시험해 보는 거야."

"반드시 김밥천국 앞에 다시 설 거야."

완전하지는 않지만, 약속을 지켰다. 더 이상 침대에 누워 있지 않았다. 앞치마를 두르고, 김을 펴고, 밥을 뭉치고, 김밥을 썰었다. 발은 시리고 저린 통증으로 욱신거렸다.

"쉬어야지."

"쉬면 무너져."

그녀에게 김밥천국은 단순한 생계가 아니었다. 그것은 삶을 향한 맹렬한 의지였다. 병원에서 돌아와 가게 문을 열고 손님을 맞았다. 웃으며 계산하는 모든 순간이 그녀에겐 승리였다. 암이 그녀를 침대에 가두려 했지만, 그녀는 매일 아침 일어나 앞치마를 두르고 맞섰다.

"할 수 있어."

손님들은 몰랐다. 저 김밥 한 줄에 얼마나 많은 눈물과 기도가 말려 있는지. 저 미소 뒤에 얼마나 많은 고통이 숨겨져 있는지. 하지만 그녀는 드러내지 않았다. 그저 묵묵히 김밥을 말았다. 온몸이 무거운 날에도, 그녀는 멈추지 않았다. 김밥천국은 전장이었다. 그곳에서 매일 암과 싸웠다. 그리고 매일 승리했다.

지금은 평범한 여자로 살아간다. 고요하지만 단단한 눈빛, 윤기를 되찾지 못한 성근 머리카락, 삶을 느끼며 흐르려는 느려진 시간, 수술 자국은 희미해졌다. 그녀는 삶의 한 페이지마다 수필을 쓴다. 수필을 통해 자신의 투병을 기록하고, 때로는 유쾌하게, 때로는 눈물겹게 인생을 시로 함축했다. 가끔 창밖을 향해 손을 뻗는 순간엔 아직 끝나지 않은 열정이 뿜어져 나온다. 작가의 꿈을 꾸며 몽니 부리던 삶을 탈피했다. 다시 흐르는 강물은 예전처럼 무심히 흘러가는 강물이 아니라, 뜻을 품어 유연하고 깊다. 삶은 극복해야 할 이유이며 명분이기도 하다. 그것은 앙상하지만 빛나는 훈장이다. 마치 고양이가 제 털을 고르듯, 그녀는 조심스럽게 시어를 고른다. 부드러운 문장 사이로 부서진 시간이 윤슬같이 빛나고 있다.

✳ Profile

한국디지털문인협회 이사, 시인(2025년 월간시인 등단), 동서 문학상 수상, 한국청소년신문사 문예대상. 저서:《느린 편지》

꽃 같은 삶의 길 위에서

✱

전윤채

　계절 따라 피어나는 꽃들은 눈부신 아름다움 뒤에 숨어 있어 우리가 볼 수 없는 내면의 시간이 있다. 비바람을 견디고, 땅속 어둠을 뚫고 올라오기까지 노력과 인내가 있었던 그 깊이를 생각하면, 꽃에 대해 숙연해진다. 잠시 감상에 젖어 돌아설 때면 자연의 메신저가 진정 전하고자 하는 것은 무엇일까? 하는 생각을 늘 해 왔다.
　사춘기를 보내면서 한동안 나의 세계에 갇혀 있었다. 그런 성향을 갖고 태어나서인지 모르지만 사는 것에 대한 의미를 몰라 막연히 허무하고 슬펐다. 생을 아름답게 마감하고 싶다는 생각을 해본 적도 있다. 그런 과정을 거치며 살아오는 동안 지금까지 배워 온 지식의 공부와는 차원이 다른 가르침의 강의를 만난 것이다. "아, 자연이 나를 여기로 이끌고 있었구나" 하며 지나온 삶을 고마워했다. 새로운 세상을 만난 벅찬 감동이었다. 강의 속의 말씀 한마디 한마디가 귀하고도 소중했다. 아까워서 손에서 스마트폰을 내려놓을 수가 없었다. 듣다가 지치면 잠산 눈을 붙이고, 깨면 다시 강의 듣는 것을 하루 종일 반복했다.
　그때 당시에는 거의 5,000강에 달하는 강의였지만, 전체의 맥락을 이해하려면 처음부터 끝까지 들어야만 할 것 같아 밤낮으로 들으며 몰입했고, 생활의 거의 모든 일을 미뤄 두었다. 듣다가 지치면 아파트 근처 공원의 신선한 공기를 마시며 조용히 산책하듯이 걸으며 들었다.

오전 9시쯤에 공원으로 가서 저녁노을이 물들려고 할 때쯤이 되어서야 집으로 돌아왔다. 그렇게 6~7개월을 보냈다.

1강부터 차례로 들으면서 어느새 유튜브에 올라오는 최신 강의를 따라잡을 수 있었다. 전체의 흐름을 잡고 나서부터는 강의마다 정성을 다해 다시 듣고 있다. 이 새로운 진리에 매료된 이유는 그것이 추상적 이론이 아니라, 실제 삶의 이치와 맞닿아 있기 때문이다. 진리란 자연의 섭리이자 순리이며 대자연이 이 우주를 운용하고 있는 자연적인 법칙을 말하는 것이다. 우리도 모르게 운용되고 있는 이 법칙 안에서 살고 있는데 우리가 모르고 살아가고 있었다는 사실은 나에게 크나큰 깨우침이었다.

언젠가부터 우주의 바른 이치가 무엇인지 무엇을 만나야 알 수 있는지 그 의문을 풀지 못하고 있었는데 정법 강의를 통해 의문이 풀린 것이다. 강의를 필사하면서 인류를 향한 큰 사랑과 바른 이치를 더욱 이해하게 되었다.

공부에 몰두하기 시작하면서 계절이 바뀌고 꽃이 피었다 지는지도 모르며 지냈다. 삶의 희열을 느끼며 이토록 감동하며 몰입해서 열정적으로 공부한 적이 없었다. 공부하면서 어느 선에서 근기를 시험하는 시험지인 것을 알아차리는 순간들이 있었다. 지금까지 배워온 지식으로 잘못 판단하려는 그 선을 뛰어 넘어가면서 중도에 포기하지 않고 바른길 위에 있을 수 있는 것이 얼마나 다행이며 감사한지 모르겠다. 때로는 중도에서 멈추는 이들을 보면 안타깝다. 바른길을 모르고 가면 길을 잃을 수밖에 없어 어려워지고 아픔을 겪게 되어 있듯이, 자연은 판을 짜놓고 운용하고 있다. 전기인 선천시대를 지나 후기인 후천시대(2013년 이후)를 사는 우리는 누구를 막론하고 이 법칙을 모르고 살면 어려움과 아픔을 겪게 된다. 자연의 법칙이 후천시대에 들어 더 정확하게 돌아가고 있기 때문이다. 주변에 아픈 사람들이 많아지는 것이 그 이유다.

여러 해를 거듭 가르침을 받으면서 몰라서 막혀 있던 부분들이 툭툭 터지면서 이해의 문이 활짝 열리는 그 순간의 재미는 겪어보지 않은 사람은 모른다. 이해된 부분이 쌓여갈수록 나 자신의 수준도 높아지면서 처음 들을 때는 들리지 않던 부분이 들리고 이치를 이해하는 폭이 넓어지고 깊어진다.

인연을 만나 이야기하는 것을 듣고 나면 그 일에 대한 깊이를 이해하게 된다. 그래서 해결할 수 있는 조언을 해주는데 많은 도움이 되고 있다. 어떤 분은 남편의 폭언으로 힘들어하셨는데 도움을 받으시고는 지혜가 아깝다 하시면서 사회에 나와 활동해야 한다는 말씀도 해주신다. 바른 가르침을 통해 남을 원망하지도, 불평불만도, 고집과 질투와 시기를 하지 않아야 하며 어떤 상대도 존중해야 하는 것을 깨달아 나를 먼저 바로잡아야 한다. 그런 후 상대에게 그 맑음을 전한다는 것은 세상을 밝히는 일이다. 품격 있는 사람이 세상을 품는다고 하는데 이해되어 아는 만큼 품을 수 있는 것이지, 상대를 알지도 못하고 바르게 이해하지 않으면서 품어야지 한다고 품어지겠는가? 이것이 진리가 없는 지식의 한계다. 일반 지식을 갖춘 지식인들이 폭넓고 다양하게 진리의 지식의 가르침을 받아 한쪽으로 치우치지 않는 중도라는 정확한 자리에서 양쪽과 아래위를 모두 이롭게 할 수 있을 때 중도 지식인으로서 비로소 세상을 품을 수 있다는 가르침에 공감이 갔다.

2차대전 이후로 인류의 희생으로 이루어 놓은 지식과 문화를 받아들여 오늘날 우리가 우수하게 성장했다면 그 감사를 다시 환원하는 방법은 인류가 바르게 살아갈 수 있도록 자연의 법칙으로 연구한 신패러다임을 세상에 내놓아야 평화롭게 살아갈 수 있는 길이 열린다. 이 역할을 해야 하는 것이 대한민국에서 성장한 홍익인간 지식인들이 인류공영에 이바지하는 것이다. 인류 백성들의 피와 땀으로 성장한 지식인들과 백성들의 희생한 에너지가 서려 있는 경제를 가진 경제인들인 홍익지도자들의 힘으로 신패러다임이 세상에 나와야 하는 지금은 무엇보다도 중요한 시기다. 신패러다임의 바른길을 따라 인류의 후손들이 어려움 없이 순조롭게 살아갈 수 있기 때문이다.

오늘도 새롭게 피어난 가을꽃들을 유심히 바라본다. 그들은 여전히 그 자리에서 한결같은 모습으로 "너도 너답게, 다시 꽃을 피울 수 있어"라고 속삭이고 있는 듯하다. 우리의 삶 또한 그 길 위에서 다듬어진 자신의 품위와 바른 인성의 꽃으로 세상을 위해 맑은 향기가 스며들도록 할 수 있는 홍익인간지도자가 되지 않을까?

✷ Profile
　한국디지털문인협회 회원

5부

✳

정선모 • 내 인생의 등불, 독서
조성찬 • 열등감이 만든 51년의 열정
조정빈 • 내 인생의 42고지
최덕기 • 가마감
최현아 • 붉은 장미처럼, 내 삶의 열정을 피워내며
최흥식 • 사막 위의 열정
허광호 • 지금도 3번 국도를 걷는다
허병탁 • 골리앗과의 콜라 전쟁
홍경석 • 우리는 열정이다
홍승섭 • 숨은 열정 찾기
황병대 • 지구는 나와 같은 생명,
　　　　 인생 후반전의 불꽃을 지구에 바치다
황의윤 • 영원한 스승 '박 일송 선생님'을 기리며

내 인생의 등불, 독서

✳

정선모

　어린 시절부터 늘 책과 함께했다. 퀴퀴한 냄새가 밴 다락방 구석에서 발견한 첫 번째 동화책에서 시작한 책 읽기는 학교 도서관에 가득한 국내외 문학전집과 친구네 집에서 빌려 읽은 소설에 이르기까지 손에 잡히는 대로 읽었다. 너무나 재미있는 세상이 책 속에 있었다. 책은 세상을 만나는 창문이었고, 마음을 달래주는 친구였다.
　어렸을 때 말이 없던 나는 친구들과 어울리는 것보다 혼자 있는 시간을 좋아했고, 그 시간은 자연스럽게 독서로 채워졌다. 처음에는 그저 재미있어서 읽기 시작했는데 점차 책 속에서 내가 몰랐던 넓은 세상을 발견하게 되었다. 책장을 넘길 때마다 새로운 세계로 여행을 떠났고, 그 여행은 상상 속에서 더 부풀려져 마음껏 나만의 세상을 만들어갔다.
　중학교에 입학하면서 처음으로 큰 시련을 겪었다. 낯선 환경에 적응하지 못하면서 친구들과 자연스레 멀어졌고, 그 여파로 성적까지 차츰 떨어지기 시작했다. 학교생활의 모든 영역에서 자신감을 잃어가던 당시에 세상은 온통 회색빛으로 느껴졌다.
　그 무렵 유일한 피난처가 되어준 곳은 학교 도서관이었다. 점심시간이든 방과 후든 틈만 나면 그곳으로 향했다. 아이들이 잘 찾지 않아 적막감마저 감돌던 그 공간에서 나는 비로소 숨을 쉴 수 있었다. 혼자만의 시간을 통해 잃어버렸던 나 자신을 다시 찾아갈 힘을 얻은 것이다. 활자의 바다에 푹 빠져 닥치는 대로 책을 읽던 그 시절을 생각하면 지금도 가슴이 뜨거워진다.

그 도서관에서 나는 인생의 중요한 이정표가 되어준 책들을 수도 없이 만났다. 헤르만 헤세나 도스토옙스키의 작품들은 마른 샘에 스며드는 물줄기와도 같았다.

《데미안》은 내가 겪는 혼란이 나 혼자 겪는 것이 아니라는 위안을 주었다. 주인공 싱클레어가 내면의 갈등과 방황을 겪으며 성장해 나가는 모습은 마치 나의 현재를 비추는 거울과 같았다. 지금 겪는 불안과 어려움이 나를 더 단단하게 만드는 성장통이며, 더 나은 나로 나아가기 위해 반드시 겪어야 할 과정임을 깨달았다. 세상이 요구하는 정답이 아닌, 나 자신의 목소리에 귀 기울이는 주체적인 삶의 중요성을 배우게 된 것이다.

《지와 사랑》은 세상을 바라보는 나의 시야를 넓혀주었다. 지성을 상징하는 나르치스와 감성과 예술을 상징하는 골드문트의 상반된 삶의 궤적을 보면서, 삶에는 공부와 성적 외에도 수많은 가치가 존재한다는 것을 알게 되었다. 내가 옳다고 믿었던 기준만이 정답이 아니라는 사실을 이해하자, 성적이라는 하나의 잣대로 나를 옭아매던 압박감에서 벗어날 수 있었다. 나의 방황이나 부족함도 삶의 자연스러운 한 부분임을 인정하게 되면서 세상을 더욱 넓은 시각으로 바라볼 힘을 얻었다.

중학교 3학년 때 국어를 담당하시던 담임선생님을 만난 건 큰 행운이었다. 방송작가로 활동하셨던 선생님은 숙제로 내준 작문 과제를 제출할 때마다 내게 글 쓰는 재주가 있다며 격려해 주셨다. 그리고 교지에 글을 발표하라고 권유하셨다. 그때부터 본격적으로 글을 쓰기 시작했고, 그것이 결국 작가가 되는 첫걸음이었다. 돌이켜 보면 오랫동안 열정적으로 책을 읽어온 경험이 글쓰기에 큰 도움이 되었음을 부인할 수 없다.

이러한 독서 습관은 학창 시절을 지나 사회에 나온 후에도 계속되었다. 월급을 타면 가장 먼저 서점에 들러 신간 서적을 사는 것이 큰 기쁨이었다. 바쁜 일상 속에서도 책 읽는 시간만큼은 포기할 수 없었다. 그 시간이 있었기에 하루하루를 견뎌낼 수 있었고, 꿈을 키워나갈 수 있었다.

30대 중반쯤 문학회에서 만난 어느 선배 작가가 나도 모르게 나의 글을 문학지에 응모하여 뜻하지 않게 등단하게 되었다. 그 후로 꾸준히 글을 쓰며 작가로서의 길을 걸어왔다. 내 글이 누군가에게 위로가 되고, 용기가 된다는 것을 알았을 때의 기쁨은 무엇과도 바꿀 수 없었다. 그것은 마치 내가 어린 시절 책에서 받았던 그 따뜻한 위로를 다른 누군가에게 전해주는 일이었다.

작가로 활동하면서 자연스럽게 출판계에도 관심을 갖게 되었다. 좋은 책들이 더 많은 사람에게 전해지기를 바라는 마음, 그리고 새로운 작가들에게 기회를 주고 싶은 마음에서 출판사를 설립했다. 지금은 작가이자 출판사 대표로서 책과 더욱 가까이 지내고 있다. 새로운 원고를 검토할 때마다, 그리고 한 권의 책이 완성되어 나올 때마다 느끼는 설렘은 여전하다. 때로는 원고를 읽다가 눈물을 흘리기도 하고, 때로는 감탄하며 무릎을 치기도 한다. 그 모든 순간이 내게는 선물 같다.

돌이켜 보면 내 인생의 모든 순간에 책이 있었다. 기쁠 때나 슬플 때나, 혼란스러울 때나 확신에 찰 때나. 책은 항상 내게 길잡이였고 친구였으며 스승이었다. 그 안에서 나는 인생의 지혜를 배웠고, 세상을 보는 눈을 길렀다. 그 모든 것이 지금의 나를 만들었다. 만약 어린 시절 나를 열광하게 했던 책과 만나지 않았다면, 지금의 내가 존재할 수 있었을까? 아마도 전혀 다른 모습이었을 것이다.

요즘도 나는 매일 책을 읽는다. 가끔은 어린 시절 읽었던 책들을 다시 꺼내 읽는데, 그때와는 다른 시각으로 바라보게 되어 새로운 감동을 느낄 때도 많다. 같은 책이라도 읽는 시점에 따라 다른 메시지를 전해주는 것, 그것이 독서의 또 다른 매력이다.

한 권의 책이 인생을 바꿀 수 있다는 말이 과장이 아니라는 것을 나는 경험으로 안다. 지금까지 살아오면서 마주한 모든 어려움과 기쁨, 그리고 그것들을 헤쳐나갈 수 있었던 힘의 원천이 바로 독서였다.

앞으로도 나는 책과 함께 걸어갈 것이다. 더 많은 사람이 독서의 힘을 경험할 수 있도록 좋은 책을 만들고 전하는 일에 더욱 힘쓸 것이다. 책이 내게 그랬듯이 누군가에게는 내가 만든 책이 삶의 지표가 되기를 바라면서. 그리고 언젠가 나와 같은 길을 걷는 누군가가 이 글을 읽고 위로를 받기를, 그래서 책과 함께하는 삶의 아름다움을 깨닫기를 간절히 바란다.

✳ Profile

　수필가, 도서출판 SUN 대표

열등감이 만든 51년의 열정

✳

조성찬

초등학교 6학년, IQ 검사 결과지에 적힌 '90점'이라는 숫자는 나를 무너뜨렸다. 다른 아이들은 100점, 110점, 심지어 120점이 넘는다는데, 나는 고작 90점. '나는 머리가 나쁜 아이구나.' 그 생각이 중학교 1학년 내내 나를 교실 뒷자리에 가둬놨다. 수업 시간엔 잠만 잤고, 이해하려는 노력조차 포기했다.

그러나 2학년 겨울방학, 절박함이 나를 움직였다. 동네 형을 찾아가 용기를 내어 물었다. "형, 저 공부 좀 잘하고 싶은데, 어떻게 해야 할까요?"라는 나의 말에, 형의 대답은 간단했다. "기초성문법 책 하나를 한 달 동안 완전히 마스터해 봐."

그날부터 두 달간, 나는 그 책과 하루도 떨어지지 않았다. 처음엔 외계어 같았던 문장들이 일주일 후엔 조금씩 보이기 시작했고, 2주가 지나자 읽히기 시작했다. 3학년 3월 영어 시험 결과는 80점. 2학년 때 30점 받던 내가 80점을 받았다. 그 순간 무언가가 깨졌다. IQ 90점이 만들어놓은 보이지 않는 벽이 무너졌다.

'나는 할 수 있다. 노력하면 된다. 머리가 나쁜 게 아니라, 방법을 몰랐을 뿐이다.'

그때부터 내 인생은 도전의 연속이었다. 열등감은 오히려 더 강한 동기가 되었다. '나는 부족해. 그러니까 더 열심히 해야 해'라는 생각이 나를 명문 홍성고등학교로, 목원대학교로, 육군학사장교로 이끌었다.

2004년, 제대 후 충남 아산의 지하 태권도장을 수련생 7명으로 시작했다. 첫 여름, 장마로 물이 차서 매일 아침 물을 퍼냈다. 2009년엔 함께 일하던 사범이 스스로 목숨을 끊었다. 무너질 뻔했지만, 그 고통이 새로운 배움을 향한 열정을 만들었다.

2010년부터 나는 평일에는 태권도장을 운영하고 토요일에는 공주까지 차를 몰고 가서 대학원 수업을 들었다. 순천향대학교 교육대학원 체육교육전공 교육학석사, 공주교육대학교 교육대학원 청소년교육·상담전공 교육학석사, 공주대학교 일반대학원 교육심리상담전공 박사과정 수료, 유원대학교 경찰행정학부 졸업, 그리고 현재 남서울대학교 코칭학과 박사과정. 지난 21년간 두 번의 석사과정과 두 번의 박사과정을 거치며 나의 '팔랑귀 성향' 생애사를 연구하고 있다.

왜 이렇게까지 했을까? 열등감이 만든 열정 때문이었다. 어려움을 배움의 기회로 바꾸는 것, 그것이 나의 방식이었다. 아내 은자 씨의 변함없는 지지도 큰 힘이 되었다. "당신은 할 수 있어요. 지금까지 해온 걸 보면 알잖아요."

열정은 나의 친구였다. 51세가 된 지금, 나는 일주일에 3번 아침 신정호를 달린다. 누적 1,000km를 올해 7월에 넘어섰다. 15년째 충남교육청 진로코치로 매년 25개 초등학교에서 아이들을 만난다. 태권도장은 3개 관으로 확장되어 지난 21년 동안 수천 명의 수련생과 학부모를 만났다.

돌이켜 보면 IQ 90점은 나의 적이 아니었다. 오히려 친구였다. 만약 130점을 받았다면 자만했을 것이고, 진정한 성장은 없었을 것이다. 90점이었기에 노력할 수밖에 없었고, 부족했기에 배울 수밖에 없었으며, 열등감이 있었기에 겸손할 수밖에 없었다. 그 모든 것이 나를 성장시켰다.

"배움은 부족함을 채우는 시간이며, 내 삶을 검증하는 시간이다. 이를 통해 확신과 자신감이 생긴다."

이 신념으로 나는 오늘도 성장한다. 열등감은 더 이상 나의 적이 아니다. 그것은 나의 동반자이자, 나를 앞으로 나아가게 하는 열정의 원천이다.

청소년들에게 전하는 메시지

열등감에 시달린다면 부끄러워하지 마라. 그것은 성장의 시작점이다. 어려운 상황에 있다면 도움을 구하라. 그것은 약함이 아니라 지혜다. 빠른 결과를 원한다면 조금 기다려라. 진정한 성장은 시간이 필요하다. 완벽을 추구한다면 조금 내려놓아라. 꾸준한 발전이 완벽한 순간보다 중요하다. IQ 90점에서 시작된 이 열정의 여정이 나를 어디로 데려갈지 모른다. 하지만 한 가지는 확실하다. 그 여정은 아름답다는 것, 그리고 나는 그 여정을 사랑한다는 것이다.

51년의 성장을 되돌아보며 내가 찾은 것은 열정이었다.

✳ Profile
　한국청소년보호연맹 충남연맹 사무총장, 태권도사관학교 총관장,
　조성찬행정사무소 대표, 국민권익위원회 시민상담관

내 인생의 42고지

✳

조정빈

1952년 가을, 오성산 동남쪽 삼각고지와 저격능선에서 42일간 치열한 전투가 이어졌다. 국군과 유엔군은 2천여 명의 피와 땀을 흘렸고, 중공군은 1만 5천 명 이상의 희생을 치렀다. 전술적 패배에도 불구하고 중국은 끝내 오성산을 지켜냈고, 이를 '삼강령 전투의 승리'라며 지금도 항미원조 정신으로 소환하고 있다.

내가 이곳 소대장으로 부임한 것이 휴전 후 20여 년이 지난 어느 가을이었다. 삭풍에 낙엽이 흩날리던 날 능선을 따라 철책선을 순찰했다. 전쟁은 끝났으되, 그 자리에 남아 있던 적막 속에 어디선가 총성이 들려오는 듯한 착각이었다. 돌멩이 하나에도, 흙먼지 하나에도 고혼의 숨결이 배어 있었다. 마치 산 자와 죽은 자가 뒤섞여 능선을 걸어가는 듯했다.

"나를 따르라! 돌격 앞으로!"

짧지만 단호한 구호가, 시간의 벽을 넘어 내 귓가에 메아리쳤다. 전장에서 불타올랐던 그 목소리는 내 삶의 울림이 되었다.

전역 후 새로운 전투가 기다리고 있었다. 밀림의 법칙만이 존재하는 시장은 또 하나의 고지전이었다. '시장 점유율 42%'라는 고지를 먼저 점령해야 1등으로 살아남을 수 있었다.

나에게 '42고지'는 단순한 숫자가 아니었다. 그것은 목표이자, 도전이며, 삶 전체를 꿰뚫는 상징이었다. 산업사회에서 정보화사회로 건너가는 시기, 세상은 격랑에 요동쳤다. 정보와 속도가 곧 힘이 되던 시대였다.

인생의 황금기로 불리던 마흔둘, 나는 빛고을로 향했다.

"가자, 젖과 꿀이 흐르는 가나안 새로운 땅으로!"

새로운 공장을 세우고 이전하는데 시스템 구축이라는 중책을 짊어졌다. 공장은 화려한 하드웨어로 채워졌지만, 눈에 보이지 않는 소프트웨어에는 아무도 관심을 두지 않았다. 본사는 전사적 시스템 구축을 '한글화'라는 구호 아래 인해전술로 밀어붙였으나, 빛고을 프로젝트를 돌볼 여력은 없어 보였다.

결국 7명의 소수정예로 42일간의 치열한 '고지전'을 치러야 했다. 낮에는 시스템을 조율하고, 밤에는 개선 방안을 토론했다. 새벽녘 창밖에서 닭이 울어도, 우리는 여전히 공장의 불빛 아래서 고지를 오르고 있었다. 피곤으로 눈꺼풀이 천근처럼 내려앉을 때마다 나는 저격능선의 바람을 떠올렸다. 그곳에서 쓰러져간 이름 없는 전우들의 혼이 나를 일으켜 세웠다.

몸과 마음에서 흘러내린 땀은 깊고 무거웠지만 목표는 단순했다.

"재고 제로, 불량 제로, 고장 제로, 기종 변경 시간 제로." 네 가지 목표.

"수주에서 출하까지, 전지 간판으로 실시간 동기화." 두 가지 과제.

4와 2라는 숫자는 경영의 수단이 아니었다. 그것은 우리 삶의 땀방울이 응결해 맺은 결실이었다. 톱다운식 명령과 버텀업식 의견이 충돌할 때마다, 나는 '미들업 다운'이라는 길의 위와 아래를 이어 주는 다리로서, 사람과 사람 사이의 숨결을 잇고자 했다. 일본식 분임조가 아닌 두레활동으로 바꾸어 '내 기계, 내 구역, 내 일'이란 마이마이 운동이 태어났다.

정리정돈과 청소라는 습관이 몸에 밸 때까지 반복했다. 처음엔 귀찮고 지루했으나, 위에서 솔선수범하여 기계를 닦자 중간관리자들이 따라왔다. 곧 전사 전체가 하나의 호흡으로 움직이기 시작했다. 먼지와 기름 냄새가 가득했던 공장에서 혁신의 물결이 출렁였다.

빛고을 신공장이 준공된 날, 세계 최초로 생산·자재·품질·설비, 이른바 4기둥 전산 모듈이 동시에 가동되었다. 전광판에는 화려한 실시간 생산정보가, 모든 물품에는 전자 간판이 나붙어 42깃발이 나부끼자 가슴이 벅차올랐다.

얼마 후 본사에서도 한글화된 시스템이 가동되면서 빛고을의 영문판 선행 가동은 본사의 '본 게임'을 위한 예행연습쯤으로 저평가되었다. 하지만 진짜 싸움은 그때부터였다. 본사가 2단계 점프 업을 위해 수많은 볼트를 풀고 다시 조립해야 할 때, 우리는 원본 그대로 사용했기에 3일의 하계휴가 동안 42시간의 도전으로 단숨에 4단계로 끌어올릴 자신이 있었다.

휴가 다음 날, 가동하려는데 시스템이 깨어나지 않았다. 긴장이 폭발 직전까지 치달았다. "2단계로 되돌리라!"는 지시가 떨어졌다. 모두가 숨을 죽인 채 나만 바라보고 있는데, 시스템은 기적처럼 스스로 깨어나 작동되기 시작했다. 순간 침묵이 환호로 바뀌었다. 휴전 직전 중공군에게 내주었던 고지를 넘어 가상공간 속 적 오성산에 승리의 깃발을 꽂은 격이었다. 소식을 접한 본사 총괄 임원이 내려와 내게 물었다.

"어떻게 이렇게 빠른 처리가 가능했는가?"

"세계와 소통하려면 불편하더라도 원본에 익숙해져야 한다고 사용

자를 설득하여, 함께 변화의 속도를 만들어 내는 계기가 되었습니다."

전투에서의 승리가 전우의 희생과 땀으로 빚어지듯, 시장에서의 승리 또한 나부터 꾸준한 훈련을 통해 변화를 습관화하는 데서 비롯된 나만의 '42고지전'이었다.

내 인생의 42세에서 만난 42일, 42시간, 42%, 이 상징적인 숫자들은 삶의 리듬이자 전쟁의 은유였다.

나의 열정은 언제나 활활 타오르는 불꽃만은 아니었다. 때로는 꺼지지 않는 잔불처럼, 조용히 그러나 꾸준히 타올라야만 했다. 눈부신 불꽃놀이처럼 순간의 화려함으로 사라지는 것이 아니라, 사계절의 밤과 낮 속에 꺼지지 않는 불씨로 오래도록 이어져야 했다.

삶은 작은 고지를 하나씩 점령해 나가는 여정이다. 그 고지 위에서 맛보는 성취와 좌절, 땀과 눈물 그리고 다시 일어서는 용기 그것이 곧 인생이다.

오늘도 나는 또 다른 고지를 향해 나아간다. 숫자와 상징은 바뀌어도 그 속에 깃든 열정만은 변치 않는다. 오성산 능선에 스며 있던 고혼의 숨결이 그러했듯, 내 안의 작은 불씨 또한 꺼지지 않고 타올라, 내 삶을 앞으로 이끌고 있다.

✳ Profile
한국디지털문인협회 회원

가마감

※

최덕기

    80년대는 온 나라가 목표 달성에 열정이 넘쳐나던 시기였다. 나라는 GDP(Gross Dmestic Product/국내총생산) 수출액 목표를, 기업은 연간 경영 계획 목표를, 모든 단위 조직들도 연간 분기별 월별로 수치화된 목표를 설정하고 기간별 달성 유무를 점검하고 평가했다.
    영업 부서에 근무하면서 매달 가마감을 했던 기억이 있다. '가마감'은 기업의 영업부서나 기간별 실적을 관리하는 부서에서 사용하는 용어다. '마감'이 일의 끝마침이나 어떤 행위의 종료를 나타냄을 일컫는 용어라면 '가마감'은 마감의 수치를 사전에 어림잡아 보는 일이다.
    모든 영업 부서에는 목표가 수치화되어 주어진다. 부서 책임자는 자신의 모든 자원과 역량을 총동원하여 주어진 목표를 달성하고 결과로서 평가를 받는다.
    당시 한국경제는 고도성장기였다. 전 산업 분야에서 과감하고 도전적인 목표 설정이 관례였다. 주어진 목표 달성은 물론 초과 달성이란 목표 지상주의가 팽배하였다.
    매달 주어지는 영업 목표를 25일 정도에 가마감을 해본다. 제품별, 경로별, 거래처별로 현재의 실적을 파악하고 향후 남은 며칠간 가능한 추가 매출을 집계하면 당월의 매출 목표 달성 여부를 가름할 수 있다. 그리고 남아있는 역량과 관록 지혜를 총 결집하여 최종 돌격선을 돌파하고 목표 달성의 환희를 맛본다.

실제로는 이런 정상적인 목표 관리보다 비합리적 편법들이 난무했다. 100m를 12~13초에 뛰는 선수에게 10초에 돌파하라는 목표가 주어진다. 정상적인 노력과 의지로는 불가능한 목표 수치다. 그러나 가끔 이 목표를 달성하는 선수들이 나타난다. 어떤 때는 출전 선수 모두가 목표를 달성할 뿐 아니라 9초를 달성하는 기적도 목격한다.

영업 현장은 전쟁터와 비교된다. 전혀 예측하지 못했던 상황 변화와 많은 돌발 변수가 나타나 무질서와 혼돈의 시장이 발생되기도 한다. 이런 무질서 혼돈 속에서 살아남기 위해서 마감의 전술과 전략이 더욱 요구된다.

영업 현장에 있을 때 항상 생각하고 강조했던 말이 있다. 이달의 실적은 최소 6개월 전에 예정된 결과다. 오늘의 결과물은 오래전에 미리 준비하고 개선하고 개척한 노력의 집적물이 결과로 나타나는 것이다. 당월 한 달의 노력으로 이루어지지 않는다.

가마감의 중요성은 여기에 나타난다. 무리해서라도 목표 달성을 할 것인가 아니면 현실을 인정하고 받아들이며 남은 역량을 미래를 위한 준비와 투자에 투입할 것인가를 결정해야 한다.

영업 현장에서 두 부류의 사람들을 목격한다. 어떤 무리수를 사용해서라도 목표를 달성하고자 하는 사람과 현실을 인정하고 수용하는 사람이다. 내가 몸담았던 영업 현장에는 '미출'과 '가출'이란 용어가 있었다. 실제 제품이 거래처에 정상적으로 출고되지 않은 상태에서 장부(전산)상으로 출고되는 것을 말한다. 이런 변칙적인 방법이 누적되고 쌓이면 부정과 범죄의 온상이 되고 개인과 조직에 큰 상처를 남기곤 한다.

또 한 부류는 현실을 수용하고 인정하는 사람들이다. 당장의 목표 미달이라는 수치심과 질책을 감내하며 미래를 위해 차근차근 준비해 나간다.

우리의 삶도 영업 현장과 유사하다. 모두 꿈 많던 젊은 시절에 품었던 이상과 목표 달성을 향해 앞만 보고 전력 질주해 간다.

젊은 시절에 세웠던 목표를 무리 없이 모두 달성하는 이는 드물다. 능력에 비해 과한 목표를 설정했을 수도 있고, 예상하지 못한 상황 변화로 목표와 떨어진 먼길을 헤매고 있을 수도 있다. 그리고 더 중요한 것은 세월의 변화에 따라 목표의 가치가 바뀌었을 수도 있다.

현대를 살아가는 이들도 머리카락이 희끗해지고 이마에 주름살이 보이기 시작할 때 자기 삶을 조용히 가마감해 보는 과정이 필요하다.

현재 자신의 위치와 역량을 모두 드러내놓고 하나하나 점검해 본다. 시대의 변화에 따른 가치의 변화가 없는지 살펴본다. 그리고 지금까지 경험과 터득한 지혜를 더하여 새로운 목표를 설정해 보고 아름다운 마무리를 실행하는 과정이 필요하다.

젊은 시절 영업 현장에서 겪었던 가마감 습관으로 남들보다 좀 일찍 가마감을 해볼 수 있었던 것도 복이라고 생각된다.

✳ Profile
　한국디지털문인협회 회원

붉은 장미처럼, 내 삶의 열정을 피워내며

✷

최현아

    화이트 심포니, 컴패션, 마더스 데이 등 다양한 이름을 가진 하양 분홍 검붉은 장미가 장미 뜨레 공원에 피어 있다. 공원을 돌며 장미의 향기를 맡아보니, 품종마다 꽃의 향기와 그 강도가 달랐다. 거의 향이 나지 않는 꽃도 있었다.

    각각의 꽃향기를 맡아보기 전에는 장미도 사람처럼 저마다 다른 향기를 지닌 존재임을 미처 깨닫지 못했다. 한참을 걷다가 이슬을 머금은 핏빛 붉은 장미 한 송이 앞에서 걸음을 멈췄다. 그 꽃은 몇 해를 한 자리에 피고 지기를 반복하면서 스스로 삶을 터득했을 것이다. 가시를 품은 채 수많은 상처를 견뎌왔을 것 같다. 그런 시절이 있었기에 아침 햇살 속에서 더욱 짙은 향기를 낼 수 있었겠지? 겹겹이 쌓인 꽃잎의 붉음은 단순한 색이 아니라, 삶의 애환과 고통을 이겨낸 존재의 흔적이요, 꽃의 향기와 빛깔은 곧 그가 살아온 이야기일 것이다.

    나도 어느새 쉰한 살이 되었다. 해마다 생일을 맞을 때마다, 나의 지난 삶과 그 향기에 대해 생각한다. 붉은 장미처럼 나 또한 열징직인 삶을 살았는지 뒤돌아본다.

    문득, D 대학교 일반대학원에서 함께 공부했던 문우가 생각났다.

    "왜 그렇게 열징직으로 사는 거야? 친정어머니랑 내 나이가 같다고 했지? 그렇게 사는 특별한 이유가 있어?"

그녀는 나를 에너자이저로 불렀다. 학업, 일, 운동, 살림을 병행하며 숨 가쁘게 사는 나를 보고, "금방 예순 되고, 칠순 된다니까. 일만 하지 말고, 여행도 다니고 즐기면서 살아"라고 하셨다. 그녀의 조언을 듣고 괜스레 마음이 심란해졌다. 내가 언제부터 쉼도 없이 앞만 보고 살았나 곰곰이 생각해 보니, 대학교를 졸업한 이후부터였던 것 같다.

IMF 외환위기로 나라가 금 모으기 운동으로 들썩이던 시절이 되자, 선배와 동기들은 취업이나 공무원 시험 준비를 했다. 나는 대학교수가 되고 싶은 마음에 일반대학원에 진학했다. 하숙집에서 지금의 남편을 만났고, 졸업 후 우리는 각자의 꿈을 좇았다. 남편은 신림동 고시원으로, 나는 박사 과정 진학을 포기하고, 교사의 꿈을 이루기 위해 다시 한번 J 대학교 교육대학원에 입학했다. 열심히 공부한 결과 친구들보다 빨리 석사과정을 졸업했고, 중등학교 정교사 2급 역사자격증을 취득했다.

7년의 연애 끝에 결혼했지만, 현실은 녹록지 않았다. 남편은 사무실을 개업했지만, 손님이 없어 수입이 없었다. 직원 월급조차 주기 어려운 형편 때문에 나는 임용고시 준비를 접고 아침에 사무실에 출근해 남편 일을 도왔고, 저녁엔 과외를 했다. 성실한 남편 덕에 살림은 나아졌고, 2년도 채 안 되어 연립주택에서 아파트로 이사했다. 교사의 꿈은 멀어져 갔다. 대신에, 나는 네 살배기와 갓난아이를 키우면서 과외를 계속했다. 일하면서 공인중개사 자격증을 비롯해 돈을 벌 수 있는 자격증을 하나씩 따기 시작했다. 꼼꼼하게 아이들을 잘 가르친다는 입소문이 나기 시작했다. 공부방을 열 정도로 학생 수가 늘었다. 성적이 오르지 않는 몇 명의 아이들도 있었다. 그 모습을 보면서, 혹시 내 영어 지도법에 문제가 있지 않을까 고민했다. 전문성을 키우기 위해, 다시 학부 과정으로 돌아가 영문학을 전공했다. 졸업 후 또다시, A 대학교 교육대학원에 들어갔고, 일과 학업, 육아를 병행하며 세 번째 석사과정을 졸업했다. 비록 학교가 아닌 집에서 아이들을 가르쳤지만, 오전엔 집안일과 취미생활을 하고 두 아들이 학교에서 돌아올 때쯤엔 일을 마칠 수 있어서 나의 일이 '꿀 직업'처럼 느껴졌다. 행정적인 업무에 시달릴 필요도 없었다. 경제적으로 여유가 생기자 하고 싶은 일을 마음껏 할 수 있어서 좋았다.

배움뿐만 아니라 운동에 대한 열정도 있었다. 팬데믹 시기에, 집에서 왕복 세 시간 거리의 독산성을 매일 같이 걸었다. 스물여섯 살 차이 아들뻘 L과 함께 이 삼십 대 남녀 혼합 배드민턴 대회에 나가 우승과 준우승을 거듭 거머쥐기도 했다. 배드민턴 대회에서 우승하니 자신감이 생겼다. 마음만 먹으면 뭐든 할 수 있을 것 같았다.

일과가 모두 끝나는 밤엔 주로 책을 읽었다. 책을 읽고 어떤 영감이 떠오르면 노트에 글을 썼다. 그럴 때마다 실타래가 풀리듯 내 마음속에 억눌려 있는 갈등이나 스트레스가 해소되는 느낌이 들었다. 문학에 흥미가 생겼고, 문예지 문학상 공모에 당선되었다. 글쓰기에 대한 열정은 멈추지 않았다. 용기를 내어 K 대학교 미디어 문예창작학과에 들어갔다. 졸업과 동시에 D 대학교 일반대학원 박사과정에 들어가, 시, 수필, 소설 등 창작 이론과 방법을 배웠다.

어떤 사람은 공부방에서 아이들을 가르치려고 지금까지 대학원에 다닌 거냐며 비아냥거렸다. 가족조차도 '빛 좋은 개살구'처럼 겉만 그럴듯하고 돈도 많이 못 벌고, 실속이 없다고 말한다. 쉰 살이 넘었는데도 아직도 공부하냐며 한심한 눈으로 나를 쳐다보는 사람도 있다. 그렇지만, 일하면서 배우러 다니고, 저녁엔 운동하고, 밤엔 독자와 공감할 수 있는 글쓰기를 위해 꾸준히 노력하는 지금의 열정적인 내 모습을 사랑한다.

붉은 장미는 생명력과 사랑, 뜨거운 열정과 유혹을 상징한다. 가시는 고통과 인내를, 잎은 침묵과 비밀을 뜻한다고 한다. 가끔 불투명한 나의 미래 때문에 힘들 때가 있다. 몸과 마음이 지칠 때면 금암동 고인돌공원과 장미 뜨레 공원을 걸으며 마음을 다독인다. 발밑의 흙은 단단하고, 꽃잎은 바람에 흔들린다. 가끔 가고 있는 이 길이 맞을까? 흔들릴 때가 있지만, 내 선택에 후회는 없다.

진한 향기를 뿜어내는 붉은 장미를 바라보며 나 자신과 약속한다. 장미 향기처럼, 나도 누군가의 기억 속에 오래 머무는 향기처럼 살 거라고. 마지막 순간까지도 열정적으로 살겠노라고 다짐한다. 붉은 꽃잎이 모두 떨어져도, 내 안에는 시들지 않는 열정과 사랑을 품은 붉은 장미가 늘 피어 있을 것이다.

✳ Profile

단국대학교 문예창작학과 박사과정 수료, 시인, 수필가, 평론가,
제1회 범우 윤형두 수필 독서 문학상 제3회 한국 디지털 문학상
수필집:《삶이란》, 시집:《삶과 사랑의 맑은 풍경》 외 다수

사막 위의 열정

✴

최흥식

80년대 초 여천공단 내 석유화학 공장 건설 후 그림 같은 사택에 거주하며 편안한 공장생활을 하다 건설사로 직장을 옮겼다. 서울 본사에서 일 년간 설계팀장을 하다 생애 처음 해외 현장소장으로 발령받았다. 부임한 곳은 Fidda라는 리비아 유전 처리 시설 현장이었다.

현장은 리비아의 수도인 트리폴리에서 수백 km 떨어져 있고 지중해변에서는 남쪽 내륙으로 약 200km 이상 떨어진 사막 한복판이었다. 현장에서 40~50km 이내에서는 모래 외에는 아무것도 볼 수 없는 곳이었다.

그 당시 본사와는 전화국을 통한 국제전화와 테이프에 구멍을 펀칭하여 보내는 Telex가 주요 통신 수단이었다. 사막에서는 일반 전화도 없었다. 떠나온 고향의 아내에게 전화하려면 자동차로 45km 사막 길을 지나 Zella라는 마을의 전화국까지 가야 했다. 전화국이라고 해야 조그만 창고 같은 건물에 극장표 발급 창구 같은 곳에서 교환이 전화 연결을 해주었다. 보통 서너 명, 많을 때는 십여 명 이상 줄을 서서 기다리고 있었다. 모처럼 차례가 되어 연결 신호가 대여섯 번 울려도 전화를 받지 않으면 끝이라는 뜻의 '할라스' 소리가 들렸다. 다시 뒤로 가서 줄을 서야 했다. 그러면 앞사람들이 전화를 마칠 때까지 30분 이상을 다시 기다려야 했다. 모래바람이라도 불면 눈코를 막고 기다려야 했다. 그래서 집에 미리 편지를 보내어 몇 월 며칠, 몇 시경에 전화할 테니 집에서 대기하라고 했다. 전화하는 이유는 고향의 아내와 가족들 목소리를 듣고 싶어서였다.

당시에는 사막에 유럽업체와 한국 건설업체가 새로 만든 사막 내 아스팔트 간선 도로가 완성된 지 얼마 되지 않아 도로 조건은 최상이었다. 그 도로를 자동차로 다녔다. 30대 후반 젊은 시절이었기에 보통 트리폴리시에 있는 지사 사무실에서 현장까지 750km를 당일로 빈번하게 자동차로 다녔다. 당시는 공교롭게도 회사의 사정이 어려워진 때라 공사용 장비는 현장소장이 알아서 해결하라고 하였다.

리비아에서 대규모 공사를 하고 있는 국내 대형 건설업체를 찾아다니며 사정 이야기하고 임대료를 주고 장비를 빌렸다. 장비를 급히 빌리려고 트리폴리에서 현장까지 왔다 다시 550km 떨어진 동쪽의 벵가지까지 다녀오게 되는 바람에 하루에 1,800km를 주행하는 원하지 않는 기록도 만들었다. 도로에는 거의 자동차가 없어 시속 140~160km로 달렸기에 가능하였던 것이다. 자동차 주행이 거의 없는 가도 가도 끝이 없는 사막 내의 아스팔트 도로였다.

멀리 도로에 호숫가가 있는 것처럼 보였지만 가까이 가면 사라졌다. 신기루 현상이었다. 밤중에는 소위 '할라스'라는 모래바람이 앞이 안 보일 정도로 자주 불었다. 어느새 아스팔트 도로 중 낮은 부분에는 모래가 쌓이기 시작하여 많은 곳에는 30cm 이상 쌓이기도 했다. 이런 도로를 달리다 갑자기 도로에 쌓인 모래덩이를 보고 급브레이크를 밟거나 이를 피하려 커브를 틀다 보면 자동차가 전복되는 것이다. 도로변에 트럭이 처참하게 나뒹굴어져 있는 광경을 자주 목격하였다.

사막은 아무것도 없을 것 같은데 생물은 의외로 많이 있었다. 쥐는 어디서 오는지 모르지만 언제나 현장 사무실과 인접한 숙소 주변에 나타났다. 개와 여우, 다람쥐, 청설모 등 움직이는 동물들도 생각보다 많았다. 도마뱀과 물리면 치명상을 주는 독사도 있었다. 숙소에는 가끔 독이 있는 전갈이 나타나 침대 주변에 생 담배를 뿌려놓기도 하였다. 하지만 하늘은 너무 깨끗하여 서울에서는 볼 수 없는 수많은 별들을 볼 수 있었다. 별들은 정말 아름답게 반짝이었다. 한국에서보다 훨씬 밝게 보였다. 가끔 '저 별을 고향의 집에서도 같이 보고 있겠지' 하면서 고향 생각을 하곤 하였다.

현장에서 45km 떨어진 사막 내 GOSP 공장에서 먹을 수 있는 식수를 얻어오다 용량이 부족하여 130km 떨어진 한국 업체 도로 현장소장을 찾아가 사정 이야기를 하고 물차를 보내어 담수 공장 물을 얻어오게 되었다. 왕복 260km를 다녀와야 식수를 한 차 얻어올 수 있었던 차에, 발주처인 영국인 감독들로부터 현장 인근 지하수 물이 경수이지만 마실 수는 있다며 자기들도 가끔 그 물을 마신다는 이야기를 들었다. 현장소장으로 솔선수범한다며 그 물을 먹다가 나 혼자 담석증에 걸렸다. 고통이 심하여져 트리폴리의 대형병원을 찾았으나 특별한 약을 주는 것이 아니고 우선 맥주나 수박을 먹어 보라 하였다. 고통과 배부름을 참고 몸속의 돌이 빠져나갈 때까지 며칠간 계속 수박을 먹었다. 리비아의 수박은 타원형의 럭비공 같은 모양으로 국내산의 두 배 정도 크기였지민 당도기 매우 높아 맛이 아주 좋았다. 지금도 그 수박의 단맛이 기억난다. 물리지 않고 계속 수박을 먹고 소변을 보았다. 다행스럽게도 참기 힘들게 고통스러웠던 담석이 수술을 하지 않고 빠져 나갔다.

당시 리비아 사정은 카타피의 쿠데타 집권 후 얼마되지 않아서인지 분위기가 매우 살벌하였다. 서방 진영의 경제적 압박으로 물자가 부족하여 마트에는 리비아 생산 과일이나 야채를 제외하면 살만한 물건이 거의 없었다. 심지어 화장실 휴지도 구할 수 없어 한국에서 송출되는 기능공이나 직원들에게 휴지를 가져오라는 부탁을 번번이 하기도 하였다. 모든 것이 매우 열악하였다. 고추장, 간장, 쌀, 통조림 등 식자재는 거의 한국에서 컨테이너로 해상 운송하여 받았다. 부족한 것은 송출되는 직원 기능공 편에 항공으로 날라 와야 하였다.

지중해변은 도시 출입구마다 도로상에 검문소가 있고 자동차 검문이 매우 심하였다. 트리폴리에서 현장까지 가는 도중 여러 곳에서 검문을 하였다. 새까만 얼굴의 군인 초병이 자동차 안을 살펴보고 가방을 하나하나 열어 가방 속을 구석구석 뒤지며 시간을 끌기도 하였다. 쓸만한 물건이라도 보이면 시간을 더욱 끌었다. 본인이 탐을 내는 물건을 한두 개 주면 검문을 대충 빨리해 주었다. 심할 때는 지사에서 받아온 현장경비를 넣어놓은 007 가방을 거꾸로 해서 아스팔트 도로에 쏟아 놓고 살펴보는 때도 있었다. 쏟아진 각종 물건을 가방 속에 담으며 속으로 욕을 퍼붓기도 하였다.

사막 내의 현장 공사를 성공적으로 마치고 지중해변 아즈다비야 인근에 위치한 주에티나에 원유 수출 탱크터미널 보수 현장을 개설하였다. 이 현장은 원유저장 설비와 수출을 위한 유조선의 접안과 선적을 위한 항만시설을 갖추고 있었다. 리비아 정부로서는 중요한 터미널이었기에 경비가 매우 삼엄하였다. 하지만 지중해변이라 나무도 제법 있고 모래바람도 매우 적어 사막에 비하면 우리에게는 천국 같은 현장이었다. 다소 여유도 생겨 저녁 회의 후에 현장 주변에서 달리기를 했다. 현장에서 조금만 걸어가면 현장 내의 비행장으로 가는 아스팔트 도로가 있어 걷기에 매우 좋았다. 점차 운동 거리가 늘어남에 따라 비행장 가까이 다가갔다.

어느 날 밤에는 비행장 입구 초소 앞까지 다가갔다. 그런데 일이 벌어졌다. 초소 경비병이 "정지! 손들어!" 하고 외치며 총을 들이댔다. 두 손을 들라고 하였다. 가까이 다가와서 아스팔트 바닥에 엎드리라고 하였다. 나는 회사 책임자라는 의미의 "컴퍼니 무디르 무디르" 하고 소리쳤으나 아무 소용이 없었다. 엎드리니 손을 뒤로 한 후 로프로 손을 묶어 포박했다. 아스팔트 도로 위에 30분 정도 누워 있었다. 다행히 바닷바람이 불어 시원하였고 하늘은 매우 맑고 청명하며 별들이 무수히 많았다. 고향의 아내와 가족들 얼굴이 눈앞에 아른거렸다. 연락을 받고 출동한 지프를 타고 터미널 내의 보안 사무실로 이송되었다. 보안 사무실 책임자가 온 후, 현장 책임자 회의에서 만났던 나를 알아보았기에 풀려날 수 있었다. 초소경비의 "정지! 손들어!" 하는 소리를 인식하지 못하였다면 하늘나라로 갈 수도 있는 상황이었다. 지금도 그때를 생각하면 아찔하다.

비슷한 공사를 연속으로 수주하여 회사에 큰 기여를 했던 나의 첫 현장이었다. 하지만 현장 생활을 한 지 2년이 지났을 때 사우디의 사업 부진으로 해외공사 적자가 커지자 회사가 정부로부터 해외면허 반납 조치를 받았다. 이익을 많이 내는 현장이었지만 본사로 철수를 할 수밖에 없는 처지가 되었다.

대한항공 귀국 비행기를 타고 트리폴리를 이륙하며 항공기 창문 아래로 보이는 멀어져 가는 붉은색 사막을 보며 하염없이 눈물을 흘렸다. 하지만 니는 어떤 역경에 처하여도 리비아 현장만 생각하면 못할 것이 없다는 강인한 정신이 머릿속에 배었다.

이후 34년간 대산 지역의 석유화학공장, 대만 중부 Formosa Group의 28개 석유화학 정유시설, 중동지역 및 동남아, 인도 미국 남부 휴스턴 및 레이크찰스의 석유화학공장 등 국내외에 수십조 원이 넘는 60여 개의 정유, 석유화학 공장들을 성공적으로 건설하였다. 갖은 역경을 이겨내며 모든 공사를 공기 내, 예산 내에 완료하는 신화를 창조한 것이다.

이제는 40대 후반이 된 자녀들이 4~5세였을 때 아빠 얼굴이 낯설어 귀국 후 집에 오면 웬 낯선 아저씨를 보듯 엄마 뒤에 숨던 아이들 모습이 선하다. 한참 자랄 때에 아버지의 사랑을 느끼지 못하게 해서 미안한 마음이 든다. 고국에서 혼자 아이들을 키우고 고생하면서도 먼 이국 땅 현장에 있는 남편의 안전을 위해 늘 기도해 준 아내에게 미안함과 감사하는 마음을 갖고 살고 있다.

✽ Profile
    현) GECS 대표(유체기계기술사), 전) 삼성물산 전무, 삼성엔지니어링 기술고문

지금도 3번 국도를 걷는다

✵

허광호

이제부터 무얼 하지?

나이 마흔아홉 겨울, 평생직장이라고 생각했던 곳에서 해임 통보를 받았다. 그 직장에서 CEO가 될 꿈을 꾸고 있었으니 갑자기 닥친 일이었다. 아직은 젊을 때라 자신감이 넘쳤던 나는 '어디든 다시 일할 곳이 나타나겠지'라는 믿음은 있었다. 20대 후반 이후 처음 가진 한가한 시간을 허송세월로 보낼 수 없었다.

그래 떠나자. 몇 해 전부터 마음속으로 벼르기만 했던 국도 걷기 여행 생각이 났다. 여행 경로는 진작부터 진주에서 거창 김천 문경 충주로 올라오는 3번 국도를 생각해 두고 있었다. 아직 산티아고 도보 여행은 알려지기 전이었다. 걷기 여행 전문가 두어 분이 남한 일주나 종단 여행을 하고 책을 펴냈을 때였다. 다음날 남대문 시장 산악 용품 판매장에 들려 방한복 방한화 배낭 등을 준비했다. 국내에는 고어텍스가 흔치 않던 시절이었는데 모두 이탈리아나 프랑스제 산악 전문용품으로 준비하니 매장 직원이 이 정도면 겨울 히말라야를 가도 된다고 너스레 떨었다.

장비 준비와 코스도 정해졌는데 문제는 체력이다. 직장에서 산악회장을 역임하며 2박 3일 정도 산행 경험은 많았지만 한 달 가까운 시간을 매일 25Km 이상 걸어본 경험은 없었다. 일단 예행연습을 하기로 했다. 수안보 온천에서 미륵리 석불, 송계계곡을 경유해서 청풍, 단양까지 2박 3일 예행 걷기를 했다. 그곳은 충주 호반의 아름다운 걷기 여행 코스로 알려진 곳이다. 1월 초순 눈이 많이 와서 버스도 끊긴 지릅재 고갯길을 무릎까지 올라온 눈을 헤치며 미륵리에 도착했다. 인적도 없는 미륵리 세계사 스님이 나를 보고 깜짝 놀라던 모습이 지금도 기억난다.

예행연습까지 끝내고 1월 하순 드디어 진주로 출발했다. 그해 따라 유난히 겨울이 춥고 눈도 많이 내렸다. 나는 막연하게 3번 국도가 진주에서 출발한다고 믿고 이곳에 왔는데 와서 보니 아니었다. 그건 옛날 이야기이고 지금은 남해 섬이 다리로 연결돼 있어 3번 국도는 남해 미량리가 시작점이었다. 잠깐 갈등했지만 중요한 게 아니라 그냥 진주에서 출발하기로 했다. 진주에서 서울까지 직선거리 400km지만, 중간에 우회해서 여기저기 둘러보면 대략 600km쯤 된다. 한 달을 잡고 1월 말에 진주 출발해서 2월 말에 서울 도착 일정으로 출발했다. 열흘에 한 번은 서울 올라가서 이틀 정도 쉬며 필요한 물건도 살 계획이었다.

산청을 향해 가다가 예담촌 고옥 마을로 알려진 남사마을 오래된 한옥들도 구경하였다. 내가 들렸을 때는 제대로 원형이 남아있는 한옥은 세 채 정도였고 나머지는 많이 변형된 한옥과 일부 양옥으로 개조된 집이 있는 마을이었는데 지금은 전통 한옥으로 많이 개조했다고 들었다. 그 마을은 한옥보다 오히려 구불구불한 고샅길 돌담이 아름다웠다. 눈 쌓인 국도변에는 인적도 없고 가끔 화물차들이 소리를 내며 지나가고 있었다. 혹시 화물차 기사가 나를 못 볼까 봐 항상 차를 마주보고 걸었다. 눈 속에서도 잘 보이게 빨간색 모자를 쓰고 배낭 위에도 빨간색 깃발을 꽂았다. 영하 십 도의 눈길을 두어 시간 걷다 보면 머릿속이 하얗게 비워진다. 아무런 생각도 번민도, 살아갈 걱정도 나지 않는다. 그저 뺨을 때리는 찬 바람만 의식할 뿐. 그 시간이 내 인생에서 중요한 고비였다는 건 요즘에 와서 느끼는 감정이다.

사흘을 걷고 산청읍에 도착했다. 이름처럼 맑고 깨끗한 작은 읍이었다. 지리산 자락 언덕 위에 있는 모텔에서 뜨거운 물을 욕조에 받아 피곤해진 다리를 풀고 있었다. 휴대전화로 서울에서 연락을 받았다. 새로운 일자리에 대한 제안이었다. 반도체 관련 개발을 이제 막 시작하려는데 그 일을 맡아서 해 보지 않겠냐는 말이었다. 서울 떠나오기 전에 다른 곳에서 받은 작은 회사 대표 제안은 2월 말까지 쉬면서 천천히 생각해 보자고 했었는데, 이번엔 당장 시작하자고 한다.

전화받으며 잠깐 갈등했다. 막 시작한 도보 여행을 중간에서 그만두어야 할지도 모른다는 생각이 들었다. 서울 올라갈 다음 주 월요일에 만나서 자세한 이야기 나누기로 약속을 잡았다. 일주일 부지런히 걸으면 함양 거창을 거쳐 김천까지 갈 수 있다. 일단 거기서 잠깐 서울 가서 이야기 나누고 다시 내려와 걷기 여행을 계속해도 된다고 생각했다.

거창 웅양면 소재지에서 김천 넘어가는 우두령 고갯길은 새로 길이 뚫리면서 옛날 국도는 지방도로로 변해 있었다. 웅양면에 있는 시골 다방에 들려 커피 한 잔에 몸을 녹이고 있었더니, 시골 영감들에게 시달리던 40대 마담이 내 여행에 관심을 가지고 꼬치꼬치 물어보던 기억이 난다. 하긴 그 겨울에 눈 쌓인 우두령 옛길을 걸어 넘는 미친 사람을 자주 볼 수는 없었을 게다.

우두령 정상에는 양쪽으로 서울 몇백 리, 진주 몇백 리 써 놓은 돌로 만든 옛날 이정표가 남아있었다. 우두령은 가야산과 덕유산을 이어주는 고갯길이었는데 정상에 올라서니 남쪽으로 지금까지 내가 걸어온 거창, 함양이 아스라이 보였다. 당시 김천 시내에서 제일 큰 호텔을 예약해 놓았었다. 여드레 동안 무사히 걷기 여행을 마친 나에게 보상하는 차원에서 좋은 호텔에 머물고 싶었다. 다음날 김천역에서 열차 타고 서울로 출발하였다. 이 삼 일 후에 다시 와서 여행을 계속한다는 생각이었는데, 결과적으로 나는 김천으로 다시 내려가지 못했다. 그해 2월 말에 새로운 일을 시작했다.

18년 뒤인 2018년 4월 두 번째 걷기 여행을 김천에서 다시 시작할 수 있었다. 은퇴 후에 하고 싶던 공부를 끝내고 2월에 학위를 받았다. 60대 후반 새로운 내 인생이 막 펼쳐지고 있었다. 오랜 꿈이었던 걷기를 마저 끝내고 싶었다. 그러나 인생 모든 것이 뜻대로 되는 건 아니다. 내 버킷리스트 걷기 여행도 마찬가지였다. 두 번째 여행도 열흘을 걷고 문경 하늘재 넘어 미륵리 계곡에서 허리 통증으로 중단하였다. 18년 전 눈 속에서 나를 맞았던 스님은 보이질 않고 펜션 온돌에 허리를 지져도 낳을 기미가 보이지 않는다. 겁이 덜컥 난 나는 육십 후반 내 나이를 돌아보았다.

'그래 모든 걸 꼭 이루어야 할 나이는 지났어. 중단하자. 열정으로 똘똘 뭉친 삶은 육십몇 년으로 충분해. 이제는 포기할 줄 아는 나이가 되었어.'

아마 나머지 걷기는 평생 못 할지도 모른다. 미완의 버킷리스트로 남겨 놓을지 아니면 남은 70대에 마무리할 수 있을지 잘 모르겠다. 그렇지만 나는 지금도 3번 국도를 걷는 꿈을 꾼다.

✴ Profile
LG그룹 임원, LIG그룹 CEO 역임, 철학박사, 한국수필가협회 운영이사, 한국문인협회 윤리위원

골리앗과의 콜라 전쟁

✶

허병탁

운명적인 순간이었다. 미얀마 법인 대표로 부임하며 펩시의 깃발을 들고 글로벌 콜라 시장의 절대 강자 코카콜라와 맞서야 했다. 마치 다윗이 골리앗을 향해 돌멩이 하나를 던지는 장면 같았다. 가슴 깊은 곳에서 두려움과 흥분이 동시에 밀려왔다.

2014년, 미얀마는 반세기의 긴 잠에서 깨어나고 있었다. 세계 유수의 기업들이 시장조사를 위해 몰려들었고, 사람들은 이곳을 '지구상 마지막 남은 프론티어 마켓'이라 불렀다. 5천만 명이 넘는 인구가 만들어내는 잠재시장 규모는 충분히 매력적이었다. 도시 곳곳에서 변화의 기운이 꿈틀거렸고, 중심에서 거대한 콜라 전쟁이 막 시작되고 있었다.

코카콜라는 이미 1년 전 직접 진출 방식으로 화려하게 입성했다. 무려 3억 달러에 달하는 투자를 앞세워 미얀마 전역을 빠르게 장악해 나가고 있었다. 거리를 질주하는 붉은 트럭 행렬, 곳곳에 걸린 대형 광고판, 파격적인 냉상고 시원으로 제품이 가득한 진열대. 그 모든 풍경은 마치 정복군의 위풍당당한 행진 같았다. 반면 펩시는 후발주자로, 롯데가 자본 참여와 경영을 맡고 펩시는 마케팅과 R&D를 지원하는 구조였다. 그러나 코카콜라에 비해 자원은 턱없이 부족했고, 브랜드 인지도 또한 뒤처져 있었다. 업계 사람들은 고개를 저으며 말했다.

"이건 승산 없는 싸움이에요." 그들의 눈빛에는 동정과 안쓰러움이 서려 있었다.

사실 펩시와 코카콜라가 직접 진출하기 전부터 이미 두 브랜드 모두 수입 완제품 형태로 유통되고 있었다. 오랜 기간 소비자들은 코카콜라를 '정통 콜라'로 인식해 왔고, 브랜드 격차는 이미 굳어져 있었다. 출발선부터 불리한 싸움이었다. 그러나 바로 그 말이 내 안의 열정에 불씨를 지폈다. 넘을 수 없을 것 같은 벽 앞에서 심장은 더욱 뜨겁게 뛰었다. 진정한 열정의 시작이었다.

코카콜라의 초기 마케팅 전략은 분명했다. 바로 '가족애'였다. 광고 속에서 콜라를 매개로 한 따뜻한 가족의 모습은 미얀마의 전통적 정서와 절묘하게 어울렸다. 그러나 나는 다른 길을 선택했다. 오랜 폐쇄와 억압에서 막 벗어난 젊은 세대가 진정으로 원하는 것은 전통보다는 '자유'와 '개성'이라 믿었기 때문이다. 음악과 스포츠 같은 젊음의 언어로 소통하면서, 펩시를 변화를 추구하는 '새로운 세대의 상징'이 되도록 했다.

가장 중요한 순간이 다가왔다. 가격 정책을 결정해야 했다. 전 세계 대부분의 시장에서 펩시는 '코카콜라보다 저렴한 대안'으로 경쟁해 왔다. 하지만 나는 정면 승부를 택했다. 신흥시장에서 사업을 시작하며 시도조차 하지 않고 물러서는 것은 자존심이 허락하지 않았다. "펩시는 코카콜라의 저가 대체재가 아닙니다. 우리는 당당히 맞섭니다. 동일 가격으로 갑니다." 회의실이 술렁거렸다. 임원들의 반대는 거셌다. "대표님, 우리가 1년이나 후발인데 브랜드 파워도 밀리는데, 가격 경쟁까지 포기하면 시작도 못 하고 끝입니다!", "소비자가 펩시를 고르는 이유는 저렴한 가격 때문인데, 무기를 버리고 무엇으로 싸운다는 겁니까?" 나는 단호했다. "저가 전략은 단기적인 점유율 확보에는 유리하지만, 브랜드를 '싸구려'로 고착시켜 결국 장기적으로는 치명적인 자충수가 됩니다. 반면 정당한 가격은 적정 마진을 확보해 지속적인 재투자를 할 수 있고, 브랜드 가치를 제고할 수 있는 선순환 구조를 만들 수 있습니다." 나는 코카콜라와의 격차를 단기간에 좁히기는 사실상 어렵지만, 브랜드 가치를 지켜내야 미래를 기약할 수 있다고 믿었다.

현실은 더 잔혹했다. 점주들은 하나같이 고개를 저었다. "코카콜라와 가격이 같다면 굳이 펩시를 둘 이유가 없습니다." 대부분 키오스크 규모의 작은 점포들은 진열 공간이 제한적이었고, 매대에는 같은 제품군을 두 개 이상 들이지 않았다. 매출은 부진했고 사내 분위기마저 얼어붙었다. 직원들의 눈빛에는 의심이 가득했다. 불면의 밤을 지새우며 스스로에게 물었다. "내 신념이 회사를 더 어렵게 만드는 것은 아닐까?" 때로는 극도의 불안감에 휩싸이기도 했다. 하지만 답은 늘 같았다. "단기 성과보다 기틀이 우선이다." 이것이 초대 CEO로서 반드시 확립해야 할 핵심 책무라고 판단했다.

주 3회 이상 직접 현장을 점검했다. 40도가 넘는 폭염이나 폭우 속에서도 좁은 골목의 점포를 찾아 먼지 쌓인 진열대를 살피며 제품 반응과 경쟁사 동향을 면밀히 관찰했다. 그 과정에서 중요한 발견을 했다. 실제로 시음해 보면 펩시의 맛을 더 선호하는 소비자도 꽤 많았던 것이다. 그것은 분명한 가능성이었다.

차츰 마케팅팀과 영업사원들도 비전을 이해하기 시작했다. 특히 젊은 직원들이 도전에 흥미를 느끼며 분위기를 바꿔갔다. "우리도 뭔가 다르게 해보자"라는 공감대가 확산됐다. 그들의 변화하는 모습을 보며 다시 한번 확신을 얻었다. 끈질긴 노력 끝에 진열대 한 칸에 펩시가 자리하는 점포가 늘기 시작했다. 그 순간의 벅찬 감정은 지금도 선명하게 남아 있다. 단순한 매대 공간이 아니라 '펩시도 코카콜라와 대등하다'는 상징이었기 때문이다.

우리는 작은 돌파구를 발판으로 반격에 나섰다. 현장에서 발견한 펩시의 강점을 최대한 활용했다. 시음 행사를 대폭 확대해 코카콜라보다 단맛이 더 느껴지는 펩시가 무더운 날씨의 미얀마 소비자에게 어필할 수 있도록 했다. 음악을 즐기는 현지인의 기호를 파악해 인기 가수와 음악 프로그램을 후원했으며, 양곤의 주요 거리 특정 구간에 펩시 배너를 집중 설치해 '펩시 스트리트'를 조성했다. 또한 인플루언서를 섭외해 펩시를 즐기는 모습을 SNS로 확산시키며 젊은 세대와의 접점을 지속적으로 넓혀갔다.

시간이 지나면서 변화가 나타났다. 처음엔 호기심에 그쳤던 소비자들이 점차 적극적으로 펩시를 찾았다. 직원들의 표정도 한결 밝아졌다. 회의적이던 분위기는 사라지고 모두가 하나의 목표를 향해 힘을 모았다. 임직원들은 "우리가 진정한 변화를 만들어내고 있다"라며 자부심을 드러냈다. 작은 성과들이 쌓이자 냉담했던 점주들의 태도도 달라지기 시작했다. "요즘 펩시 찾는 손님이 늘었다"라며 스스로 진열대를 늘려주는 곳이 생겨났다. 매출에서도 변화가 감지됐다. 일부 지역에서는 펩시 판매량이 코카콜라를 앞지르는 현상까지 나타났다. 시장은 서서히, 그러나 확실하게 움직이고 있었다.

결국 미얀마는 세계에서도 드물게 펩시와 코카콜라가 같은 가격에 판매되는 것을 소비자들이 당연하게 여기는 시장으로 자리 잡게 되었다. 미얀마에서의 '콜라 전쟁'은 결코 잊을 수 없는 도전의 시간이었다. 겪었던 좌절과 성취, 수많은 시행착오는 나를 성장시킨 소중한 전환점이었다. 진정으로 중요했던 것은 역경 앞에서도 흔들리지 않는 용기와 신념, 그리고 매 순간 최선을 다하는 자세였다. 그렇게 온 힘을 쏟아부었던 날들이야말로 내 인생에서 가장 뜨겁게 타올랐던 열정의 순간이었다.

✷ Profile

전) LOTTEMGS 대표이사, PCPPI 등기임원, 롯데칠성음료 글로벌사업부문장, 현) 인싸멘토 유튜브 운영

우리는 열정이다

※

홍경석

　시험(試驗)은 개인의 재능이나 실력 따위를 일정한 절차에 따라 검사하고 평가하는 일이다. 주로 학교에서 많이 치른다. 이후 직장에서의 시험 역시 중요함은 물론이다. 시험은 개인이 얼마나 사회적 규범과 지식을 내면화했는지 평가하는 제도다. 학교 시험, 자격증 시험, 입사 시험 등 대부분의 시험은 특정 분야의 지식을 측정하고, 그 지식을 바탕으로 사회가 요구하는 역할을 잘 수행할 수 있는지 판단한다.

　시험은 우리 사회를 유지하는 데 중요한 역할을 한다. 예를 들어 의사 면허 시험이 없다면, 우리는 누가 믿을 만한 의료인인지 알 수 없을 것이다. 따라서 시험은 사회적 혼란을 줄이고, 일정한 기준을 확립하여 공정성을 보장하려는 인간의 노력이라고 볼 수 있다. 반면, 본능은 시험과 같은 사회적 규범과는 거리가 멀다. 본능은 학습되지 않은, 선천적인 행동 양식으로, 주로 생존, 번식, 안전과 같은 원초적인 욕구와 관련되어 있다.

　배고플 때 음식을 찾고, 위험을 느낄 때 도망치고, 종족 번식을 위해 짝을 찾는 것 등이 모두 본능에 해당한다. 본능은 오랜 진화의 과정에서 인간의 생존을 위해 필수적으로 자리 잡은 것이다. 그런데 시험과 본능은 종종 충돌한다. 시험은 사회가 정한 규칙을 따르도록 강요한다. 시험 기간엔 배가 고파도, 시험이 끝날 때까지 밥을 먹고 싶은 욕구를 억제해야 한다.

졸려도 밤새워 시험공부를 해야 하는 상황은 강력한 수면욕까지 억누르는 대표적인 예다. 시험에 대한 또 다른 강박관념은 다른 사람보다 높은 점수, 예컨대 보다 좋은 성적을 거두어야겠다는 경쟁심과 우월감이다. 지난 월요일부터 목요일인 오늘까지 학교에서 나흘간 기말고사를 치렀다. 기말고사는 각 학기의 끝에 학력을 평가하기 위하여 실시하는 시험이다. 입학한 지가 엊그제 같거늘 세월처럼 빠른 게 없음을 새삼 절감하게 된다.

그런데 기말고사는 나는 물론이고 급우들 모두를 긴장 모드에 빠지게 하는 단초로 작용했다. 단 1점이라도 성적을 더 받고자 하는 건 이심전심이자 당연지사의 화두였다. 그래서 교실 전체를 관통하는 무언의 암묵적 경쟁은 격한 파도로 넘실거렸다. 또한 평소엔 넉살스러운 수다로 급우들에게 웃음을 선사했던 K 여사님마저도 신중과 침묵 모드로 일관했다. 이러한 현상은 '시험'이라는 명제가 불러들인 당연한 신중(愼重)의 과선교(跨線橋) 역할을 한 때문이다. 어쨌든 마침내 기말고사를 마쳤다. 시험의 결과가 비록 딜레마의 초라한 성적표로 나타날지언정 우리는 모두 최선을 다했다.

배낭을 챙기며 하교를 준비했다. 다들 빠른 속도로 교실을 빠져나갔다. 60~70세대가 주를 이루는 우리 반 급우들은 대표적 주경야독 '어르신 열정'의 용광로다. 학교서 집이 비교적 가까운 나와 달리, 등하교에만 두어 시간 이상 걸리는 원거리 통학생도 적지 않다. 그럼에도 그들 역시 면학에 쏟는 정성은 정말이지 뜨거운 용기의 표본이 아닐 수 없다.

여기서 잠깐, 아무리 똑똑해도 학력이 뒷받침되지 않으면 무용지물로 간주하는 한국사회의 학벌주의 특이성은 예부터 저학력자들을 고통에 밀어 넣는 단초로 작용했다. 마치 순위가 매겨진 성적표처럼 나와 남을 평가하는 문화는 우울증까지 불러들이는 악재였다. 여전히 견고한 학력 또는 학벌주의가 저학력자들에게 미치는 부정적인 영향은 우리나라 국민 10명 중 7명이 심각하다고 느끼는 것으로 나타난 지 오래다. 이는 학벌이라는 개념이 단순히 학력(교육 수준)을 넘어 특정 학교 출신들이 형성하는 무리를 뜻하며, 사회적 위계를 나누는 데 사용되어 왔기 때문에 역시 간과할 수 없다.

 정권이 바뀔 적마다 특정 직업군과 여타 그룹에서의 요직 발탁과 회전문 인사 등으로 순식간에 부와 명예까지 꿰차는 '그들만의 리그'라는 모순은 특히 우리처럼 못 배우고 못사는 서민들의 가슴에 대못을 박은지 꽤 되었다. 왜 이 세상은 시종일관 착하게만 살아온 사람에 대한 평가시험은 없는 것일까? 그러거나 말거나 '못 배운 건 어쨌든 죄'라는 자포자기는 우리 같은 소시민에게는 심지어 '이생망(이번 생은 망했다의 줄임말)'이라는 극단적 허무주의 동의어로도 간주되었다. 그러다 올 3월부터 시작한 만학은 평소 존경하는 유력 교수님의 거듭된 권유에서 비롯되었다. 덕분에 나는 66세 중학생이 되었다.

 그런데 말이 좋아서 공부지 모든 건 다 때가 있는 법이었다. 오전에는 일해야 먹고살 수 있는, 단시간의 공공근로와 노인 일자리 등 저급의 한시적 돈벌이는 가뜩이나 쇠약한 신체를 마치 단단한 복숭아씨도 갉아 먹는 갈색여치 떼의 습격 대처처럼 힘에 부치게 한다. 귀가하여 겨우 기력을 회복한 뒤 오후 4시면 등교를 서두른다. 이러한 나의 고단한 일상처럼 우리 반의 60~70세대 급우들 역시 마찬가지다. 하지만 우리들의 공부에 대한 의지는 누구도 막을 수 없다.

대표적 사례는 연일 폭우가 쏟아졌던 지난 장마철에도 100% 등교라는 수치에서 여실히 나타났다. 우리처럼 고령의 학생들에게 가장 염려되는 부분은 뭐니 뭐니 해도 건강이다. 어찌어찌하여 건강이 안 좋아졌거나 심지어 낙상 등으로 다쳤을 때도 비록 지각은 할지언정 '내 사전에 결석이란 없다!'를 적극적으로 실천하고 있는 급우들의 일치된 정신력에서 나는 새삼 노익장의 열정에 탄복하곤 한다.

창문을 잠근 뒤 교실을 나왔다. 둥근 달이 학교 건물 위에서 "시험 보느라 수고했다"며 방긋 웃었다. 우리 학교는 대학가 주변에 위치하므로 주변에 상권이 잘 발달해 있다. 주점이 압도적이다. 긴장과 스트레스까지 고조시켰던 시험도 마쳤으니 어디 가서 시원한 맥주라도 한 잔 마신 뒤 집에 갈까? 이런 잡념을 담으며 시내버스 정류장까지 왔다.

버스를 기다리던 급우 한 분이 반가이 맞았다. "반장님, 오늘도 제일 늦으시는군요. 그나저나 시험은 잘 보셨나요?" 반가운 마음에 술자리 동석을 권유했으나 집에 모처럼 사랑하는 가족이 와 있으니 다음에 하자고 했다. 가정 경영과 만학에 있어서도 '모범생'인 급우의 모습에서 거듭 만학도의 각오를 발견할 수 있었다.

"성공하기 위해서는 당신이 열정을 가지고 있는 그 무언가에 대한 믿음이 있어야 한다. 믿음만 있다면 그것이 현실이 될 수도 있는 것이다"라는 말이 있다. 우리 반 모든 급우와 함께 꿈에 그리는 대학까지 진학하고 싶다. 이런 견고한 열징만큼은 셜코 나를 배신하지 않기를 간절히 바란다.

✳ Profile
　월간《오늘의 한국》취재본부장. 저서:《사자성어는 인생 플랫폼》외 7권

숨은 열정 찾기

*

홍승섭

　평범한 삶을 살아온 이에게 '내 인생 최고의 열정'이라는 주제로 글을 쓰기란 어려운 일이다. 쓸만한 이야깃거리를 찾기가 쉽지 않기 때문이다. 내 삶이 그렇다. 내세울 것 없는 삶이었기에 지인으로부터 글쓰기를 권유받았을 때 고민하지 않을 수 없었다. 함께 써보자는 말을 해준 것이 너무도 고마워 결국 없는 용기를 내 보았지만, 어떻게 시작해야 할지 난감하여 하릴없이 시간만 흘려보낸 것이 여러 날이다.
　그러다가 어떻게든 글을 써봐야겠기에 작심하고 책상머리에 앉았더니 이런 생각이 들었다. '내 아무리 특별하지 않은 삶을 살아왔다지만 열정이 있었던 때도 있었어. 누구보다 열심히 놀기도 했고, 최선을 다해 공부한 적도 있잖아. 한때는 낭만적인 사랑에 빠져 헤어나지 못한 적도 있었지. 그리고 부모가 되고 나서는 아이들 일이라면 열 일 제치고 달려가곤 하잖아!'
　회사에 다닐 때는 어땠는가? 내가 없으면 회사가 제대로 돌아가지 않을 거라는 사명감에 매사 의욕을 불태웠다. 밤을 낮 삼아 일하기가 일쑤였고, 휴일은 물론이고 명절 연휴를 반납한 적도 있다. 심지어 시장 조사를 위해 미국 덴버로 출장 갔을 적에는 오전 9시에 출근해 다음 날 새벽 2~3시에 퇴근하는 날을 반복하기도 했다. 두 달 안에 조사 결과를 보고해야 했으므로 시간이 촉박했기 때문이다. 그렇게 하루에

3~4시간 정도만 자며 일했음에도 힘든 줄 몰랐다. 이런 게 열정이 아니면 무엇이겠는가!

그러고 보면 '열정'이라는 게 특별한 것 같아도 인생의 여정 속에 언제나 있었다는 생각이 든다. 그래서인지 당시에는 뭔가 대단한 듯했던 일들도 지금은 그저 '지난 옛일', '그땐 그랬었지' 정도로 여겨져 왠지 모를 헛웃음을 치기도 한다. 지쳐 쓰러질 때까지 놀았던 기억이나 애절한 첫사랑의 기억은 가끔 나를 웃음 짓게도 하고 눈물짓게도 하는데, 어째서 나름대로 열정을 다해 이루었던 일들에 대한 기억은 다 식어버린 듯이 느껴지는지 모르겠다. 열정이란 어떤 것이기에?

어릴 적에 그만 놀고 집으로 들어오라는 부모님의 말씀에도 왜 기어이 놀았는가? 사랑은 어떤가? 나도 모르게 한 이성에 반해 사랑에 빠졌던 것이다. 일도 마찬가지다. 시킨다고 해서 매일 18시간 이상을 일할 수는 없다. 어쨌든 하고 싶으니까 몰입하는 것이다. 그러니 열정이란 이런 것이 아닐까? '하고 싶은' 것을 '자기도 모르게' 하는 마음.

그런데 살다 보면 '하고 싶은' 일보다는 '해야 하는' 일에 우선순위를 두어야 하는 경우가 많다. 젊을 때는 더욱 그렇다. 좋은 학교에 가기 위해 공부를 해야 하고, 제한된 시간 내에 주어진 일을 해결해야 하고, 남보다 빠른 승진을 위해 일도 많이 해야 하고, 가족을 부양하는 일은 그 무엇보다도 중요하기 때문이다. "한눈팔지 말고 공부나 해!", "딴짓하지 말고 일을 열심히 해!" 그래서일 것이다. 우리는 항상 해야 할 공부를 열심히 하고, 맡은 업무를 훌륭히 수행해 성과를 내는 모습에서 열정을 보아왔다.

실제로 한눈팔거나 딴짓하는 것은 해야 할 중요한 일은 제쳐두고 쓸데없는 일에 관심을 두는 나태하고 무책임한 행동으로 여겨졌다. 그런데 세월을 겪으면서 가만히 살펴보니, 해야 할 일에서뿐만 아니라 한눈팔고 딴짓을 하면서도 열정은 발휘되는 것 같다. 그것이 진정 '하고 싶은' 것일 수 있기 때문이다. 에디슨이나 스티브 잡스도 어찌 보면 딴짓하기의 대가들 아니었나?

6년 전에 다니던 회사를 그만두고 한 중학교의 행정실장으로 재취업했을 때였다. 학교 일은 처음 접하는 데다 변변한 업무 인계조차 없었기에 한동안 힘든 시기를 보냈다. 꼭 해야 할 일만 하는데도 하루가 어떻게 지나가는지 모르게 빨리 흘러갔다. 그렇게 3년 정도가 지나 업무가 제법 익숙해질 무렵이었다. 한 지인으로부터 자격증에 관한 이야기를 들었다. 본인의 사례를 들려주며 학교 업무와 관련된 것이면서 은퇴 후 사용할 수 있는 자격증을 취득해 놓으면 좋을 것이라는 조언이었다.

슬슬 무료해지며 딴짓할 여유가 생기던 차에 구미가 당기는 말이었다. 어떤 자격증이 좋을지 생각하다가 '소방안전관리자'와 '조경기능사' 등 2가지를 취득하기로 작정했다. 학교 행정실장은 자격증 유무와 관계없이 학교의 소방안전관리 업무를 담당해야 했기에, 기왕이면 정식으로 자격증을 따보자는 마음이었다. 조경기능사는 학교 내 수목 관리의 전문성을 높이고 후일 내가 좋아하는 자연에서 일해보자는 마음에 선택했다.

하지만 자격증이라는 것이 어디 맥주 캔 따듯이 쉽게 딸 수 있는 것이던가? 더욱이 일을 하면서 공부도 해야 했기에 모든 여가 시간을 공부에 할애해야 했다. 그럼에도 나의 생활은 일만 할 때보다 더 활기가 넘쳤다. 응시 일정에 맞춰 공부 계획을 수립하고 시험에 합격한 모습을 상상하는 것은 가슴 벅찬 일이었다. 참 오랜만에 느껴보는 기분이었다. 지난한 시험 준비 과정에도 불구하고 나를 합격으로 이끌었던 것은 무엇이었을까? 가족들은 곁에서 이렇게 응원해 주었다. "아빠 열심히 공부하는 모습이 정말로 멋지다!", "우리 남편 열정은 아직 죽지 않았다!"라고.

요즘은 글쓰기에 한눈을 팔고 있다. 자격증으로 딴짓하기에 재미를 붙여주었던 지인이 이번에는 글쓰기로 나의 무언가를 자극하고 있다. 연초부터 글쓰기 수업에도 참석하면서 재미를 붙여가는 중이다. 나의 경험과 생각을 솔직하게 담아낸 글을 문우들과 공유하는 것은 여전히 쑥스럽고 가슴 떨리는 일이다. 아무리 생각을 거듭하고 고쳐 쓰더라도 부족하게 여겨지기 때문이다. 가끔 내 글에 대해 좋은 말을 해주는 문우가 있을 때는 나의 열정이 글을 통해 전해진 듯하여 행복하다.

열정은 어떤 일에 열렬한 애정을 가지고 열중하는 마음이다. 관심사는 다를 수 있지만 사람마다 애정이 가는 일이 있게 마련이다. 누구에게나 열정이 땅속 용암처럼 잠재되어 있다는 말이다. 열정은 과거에 있지도 않다. 우리는 현재와 미래의 일에만 열정을 담을 수 있다. 그렇다면 일상에서 애정을 가질 만한 일을 찾아내는 것이 중요할 것이다.

어떻게? 내면에서 울려오는 진실한 소리에 귀 기울여 보는 것은 어떨까? 딴짓 거리나 한눈팔기에 좀 더 적극적으로 관심을 가져보는 것이다. 꼭 크고 특별한 것일 필요는 없다. 작고 일상적이어도 괜찮다. 삶은 크고 작은 다양한 일들로 가득 차 있기 때문이다. 무엇이든 애정을 가지고 열중하는 동안 우리의 인생은 최고의 열정으로 가득 찰 것이다.

✳ Profile
　중학교 행정실장, 한국디지털문인협회 이사

지구는 나와 같은 생명,
인생 후반전의 불꽃을 지구에 바치다

✷

황병대

    나는 지구를 단순한 행성이 아니라, 살아있는 생명으로 바라본다. 인생의 전반전을 치열하게 뛰어온 나는, 인생의 후반전에서 모든 열정을 지구와 생태의 회복에 쏟고 있다.
    우주는 광활하다. 그 속에서 우리가 발 딛고 사는 지구는 현재까지 알려진 우주 유일의 생명체 행성이다. 이 사실 하나만으로도 인류는 지구를 단순한 '거주지'가 아닌 살아있는 생명체로 대해야 한다. 작게는 미생물에서 인간과 동식물, 토양에 이르기까지 모두가 같은 분자와 원소로 구성되어 있으며, 이를 확장하면 결국 지구 전체가 하나의 유기적 생명체임을 알 수 있다. 내가 인생 후반전의 열정을 쏟는 이유는 바로 이 거시적 통찰에서 비롯된다.
    나는 무역으로 세계시장을 누비던 삶에서 방향을 틀어, 생태적 가치를 중심에 둔 친환경·생명 기반 농업정책 사업을 펼치게 되었다. 2004년 다보스포럼(WEF)에서 '21세기를 이끌 30대 기술' 중 하나로 선정된 생명과학 기반의 첨단기술을 만났을 때, 내 가슴은 거대한 울림으로 흔들렸다. 이 기술은 IT-chip에 버금가는 BT-칩으로서 단순히 산업혁신의 도구가 아니라, 인류와 지구의 운명을 바꿀 패러다임 전환의 출발점이었다. 그날 이후 나는 농업을 단순한 생산 수단으로 보지 않고, 지구 생명정책의 핵심 축으로 여기게 되었다.

지난 20여 년간 전국을 다니며 친환경 농업에서 생태친화 농업으로의 도약을 실현하고자 했다. '환경을 해치지 않는' 수준에 머무르던 기존의 환경정책을 넘어, 토양과 물, 공기 속 미생물이 살아 움직이는 생태친화농업을 통해 생태계를 복원하고자 했다. 이는 곧 탄소중립 농업 정책과도 맞닿아 있다. 생태적 농업은 화학비료와 화석연료 의존도를 낮추고, 토양 내 탄소격리를 촉진하며, 농업이 기후변화 대응의 정책적 핵심 수단이 될 수 있음을 보여준다. 올해 초 한국탄소중립농업포럼(KCNA)을 창립하고 그 협회를 설립하는 수순을 밟고 있다.

근래 나는 또 다른 도전을 향해 나아간다. 이제는 국경을 넘어 글로벌 시장과 맞닿아 있다. 한국에서 싹 틔운 생태친화 기반의 얼라이브(Eco-Alive) 농법과 지구기후 위기에 대응하는 커다란 화두인 탄소중립에 적합한 그린하다(GreenHada)라는 씨앗을 세계 각지에 뿌리고 있어서 글로벌 시장에서 우리의 생명 농업이 움트고 있다. 이 길은 단순히 농업의 혁신을 넘어, 지구 생태 전체를 치유하는 사명이다.

이제 나의 열정은 국경을 넘어선다. GreenHada™와 Eco-Alive™라는 브랜드는 더 이상 하나의 사업이 아니라, 국제 정책 네트워크의 매개체다. 동남아, 중동, 중남미, 동구권 내 전략적인 거점국가와의 협력을 통해 각국 농업정책 속에 생태·탄소중립·식량안보를 결합하는 모델을 제시하고 있다. 특히 '안전한 농장에서 식탁까지(Safe farm to table)'라는 기존 구호를 넘어, '살아있는 농장에서 먹거리까지(Alive farm to food)'라는 새로운 비전을 제안한다. 이는 단순한 식품 안전 정책을 넘어, 지속 가능한 생명 먹거리 체계라는 거대한 정책 아젠다이다.

열정을 넘어 글로벌 지향의 내가 추구하는 철학과 정책적 비전은 명확하다. 첫째, 농업은 환경정책이자 기후정책이다. 농업을 산업의 일부가 아니라 지구 생태 회복의 중심축으로 세워야 한다. 둘째, 토양은 정책 자산이다. 토양 속 미생물 생태계를 복원하는 것은 곧 인간 사회의 건강과 직결된다. 셋째, 국제 협력은 필수다. 어느 한 나라의 농업정책만으로는 기후위기와 식량위기를 해결할 수 없다. 국경을 넘어선 협력과 표준화, 그리고 상호 지원이 필요하다. 넷째, 생태경제 모델로의 전환이다. 농업을 통해 창출되는 부가가치는 단순히 경제적 수익이 아니라, 탄소 감축·생태 보전·먹거리 안전성이라는 다차원적 가치로 측정되어야 한다.

지구는 신비로운 생명체로서 인류의 미래는 생태와 정책 속에 있다고 볼 수 있다. 나는 스스로에게 묻는다. "왜 이 길을 가는가?" 대답은 단순하다. 지구가 곧 나 자신이기 때문이다. 지구가 병들면 인류도 병들고, 지구가 살아나면 인류도 살아난다. 내 인생 후반전의 열정은 결국, 나를 살리고 지구를 살리며 인류의 미래를 살리는 것이다.

내가 이루고자 하는 최종 비전은 범지구적 울림이다. 작은 미생물에서 시작된 생명이 인간과 숲 그리고 지구 전체로 확장되듯이, 나의 열정도 개인을 넘어 지구 공동체 전체로 확산되기를 바란다. 그리고 언젠가 인류가 "지구는 하나의 살아있는 생명체였다"라는 사실을 정책과 실천 속에서 인정하고, 그것을 후손에게 물려준다면, 이것이 바로 내가 살아온 인생 최고 열정의 결실이 될 것이다.

※ Profile
(주)진산티앤씨/(주)진산 대표, (사)한국탄소중립농업협회(KCNA) 이사, 농업경제학 박사. 저서:《그린하다》

영원한 스승 '박 일송 선생님'을 기리며

✳

황의윤

　최고의 열정과 감동의 길을 가도록 가르치시어 오늘의 나를 있게 해주신 '일송(一松) 박상기' 은사님을 기리면서 이 글을 바칩니다.

　마음은 늘 간절했으나 정작 살기에 바빠 오랫동안 찾아뵙지 못하고 속으로만 그리던 스승님이셨다. 어린 시절 처음으로 제대로 된 글귀를 알려주시고, 문장 추슬러주시며 옳은 길, 바른 글로 손잡아 주신 분이셨다. 세월이 흘러 헤어진 지 어언 삼십여 년이나 지났는데, 모처럼 짬을 내서 고향 마을의 낯익은 거리로 돌아와 선 감회 앞으로, 이제는 정신을 놓친 그분께서 손풍금을 걸쳐 메고 헝클어진 머릿결로 아이들 맨 앞에서 행진하고 계셨다. 진작에 지인을 통해 근황을 전해 듣긴 했지만, 막상 눈앞에 보이는 충격적인 실상에 왈칵 설움이 북받쳐 올랐다. 이미 이 불초 제자의 방문 따위야 염두에도 없으실 터, 타인들의 손가락질이나 속세 인심으로는 일절 참견할 수 없는 스승님만의 세상에는, 평생을 쓰시던 싯귀설 대신 자유로운 노랫가락이 있었고 고뇌 대신 흥겨운 장단이, 번민 대신 헤설픈 미소가 황혼의 들녘마냥 깔려있었다. 나는 눈물이 철철 넘쳐흘렀지만 그럼에도 목메어 부르는 소리는 입속에서만 맴돌 뿐, 차마 겉으로는 어떤 말도로 표현할 수 없었다. 얼른 입에 담배 한 개비를 물려드리고는 스승님 뒤에 서서 큰소리로 노래하며, 아이들을 이끌고 동네 한 바퀴를 돌았다. 흐르는 눈물은 닦을 엄두도 못 낸 채 그저 목청 높여 스승님의 흥겨운 장단과 가락에 맞춰 같이 열을 올렸다. "동동 동대문을 열어라. 남남 남대문을 열어라. 열두 시가 지나면 문을 닫는다…." 훗날 내 또 다른 세상에서도 칙칙한 절망보다는 차라리 흥겹게 노래하는 혼자만의 소망으로 행복할 수 있을 거란 스승님의 말 없는 가르침을 가슴에 새기며 힘겹게 내딛는 발걸음에는 황혼 노을이 가득 들어찼다.

다음 날 아침 작별인사를 올리고자 한 번 더 찾아간 스승님의 목옥 앞에서는 부지런한 스승님의 행진이 이른 시간에 시작되고 있었다. "인생은 단판 승부가 아녀. 조급허니 서둘지 말고 맘을 넓게 가져. 눈 들어 머얼리 보고, 작은 걸 얻으려다 모두 다를 잃는 소탐대실의 경우가 허다함을 명심해. 인생은 소중한 것이여." 그 옛날처럼 만면에 웃음을 지으시는 스승님의 하루가 다시 열리고 있었다. 그렇게 항상 비슷한 행진으로 일상을 보내시다가 해 질 무렵 스승님은 늘 쓰레기 더미를 뒤지신다고 한다. 예컨대 집집마다 잔뜩 쌓인 쓰레기 시체 속에서 진리를 찾아내어 그걸 삼키고 살아가신다고 한다. 스승님은 예전에도 철학자이셨고 지금도 변함없는 철학의 대가이시다. 스승님은 필시 시대의 '성자(聖者)'이시다. 서양에 '소크라테스'가 있었다면 한국에는 '박일송 선생님'이 계셨다. 늦바래 꼬까옷 입기 좋아하시던 스승님이 오늘 아침에는 왠지 옷을 훌훌 벗어던지고는 발가벗고 서셨다. 혹자는 미쳤다고 손가락질하며 지나간다. 혹자는 정신병자라고 침을 뱉는다. 혹자는 불쌍해 하며 혀를 찬다. 그렇지만 어떤 질타도 아랑곳하지 않고 힘차게 피리를 불며, 손풍금을 켜며, 이윽고 스승님은 동구 밖으로 행진을 시작하신다. 난 오늘도 기꺼이 병졸이 되어 빵모자 눌러

쓴 채로, 등에는 싸리 빗자루 걸쳐 메고 스승님을 호위하련다. 걸어가시는 걸음걸음 그 길 뒤를 지켜드리련다. 비록 오늘이 지나고 나면 먹고살기 바쁜 불초 제자는 이내 다시금 다른 세상으로 길 떠나야 하니까. 그러니 오늘만이라도, 단 하루뿐일지라도….

고등학교 1학년 무렵 처음으로 내게 소위 '시'의 세계를 보여주시면서 손을 잡아 끌어주시기 시작하신 스승님은 개인적으로 나의 문단 등단과 개인시전 개최, 그리고 이어지는 동인활동에도 영향을 주셨으며, 그 후 내가 고향을 떠나 객지에서 떠돌다가도 여건만 되면 찾아뵙고 기꺼이 꾸지람을 청했던 영원한 은사님이시다. '림삼(林森)'이라는 필명을 직접 지어주셨고, 3학년 때 처음으로 '전국 학생 가을철 글짓기 대회'에서 장원을 차지하도록 글의 틀을 짜고 궤를 맞추는 기본부터 가르쳐주신 분, 우리나라 문단에 한 획을 그을 정도로 많은 시작품을 양산해 내시고, 국내외의 다양한 매체를 통하여 소개될 정도로 대단한 필력을 지니고 계셨지만, 낙향하신 후로는 줄곧 시골에 묻혀 후학양성에만 신경을 쓰시던 스승님이셨는데, 후일 예상치 못하게 노인성 치매 질환에 걸리시곤 가족들의 만류에도 수차례 무단가출을 거듭하시던 끝에 결국은 아무도 모르는 타지의 외딴 거리에서 비명횡사하셨다. 연고자가 찾아지지 않아 행려병자로 분류되는 바람에 제대로 된 장례절차도 진행치 못한 채, 외롭고 허무하게 떠나보낸 가족과 제자들이 뒤늦게 알고 찾아가 난리를 쳤지만, 한 번 떠나가신 스승님이 다시 찾아주시지는 않으셨기에 대로에 주저앉아 대성통곡을 했던 옛 기억이다.

'스승'의 사전적 의미는 '자기를 가르쳐서 인도하는 사람'이다. 영어 표기로는 'teacher' 혹은 'mentor'라고도 한다. 조금 더 조사해 보니 '원불교대사전'에서는 이렇게 설명한다. '선생과 유사한 말. 엄격히 구분하자면 선생이 학교에서 문자나 학문을 주로 가르친다면, 스승은 도덕가나 종교가로서 인간의 도리나 도(道)의 이치와 원리를 주로 가르치는 사람이라 할 수 있다.' 더 볼 것도 없다. 이른바 스승이라는 존재에 관해서 우리는 함부로 정의하지 못할 만큼 수많은 진리의 표현들을 알고 있다. 그냥 알고 있을 뿐이다. 그저 머리로 알고만 있을 뿐인 거다. "꿈을 꾸는 이에게 미래가 있고 스승이 있는 이에게 먼 미래는 가까운 길이 됩니다. 스승이 없다면 짧은 인생에서 큰 것을 이루기엔 너무나 시간이 부족합니다. 스승의 큰 고마움은 그들의 경험과 지혜를 통하여 꿈을 이루는 시간을 단축시켜 준다는 데 있습니다." 어느 종교인의 편지에서 인용한 글이다. 스승은 우리의 삶에서, 우리의 어제와 오늘과 내일에서 결코 소홀히 해서는 안 되는 소중한 개체다. 그런데 우리는 그걸 잊고 산다. 우리가 외면하고 살아간다. 예컨대 서글픈 단상이다. 정녕 있어서는 안 되는 참담한 자화상이다. '군사부일체(君師夫一體)'라는 성어는 '임금과 스승과 부모는 같다'라고 하는 뜻이다. 이는 세 존재는 소중하니 똑같이 중하게 섬겨야 함을 이르는 말이다. 그런가 하면 속담에 '스승의 그림자도 밟지 않는다'라는 말이 있다. '스승을 공경하고 예우하라'는 뜻으로 우리 선조들이 지켜 온, 교육의 중요성을 강조한 말이다. 그러나 현재의 상황은 과연 어떠한가? 이 시대에 대관절 스승이라는 단어 자체가 존재하는지조차 의문스럽다.

영원한 스승 '박일송 선생님' 가신 지 이미 강산이 세 번 남짓 바뀌었지만, 아직도 선생님께서 뭇사람들의 시선을 받으면서, 옷가지를 벗어젖힌 채 길에서 아이들을 줄 세우고 맨 앞에서 손나발을 불며 행진하시던 모습이 눈에 선하다. 그렇게 대충 오락가락 정신줄을 놓으신 가운데에서도, 이 불민한 제자를 발견하시고는 눈동자에 초점이 잡혀 얼른 반갑게 이름을 불러주시면서, 빨리 줄 뒤에 서서 따라오라고 하시던 짓궂은 너스레의 추억도 너무너무 정겹다. 그 뒤 지금까지 살아오면서 이런저런 인연으로 수많은 선생님을 만났고, 나 자신도 물론 긴 세월 동안 무수한 사람들을 대상으로 강연을 하고 교육도 진행하면서 살아왔다. 그러나 지금 스스로에게 질문할 때 과연 진정한 스승의 초입에라도 들어섰다고 자부할 수 있을까? 절대 아니다. 아니, 다른 사람을 계도하는 스승은커녕 스스로의 인격조차도 변변히 닦지 못한 보잘것없는 필부의 모습인지라, 거울 앞에 서니 처연함에 저절로 한숨만 나온다. 나는 지금 통렬하게 반성한다. 그렇지만 그냥 후회로 엉절거리며 주저앉아 있을 수는 없다, 그래서는 안 된다. 많이 늦었지만 다시 도전하고 싶다. 설사 길게 남지 않은 여생일지언정 퇴색되고 흐려진 정열을 부활시키며, 진실한 스승의 모습을 소망하며, 그렇게 되어지기를 염원하며, 다시금 조심스레 한 걸음씩 앞으로 나아가며, 그렇게 살아갈 것을 다짐한다. 그리하여 이 세상에 조금이나마 이바지하는 기회를 한 번쯤은 더 찾아보고 싶다. 그런 노력의 다짐으로, 최고의 열정을 불사르면서 이 아침 나는 다시 크게 숨 쉰다.

✳ Profile

시인, 칼럼니스트, 필명 림삼(林森), (사)휴앤해피 이사장, 해피우먼 부사장
시집: 《그대와 같이 부르는 이 사랑의 노래 있는 힌(림삼 제1시집)》~《돼지 껍데기(림삼 제9시집)》

2025년
디지털문인협회
조직 구성

2025년 디지털문인협회 조직 구성

1. 디지털문인협회 조직
- 이사장: 이상우
- 회장: 김종회
- 자문위원: 장동익, 김용섭
- 부회장: 가재산, 성인규, 황의윤, 정선모
- 감사: 이일장
- 사무총장: 전규리
- 총무: 황유선

2. 각 분과위원회(위원장)
- 소설 분과위원회: 김용희(소설가, 평택대 교수)
- 시, 시조 분과위원회: 한상림(시인)
- 디카시 분과위원회: 이상옥(한국디카시연구소 대표, 창신대 교수)
- 수필 분과위원회: 최원현(수필가, 한국수필가협회 회장)
- 평론 분과위원회: 강정구(문학평론가, 성결대 교수)
- 넌픽션 분과위원회: 신광철(작가)
- 여행작가 분과위원회: 노미경(여행작가)
- 희곡 시나리오 분과위원회: 이금림(TV드라마 작가)
- 디지털책쓰기 분과위원회: 김영희(디지털책쓰기 코치)
- 콘텐츠 분과위원회: 이명현(중앙대 교수)
- 장르문학 분과위원회: 성인규(필명:장담, 한국창작스토리작가협회 회장)
- 번역 분과위원회: 한성례(번역가, 세종사이버대 교수)
- 영상 창자 분과위원회: 손정순(월간문화잡지 《쿨투라》 발행인)
- 아동, 청소년 분과위원회: 문영숙(아동문학작가)
- 학술 분과위원회: 노승욱(한림대 도헌학술원 교수)
- 북리딩(Book reading) 분과위원회: 김은경((사)한국미래사회여성연합회 회장)
- 시낭송 분과위원회: 엄경숙(시낭송가)

- 1인1책 갖기 분과위원회: 박현식(토지문학회장)
- 사회봉사 분과위원회: 안만호(누리나래선교회 대표)

3. 특별위원회(정관 제36조에 의거)
- 문학상 진행위원회: 최원현(전한국수필가협회 이사장)
- 디지털문학 편집위원회: 정선모(SUN 대표)
- 온/오프 출판 및 콘텐츠 개발위원회: 홍정표(글로벌콘텐츠 대표)
- 대외협력위원회: 박용호(전 현대차 해외영업실장)
- 디지털 저작권 법제정 관련 위원회: 손수호(인덕대 교수)

4. 이사회 구성
- 의장: 이일장
- 사무총장: 김미미
- 감사: 이옥희
- 이사회 회원

  가금현, 가보경, 가재모, 고문수, 권민정, 김경화, 김기진, 김미미, 김상성, 김연빈, 김용일, 김용환, 김주남, 김창식, 노미경, 노연미, 노운하, 문정이, 박금아, 박미경, 박용호, 박현식, 백정희, 송경민, 안만호, 안주석, 안홍진, 오순령, 오순옥, 오정애, 원동업, 유병선, 윤석구, 유영석, 윤정걸, 이동준, 이명지, 이상규, 이성숙, 이승도, 이창섭, 이현숙, 이혜정, 이효상, 전계숙, 전규리, 전윤채, 조성찬, 조현순, 최현아, 최희순, 한 헌, 황병대, 홍승섭, 홍정표, 홍진석

5. 국내/해외 지역 조직
국내지역 본부
- 중부지역본부장: 홍경석
- 영남지역본부장: 이창섭
- 호남지역본부장: 이삭빛

해외지역 지부
- 미주지역
  - LA: 오연희(시인, 미주한국문인협회 회장)
  - 뉴욕: 황미광(시인, 전 미동부한인문인협회 회장)
  - 시카고: 신정순(소설가, 노스이스턴일리노이대 교수)
  - 달라스: 김미희(시인, 《한솔문학》 발행인)
- 캐나다 밴쿠버: 박은숙(작가, 밴쿠버 해오름한글문화학교 대표)
- 영국: 이승택(런던 거주 SF 작가)
- 독일 베를린: 정선경(문화기획자, 한독문화예술교류협회 대표)
- 프랑스 파리: 강영숙(한국디카시인협회 프랑스지부장)
- 폴란드: 유창일(카토비체 실레시아대 교수)
- 오스트리아: 김운하(시인, 《새로운 한국》 발행인)
- 슬로베니아: 강병융(류블랴냐대 교수)
- 호주: 테레사 리(이기순, 시인, 한국문화해외교류협회 호주지회장)
- 중국 북경: 리은실(수필가, 북경민족출판사 부편심)
- 중국 장춘: 권혁률(길림대 교수)
- 일본: 나리카와 아야(저술가, 전 아사히신문 기자)
- 인도: 이명이(네루대 교수)
- 인도네시아: 채인숙(시인)
- 베트남
  - 남부지역: 오덕(베트남 동나이MIT대 교수)
  - 북부지역: 히엔(Bui Thi Thu I lien, 한국이 통번역사, 외교아카데미 교수)
- 미얀마: 칵타킨(Khattar Khin, 한국어 통번역사, 소설가)
- 몽골: 하다스 아리온토야(Khadaas Ariuntuya, 한국어 통번역사, 가정코치)

6. **특별회원**(회비 100만원 이상 납부)
   - 홍정표(글로벌콘텐츠출판), 정선모(SUN출판), 가재산, 이일장, 김영희, 이옥희

7. 협회조직도

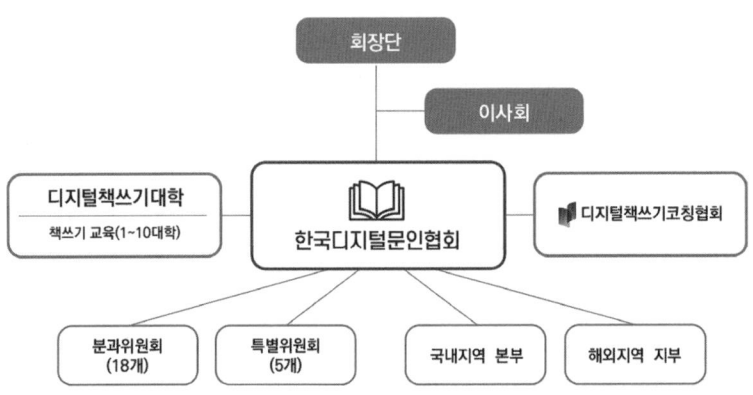